上海市职业教育“十四五”规划教材

新媒体营销

职 业 教 育 财 经 商 贸 类 专 业 教 学 用 书

主 编 梅 林

华东师范大学出版社
ECNUP
·上海·

图书在版编目(CIP)数据

新媒体营销/梅林主编. —上海：华东师范大学出版社，2024
ISBN 978-7-5760-4584-0

Ⅰ.①新… Ⅱ.①梅… Ⅲ.①网络营销 Ⅳ.①F713.365.2

中国国家版本馆 CIP 数据核字(2024)第 027520 号

新媒体营销

主　　编　梅　林
责任编辑　皮瑞光
特约审读　王莲华
责任校对　周跃新
装帧设计　庄玉侠

出版发行　华东师范大学出版社
社　　址　上海市中山北路 3663 号　邮编 200062
网　　址　www.ecnupress.com.cn
电　　话　021-60821666　行政传真 021-62572105
客服电话　021-62865537　门市(邮购)电话 021-62869887
地　　址　上海市中山北路 3663 号华东师范大学校内先锋路口
网　　店　http://hdsdcbs.tmall.com

印 刷 者　上海新华印刷有限公司
开　　本　787 毫米×1092 毫米　1/16
印　　张　16.5
字　　数　381 千字
版　　次　2024 年 7 月第 1 版
印　　次　2025 年 6 月第 2 次
书　　号　ISBN 978-7-5760-4584-0
定　　价　49.80 元

出 版 人　王　焰

目录
MU LU

项目一

认识新媒体营销

思维导图

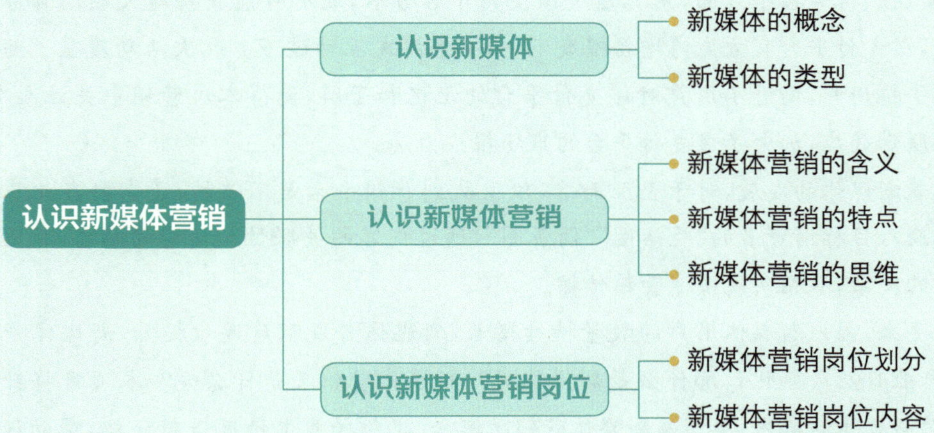

学习目标

知识目标

- 说出新媒体概念及其类型
- 记住新媒体营销的概念
- 说明新媒体营销的思维及趋势
- 解释新媒体营销岗位划分及运营岗位职责

技能目标

- 能根据营销需求选择适合的新媒体营销平台
- 能判断新媒体营销思维的类型

思政目标

- 培育文化自信
- 培育社会责任感
- 培养新媒体营销的创新意识
- 培养新媒体从业人员的职业道德和法治意识

引导案例

为迎接新年的到来，某支付平台与各省市合作推出领取“消费券”的活动，消费券种类涉及衣、食、住、行等各个方面，用户通过该支付平台领取，还有可能获得超大额消费券。活动推出后，该支付平台官方微博增粉幅度不小，单条博文互动过万。此次活动覆盖了超过一半的智能手机用户，增进了用户对该支付平台的记忆和了解，使得本次营销中关注人群、销售量产生联动效应，加大了该支付平台的市场推广力度。

随着新媒体的发展，对于企业而言，仅仅找到营销平台是不够的，还需要在此基础上更深入地嵌入目标消费者的“生活圈”“消费圈”，通过内容的关联性和情感的融合，拉近与目标消费者的关系，从而实现快速营销传播。

近年来，国内新媒体用户的数量持续增长，新媒体普及程度逐步提升，新媒体产业日趋活跃，行业日益成熟化。那什么是新媒体呢？新媒体营销又是什么呢？本项目将针对以上问题，对新媒体的概念、类型及新媒体营销的概念、思维等基本情况进行介绍，帮助读者初步了解新媒体与新媒体营销。读者通过本项目的学习，将对新媒体营销岗位的岗位划分和新媒体运营岗位内容有全面了解。

任务 1.1 认识新媒体

1.1.1 新媒体的概念

新媒体的“新”是相对于“旧”而言的。所谓的“旧”，也就是传统媒体，如电视、广播、报刊、户外媒体等。新媒体与媒介技术的不断推陈出新紧密相关，是利用网络、数字技术，通过无线通信网、宽带局域网、互联网等传播渠道，最终输出于手机、计算机等终端形式，旨在为用户提供文字、图片、视频、音频等信息。因此，新媒体也可以称为数字化新媒体。由于其有别于电视、广播、报刊、户外媒体四大传统意义上的媒体，因此也被称为“第五媒体”。

1. 新媒体的特征

(1) 海量性

新媒体由于其集文字、图片、音频、视频于一体的形式，带给用户更多的体验和视听享受，也因此扩大了用户的参与范围，带来海量的信息。用户可以通过各种各样的社交平台，利用丰富的表现形式来分享内容。

(2) 交互性

新媒体的出现不仅带来海量的信息传播，也使用户可以在平台上发表自己的观点。分享生活点滴的同时，还增加了平台与用户的黏性。例如，今日头条用户不仅可以关注时事新闻，了解当下热门话题，还可以就事件发表自己的看法，每个人都有说话的权利，人人都是自媒体。普通用户从过去单一的信息接收角色变为信息传播者和接收者双重身份，这样不仅使得大众传媒逐渐走入寻常百姓家，而且也扩大了传播主体，使其更为多元化、丰富化。

(3) 精准性

新媒体在提供给用户多样化信息的同时，还具有相当的精准性。用户可以自主选择内容和服务。目前，市场上的一些公司和服务商也对用户进行了进一步的细分，分别指向不同属性、不同群体，并针对不同类别给予个性化产品和服务，为信息的分众异质化传播提供了可能，从而有效提高了信息传播的精准性、专业性。可以说，新媒体更加重视用户的个性体验，满足用户的个性化需求，旨在让用户拥有更多的选择权、更高的自由度。

(4) 及时性

新媒体的出现可以让信息传播更加及时，用户可随时随地获取信息，通过各种平台进行社交互动，常见的移动社交应用如微博、微信、抖音等媒介，这些平台可以将用户分享的内容第一时间发布出去，让信息直达受众。

2. 新媒体兴起的意义

新媒体的兴起改变了人类信息的传播方式，不仅对人们的行为方式造成冲击，也给社会结构带来了变革性的影响，开创了媒介传播的新时代。在互联网环境下，新媒体快速发展，新兴媒体产业所占比例已经远超传统媒体产业，并且媒介融合趋势进一步加强。

1.1.2 新媒体的类型

广义的新媒体，是在市场发展和条件变化下所涌现出来的新兴媒体状态，既包括以数字和网络化为核心支持的信息技术媒体(例如短视频、微信、微博等)，也包括传统媒体经过发展和改造所延伸出的媒体新形态(例如传统官媒、报纸等衍生出来的 App、微信公众号等)。

新媒体在近几年呈现出以下趋势：从门户网站到微网站、从博客到微博、从 QQ 到微信、从长视频到短视频、从数字电视到网络直播、从淘宝到微店、从报道新闻客户端到公众号，以及自媒体和社群运营兴起等。

表 1－1－1　常见的新媒体平台

类　型	举　例
半封闭平台社交类	微信公众号、QQ 公众号平台
短信息平台新闻资讯类	新浪微博、今日头条的微头条
开放式推荐平台	今日头条、一点资讯、趣头条
视频式平台视频娱乐类	腾讯视频、抖音、哔哩哔哩、优酷视频
问答平台	知乎问答、悟空问答、百度问答

我们主要选取以下几个当下比较热门和典型的新媒体类型(见表 1－1－1)进行讲解：

1. 半封闭平台社交类

微信是适应移动互联网时代的即时通信工具，其相对于适应 PC 端时代的 QQ 通信而言，主要具有以下优势：

① 手机端的微信长时间在线，接收信息及时。

② 微信朋友圈分享的内容是碎片化的场景内容，可以是短视频、图片或较短的文字且打开的方式比较便捷流畅。

③ 在隐私性上，微信的朋友圈基于更为私密的关系链，其隐私限制更为严格，微信朋友圈只能看到互为好友产生的评论和回复，且微信在发表内容时还可以选择分组可见，满足了一部分人的隐私需求。

④ 微信的添加方式更加便捷，通过推送名片或者搜索手机号可以添加到对方的微信。

⑤ 微信端还具有订阅公众号的功能，可以浏览到更多感兴趣的图文推送。而且就目前的用户群体来说，微信的用户群体更多，这就决定了它在新媒体营销中的地位。

2. 短信息平台新闻资讯类

微博（见图 1－1－1）逐渐取代博客，成为运作比较成功的新媒体平台，究其原因，除了微博更加适应移动终端之外，还可能是因为入门简便、碎片时间、互动性强、社交传播等特点。

图 1－1－1　微博

微博这一新媒体比较具有娱乐性，一般的微博营销是通过明星、大 V 带动或者策划话题发起讨论等形式展开，微博可以短文字或短视频的形态传播，比较符合当下年轻人的阅读习惯，且聚集了比较多的注册用户、头部人群和名人明星等，是一种传播速度较快且比较有影响力的营销方式。

议一议

有人说微博现在活跃度急剧下降，大家都不玩微博了，你自己的感受是什么样的？请试着分析一下原因。

3. 开放式推荐平台

开放式推荐平台更加适应手机端移动阅读，如今日头条、网易新闻等。相对于传统的新闻网站而言，开放式推荐平台具有以下特点：

① 适合碎片化阅读，文字和排版更加适应手机载体，用户可以随时随地阅读相关信息。

② 实现个性化、精准定位推送文章，根据个人的阅读习惯，通过大数据分析，智能推送迎合阅读喜好的文章，抓住目标人群。

③ 安装简单，使用方便，订阅功能强大，可以自动弹出消息提示。

④ 打开客户端的头屏一般会突出头条新闻，各个客户端现在也比较强调引入独家原创内容以吸引用户。

⑤ 鼓励用户转发到社交媒体，强化交流分享属性，可以吸引到更多用户，扩大品牌影响力。

以今日头条为例，它是国内移动互联网领域成长最快的产品服务商之一，这样一款基于数据分析和挖掘的推荐引擎产品，它的优势在于可以精准为用户推荐符合自己阅读兴趣的个性信息，且其推送的内容已经不仅仅局限于传统意义上的新闻，还包括一些新闻评论文章、科普文章，甚至是小视频，其定位已经不止于传统意义上的新闻阅读媒介。从今日头条的频道推荐可以看出，其不仅涵盖数码、手机、游戏、音乐、财经等，甚至还包括小视频、问答、小说等模块。

4. 视频式平台

视频式平台也分为长视频和短视频。长视频如哔哩哔哩视频、腾讯视频等，而短视频以抖音、快手为主。

(1) 长视频

长视频一般是指超过半个小时的视频，以影视剧为主，区别于视频分享网站主打的短视频，与后者多由用户自己制作不同，长视频主要由专业公司完成制作，其版权的获得至关重要。

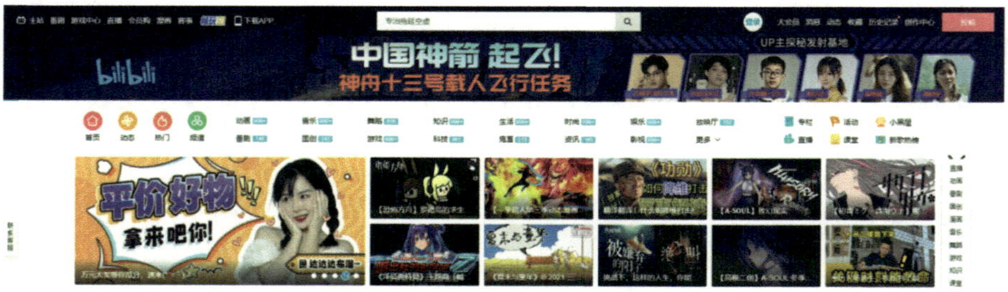

图 1-1-2　哔哩哔哩视频网站

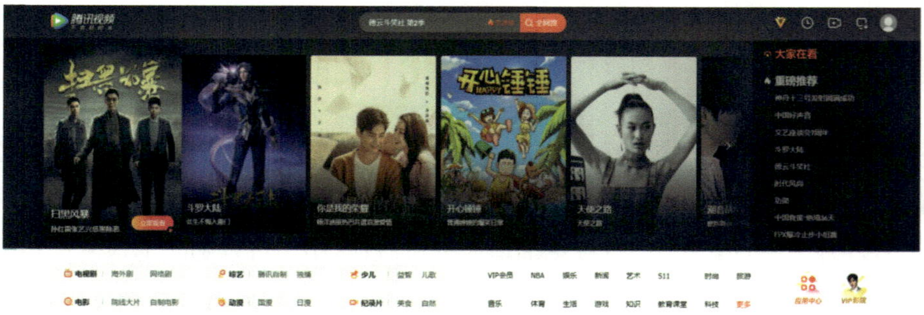

图 1-1-3　腾讯视频网站

(2) 短视频

短视频是指在各种新媒体平台上播放的、适合在移动状态和短时休闲状态下观看的、高频推送的视频内容，时长从几秒钟到几分钟不等。内容涵盖了技能分享、幽默搞怪、社会热点、街头采访、广告创意等主题。由于内容较短，既可以单独成片，也可以成为系列栏目。近年来短视频的发展趋势比较好且前景不可估量。短视频除了可以通过微博、微信、购物网站等平台传播以外，也有自己的主打传播网站，例如快手、抖音、火山小视频等。

这些短视频涉及美食、时尚美妆、游戏、搞笑幽默、娱乐、影视等方面，具有较强的娱乐性和话题性，适合目前手机端的阅读和传播。

5. 问答平台

常见的问答平台有知乎问答、悟空问答、百度问答、360 问答等。

问答平台是集成了自动切分词、智能搜索、自动分类等一整套自然语言处理和信息检索技术，为用户提供交流的平台。通过问答平台，用户可以接受专家和其他用户的帮助，同时也可以给别的用户提供有效的帮助。

问答的内容形式，一定程度上也增加了用户黏性，一方面会吸引一部分内容消费者前来进行围观，另一方面提问和解答的过程增加了两种角色的互动性，拉近彼此关系，提高用户留存率。

图 1-1-4　知乎平台

实训专区

● 任务背景

某公司一款拍照手机即将新品上市，营销部门制定营销方案时需要调研竞品公司针对同类型拍照手机投放的营销推广平台。因此，部门经理分配给营销助理工作任务：调研竞品公司在哪些新媒体平台做了营销推广。假如你是营销助理，如何完成此项任务？

● 任务分析

1. 明确主流的新媒体营销平台种类。
2. 确认竞品公司的同类型手机型号。
3. 进入平台页面搜索竞品公司的手机品牌及型号，查看其营销推广策略。

● 任务实操

1. 明确新媒体营销平台的种类有半封闭平台社交类、短信息平台新闻资讯类、视频式平台视频娱乐类、开放式推荐平台、问答平台五种。

2. 确定与该款手机同类型的拍照手机品牌及型号。

3. 进入各类不同平台搜索相关内容，查看手机相关的文案、图片、视频、音频等。如：进入“今日头条”，查看相关信息。

4. 简略写出竞品公司的营销推广策略：(1)平台投放：今日头条、抖音平台、微信公众号、微信朋友圈平台。(2)推广方式：首页广告露出、搜索广告、公众号推送、视频平台匹配用户推送、微信朋友圈广告。(3)广告模式：图文广告、短视频广告。

● 任务评价

序号	评价项目	评价标准	分值	评分
1	能明确新媒体营销平台类型	半封闭平台社交类、短信息平台新闻资讯类、开放式推荐平台、视频式平台	35	
2	能确认竞品同类型的手机型号	手机功能、手机价位段大致相同	20	
3	能分析竞品的营销推广策略	包含推广平台名称、推广方式、广告模式	45	

情景训练

某食品类公司新上了一款富含维生素C的健康食品，计划开展营销活动，但是在选择营销平台及制定营销策略时犯了难，请你搜集相关的富含维生素C健康食品的营销平台及相应的营销策略。

任务 1.2 认识新媒体营销

1.2.1 新媒体营销的含义

新媒体营销，是指利用新媒体平台进行营销的方式。具体来讲，指的是信息化、网络化、电子化环境下进行营销的活动。新媒体营销是企业开展营销的一种方式，也是基于现代营销理论、利用新技术的企业经营手段，最大限度满足用户需求，从而为企业带来利益。在当前互联网蓬勃发展的时代，特别是 5G 网络的迅速发展，会给网络营销特别是新媒体营销带来巨大的革新、机遇和挑战。

1.2.2 新媒体营销的特点

1. 应用载体广泛

新媒体营销的应用载体非常广泛，涵盖了移动互联网和网络媒体。移动媒体主要是以智能手机、平板电脑为移动终端的新型传播媒介，最大的特点是可移动、小巧灵活、可随身携带。移动媒体的形式多样，无论是发展初期的短信、手机报，还是现在的社交、视频 App，都成了移动媒体的媒介形式，并以快速、互动的沟通模式进行广泛传播，真正意义上实现了分众沟通。而网络媒体是新媒体的主要形态，成为当下人们学习、工作和生活不可或缺的部分。

2. 形式多样

新媒体营销的形式多样，包括图片、文字、音频、视频等。而其中，文字是最为常见的内容呈现形式。例如，抖音《打卡美好中国》的文案："别光看，去试试看。"

(1) 图片

图片形式的广告较为直观，能让读者在短时间内记住图片要传达的产品和思想。例如，某服饰品牌发布的秀场广告，如左图，在天空之境——茶卡盐湖中展示服装，意在表达"舒适自在"的品牌主张。

图 1-2-1 某品牌的抖音超品日秀场图片

(2) 音视频

音频不占用用户双眼，可以实现“伴随式”营销。视频营销则包括电视广告、网络视频、宣传片、微电影等多种方式。

(3) H5 动态页面

这是近年来新兴的一种营销方式。它利用各种创意设计进行营销，往往起到良好的宣传效果。例如：支付宝推出的“十年账单”，网易云推出的“歌单时长”H5 页面，都在社交平台收到良好的营销效果。

3. 目标精准

移动网络及移动设备的普及，使得信息的实时性及跨越时空的传播成为可能，每个人都能成为自媒体。在信息海洋中，营销者可利用新媒体进行大数据分析，有效挖掘用户需求，从而为产品开发与宣传提供良好的依据，大大提高了营销效率，降低了产品投放市场的风险。

1.2.3 新媒体营销的思维

全民网络时代的到来，打破了原有的媒体营销生态，改变了用户的交互模式。技术的发展赋予每个人获取信息、使用信息和传播信息的权利。技术越是先进，网络越是发达，个人在社会生活中的媒体属性就越强。新媒体始终是动态的，是持续在变化的。人人都是信息接收者，也是信息使用者、传播者。“人人皆媒”的深刻意义不在于新闻的报道，而是想法的表达。微博、微信等各类新媒体平台只是表象，新媒体经营者需要深刻理解新媒体影响力的本质。

1. 粉丝经济思维

随着新媒体营销的快速发展，粉丝量成为至关重要的内容。从某种程度上来说，新媒体营销之战可以说是粉丝之战。一个新媒体平台，如果不能聚集大量“粉丝”，就会慢慢失去它的价值。要想吸引更多的粉丝关注，平台及企业就需要满足诸多粉丝的要求，提供粉丝需要的价值。

图 1-2-2 瑞丽网

以瑞丽网为例，它以瑞丽杂志为依托，根据瑞丽品牌独特的时尚性质，将论坛、朋友圈、微博以及问答等互动配体技术融合在一起，为 23—35 岁之间的女性风尚生活服务。目前，瑞丽网的平均覆盖数量已经超过 87 万，每日的平均页面浏览量更是超过 600 万，在女性媒体的频道广告投放量已经远超新浪、网易等网站。

2. 用户思维

用户思维是指新媒体经营者在价值链各个环节中都要“以用户为中心”去考虑问题。营销者需要摆脱传统营销思维，站在用户角度思考问题，关注用户的语言表达及感兴趣的方面，以帮助用户思考和判断，从而快速获取用户的关注及支持。

知识拓展

传统思维与用户思维有什么区别？

二者的本质区别在于是否站在用户角度考虑问题。

传统思维当中，产品特点需要用户结合自身情况去判断。

用户思维当中，会根据用户的需求进行产品宣传及营销。

同样营销一台电脑，如果是传统思维，营销者在进行产品描述时，更倾向于表现产品的功能，如：45 W 高性能、多屏协同、60 Wh 大电池等，这就决定了用户需要根据自己的需求去判断是否购买商品。而用户思维则是营销者站在用户角度直接描述产品的性能，用户不需要判断及权衡，就能直接选出商品。换言之，用户思维就是省略了用户思考判断的过程，直接给出商品能给用户带来的利益点和价值点，有的放矢地解决了用户急需解决的问题。如右图中某品牌电脑，直接点出便捷办公的价值点，有效解决电脑办公的端口不够、启动慢等诸多问题。

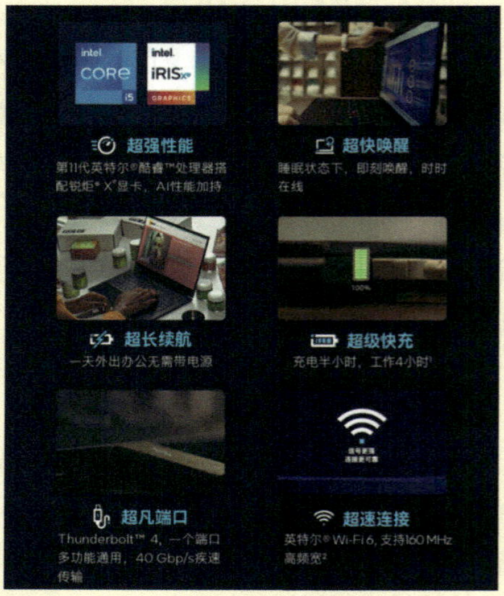

图 1-2-3　某品牌电脑的用户思维

当然，用户思维不是关注用户就会有的。需要营销者有意识地培养用户思维，最关键的是要关心用户对产品和服务的困扰是什么。产品营销要打动用户，就是从用户最关心的部分入手。因此，营销者应有意避免传统思维，在介绍产品性能时，一定要以产品能给用户带来的利益点为中心。

3. 流量思维

互联网时代，流量为王。新媒体营销如果抓不住流量，那简直就是“无源之水，无本之木”。抓住流量，也就是抓住了营销的根本。用户的关注点、痛点在什么地方，就去生成与关注点相关的内容来“蹭”流量，从而迎合用户的需求，也就是常说的“借势热点”。例如，在“国潮”这个词成为热点时，商品推荐也可以借势宣传，加上用户对热点的关注，促进商品信息的快速传播。

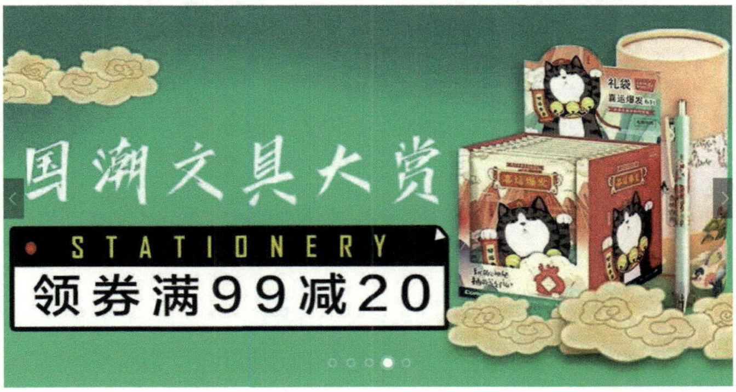

图 1-2-4 借势“国潮”热词宣传

1.2.4 新媒体营销的趋势

互联网没有传统广告的诸多强制性和时段性，任何能够触碰到互联网的人，都有可能看到营销信息，这是传统广告远远达不到的。而随着互联网发展的不断进步，网络营销也必然成为营销的主流方式。

网络营销是由企业各方面内容，包括品牌、口碑、内容展现、在线引导等结合发生的，要选择恰当的营销方式和内容输出。

1. 全网营销是必经之路

当前网络营销的竞争越来越激烈，单一的网络营销方式已经逐渐不能满足企业的需要，企业在进行网络营销时往往会根据产品特色和产品的市场行情选择多种渠道进行营销，全网营销、整合营销就成了他们必选的营销方式。

为获得最大化的流量和转化率，将一系列的营销方式汇总、有条不紊地进行全网营销固然是所有企业都想达到的理想，但这一切的背后需要人力、财力的支撑，对于初创企业来说可能有一定的困难，这时许多创业者会寻求第三方平台的帮助。

2. 微信公众号、微博等营销渠道风头正劲

虽然微信公众号和微博的红利期已经过去，但在当前的营销中仍然发挥着较大的作用，且较好的公众号和博主会有良好的市场黏性，转化率也是非常可观的。截至 2018 年 1 月，微信用户已经突破 10 亿，小程序已达 58 万个，日活跃账户超过 1.7 亿个，小程序的营销前景是非常明朗的，同时也是创业者们积极布局的新战场。

图 1-2-5　微信推送广告

图 1-2-6　微信朋友圈营销

3. 短视频营销潜力无限

当前 5G 网络迅速发展，短视频的应用和发展形势不可估量，是一种不可忽视的营销模式，短视频的打造、定位、团队的组建等都是互联网营销需要考虑的要点，随着快手、抖音的走红，短视频迎来了大爆发。有人预计，未来几年，短视频市场规模将更大，短视频营销又一次成为营销关注的方向。有趣、有内容的短视频更加受消费者的欢迎，配合这种方式将产品巧妙地植入其中，既不尴尬也不生硬，还能为产品带来一定的曝光率甚至转化率。

4. 用户对内容的要求越来越高

无论是短视频、自媒体、公众号还是传统的网络广告，随着用户更加地年轻化，对营销内容质量的要求也会更高，而单一、枯燥、广告性较强的内容必将被逐渐淘汰。营销内容要突出价值和质量，尤其在前期积累阶段需要坚持从目标用户角度出发，分享他们关注的内容，使营销内容的价值性越来越被更多的用户推崇，从而形成自己的风格和特色，在有价值的内容中植入广告，才能让用户更容易接受。

实训专区

● 任务背景

奥运会正在如火如荼地进行，某公司借助奥运会这个热点事件，打算营销一款用于浏览奥运会新闻和分析运动员数据的 App。该公司首先对 App 的目标用户进行了定位和分析，然后筛选出适合 App 营销推广的新媒体平台，最后，通过多种营销推广方式增加粉丝数量。

请问，在这一营销过程中，体现了哪些新媒体营销思维？

任务分析

1. 明确新媒体营销思维有哪些。
2. 分析该公司使用的营销方法。
3. 分析该公司在营销过程中运用的新媒体营销思维。

任务实操

1. 新媒体营销的思维类型

粉丝经济思维、用户思维、流量思维。

2. 分析该公司的营销方法

(1) “奥运会”这一热点事件自带流量，可充分利用热度进行营销。

(2) 在营销过程中，该公司针对 App 的营销用户进行了精准定位和分析。

(3) 通过多种方式来增加粉丝数量。

3. 分析使用的新媒体营销思维

(1) “奥运会”热点事件自带流量，体现了流量思维。

(2) 针对营销用户进行精准分析和定位，体现了用户思维。

(3) 通过多种方式来提高粉丝数量，体现了粉丝经济思维。

任务评价

序号	评价项目	评价标准	分值	评分
1	能写出新媒体营销的思维类型	粉丝经济思维、用户思维、流量思维	30	
2	能分析公司的营销方法	包含蹭热度营销、用户营销、流量营销	30	
3	能根据具体案例分析出新媒体营销思维模式	案例与思维的匹配正确	40	

情景训练

“故宫博物院”微博作为故宫博物院官方微博，主要内容包括常设展览和特展信息、文物介绍、故宫景色、故宫壁纸、故宫与人的故事等等，此外还有一些关于讲座和志愿者招聘的信息。图文内容以原创为主，其中运营团队自己拍摄的故宫四季景色互动效果非常好。如今的故宫博物院拥有超过千万粉丝，影响力巨大。

通过微博，故宫不断对社会大众关心的话题进行曝光，比如人们关心故宫猫，故宫就讲

《故宫猫记》；人们喜欢紫禁城的色彩，故宫就制作“点染紫禁城”，孩子们可以参与；人们关心故宫的春夏秋冬，故宫就发故宫春夏秋冬、早中晚的景色。至此，媒体开始冠以“故宫出品，必属精品”的美誉。故宫的社交运营能力，促使其吸引了大批粉丝的关注和参与，庞大的粉丝数，让“故宫博物院”微博发出的每一条消息，都有可能瞬间传遍网络，引发人们的热议。进而故宫推出的每一款文创新品，都可能立马热销。实践证明，互联网与文化产业的结合能够提升文化创意产品的内涵和品质，塑造文化品牌形象，提升文化市场占有率。

请分析在上述案例中体现了哪些新媒体营销思维？

任务 1.3 认识新媒体营销岗位

1.3.1 新媒体营销岗位划分

新媒体营销岗位的工作主要是负责企业新媒体平台的管理，包括制定计划、品牌推广、产品推广、文章编辑、账户数据分析、用户互动和流量增加。

根据营销对象和营销方式的不同，其岗位设置如下：

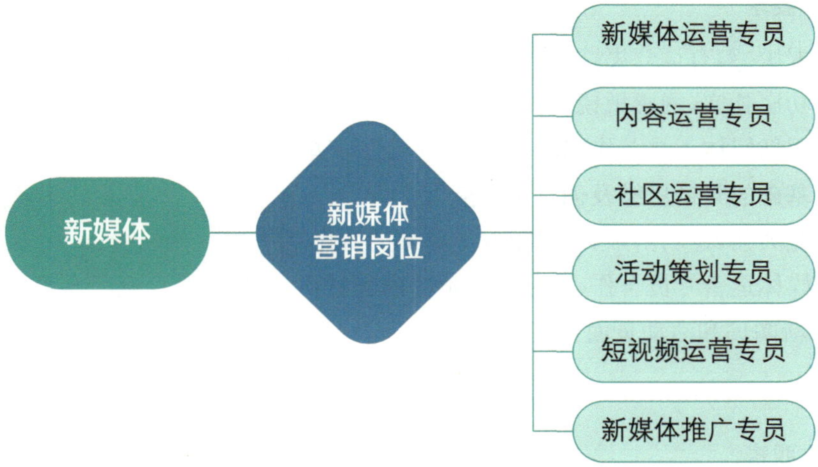

图 1-3-1 新媒体营销岗位设置

1.3.2 新媒体营销岗位内容

1. 新媒体运营专员

(1) 岗位职责

① 根据平台属性、运营需求和人群洞察，编辑有行业深度观察和干货视角的内容输出，独立完成高传播度的原创稿件；

② 根据产品属性，提炼产品卖点与优势，以客户视角对产品进行包装和推广；

③ 参与产品、内容的线上推广宣传工作，负责营销过程中的文案撰写。

(2) 任职要求

① 文字功底扎实，熟悉新媒体写作的语感；

② 思维活跃，不拘泥于条条框框；

③ 负责公司的公众号、微博、头条号等，包括选择计划、品牌推广、产品推广、文章编辑、账户数据分析、用户互动和流量增加。

2. 内容运营专员

(1) 岗位职责

① 厂商新闻、视频栏目及大V专栏运营，微信公众号及微信群运营；

② 通过各类渠道及分享机制的建立，提升厂商资讯流量；

③ 通过PC/WAP/App用户行为和数据，提出栏目改进意见，配合产品及技术部持续迭代改进；

④ 监控日常资讯栏目运营中出现的问题并及时协调解决，定期分析内容运营效果，跟进用户和运营反馈。

(2) 任职要求

① 对数据敏感，有运营思路，能够把运营和产品有机结合；

② 文字功底扎实，网感敏锐，善于针对编辑的内容进行包装、整合及传播；

③ 会使用新媒体工具及作图软件，具备一定审美能力，掌握视频拍摄、剪辑工具；

④ 具备基础的营销思维及创意策划能力；

⑤ 沟通能力强，逻辑清晰，可以很好地跨部门协作；

⑥ 与新媒体运营专员合作，输出高质量的内容材料，包括撰写公众号文章、微博文案、品牌推广文章、新闻稿和活动页面文案等。

3. 社区运营专员

(1) 岗位职责

① 把控内容质量，制定内容标准，建立标签体系；

② 策划并执行社区的运营活动，提升用户互动率；

③ 发掘和维护社区KOL（意见领袖），提升UGC（用户生成内容）、评论的生产数量和质量，构建良好的社区氛围；

④ 挖掘用户特征，对用户进行分层运营，提高用户黏性；

⑤ 通过数据分析、收集用户反馈等方式，为产品和运营提供优化方向。

(2) 任职要求

① 具备社区类产品运营经验，有下沉用户运营经验的优先；

② 对内容敏感，了解最近流行的文化玩法、热点、App；

③ 具备内容挖掘和组织能力，能抓住用户消费和传播热点，有较好的文案写作能力；

④ 具备较强的沟通能力及耐心，喜欢和用户交流，乐于为用户解决问题；逻辑清晰，对用户特征有较强的洞察力；

⑤ 对工作充满热情，能高质高效完成工作任务；

⑥ 负责规划公司的社区运营计划和社群建设，负责社群的日常运营、粉丝问答、独立策划在线互动活动、增加粉丝的活跃度和关注度。

4. 活动策划专员

(1) 岗位职责

① 根据公司全年活动节奏进行活动策划，包括策划线上电商及线下门店活动，并跟进执行落地；

② 根据活动及传播需要，利用可合作资源，寻求突破，主动沟通寻求合作机会；

③ 协同线上线下相关部门及商品部门选品并策划相关活动，包括相关宣传文案等。

(2) 任职要求

① 能够进行大型活动策划，具备市场宣推策划经验，如“618”“双十一”等活动；

② 对新鲜事物永远保持好奇心，网感好，对新闻、热点敏感，能结合自身产品的使用场景，快速策划内容和活动；

③ 拥有较强的选题策划能力和市场分析判断能力；

④ 对工作保持高度的热情；

⑤ 负责公众号、微博、网站专题页面策划，结合假日、热点制定活动策略，负责绘制和执行活动流程图，确保活动按时上线，监控活动效果。

5. 短视频运营专员

(1) 岗位职责

① 负责公司各类音频视频类媒体账号平台社区的运营，包括日常内容更新、互动、粉丝维护、提高账号影响力和关注度；

② 整合资源迅速提升媒体账号内容的播放量及粉丝数；

③ 负责题材选定，文案制作，录制拍摄，后期剪辑，线上推广宣传，粉丝互动及社区运营；

④ 负责线上线下活动的策划组织及用户转化；

⑤ 负责与第三方内容生产者、相关平台及渠道的对接与合作。

(2) 任职要求

① 善于协同合作，具备原创内容生产能力、基础平面设计能力，思路开阔；

② 熟悉各大音频、短视频平台，对音频、短视频领域具有强烈的兴趣；

③ 熟练使用各类音视频设计软件，熟悉音频＋短视频内容策划、剪辑制作和运营传播全流程，有成功的音视频策划案例；

④ 文案能力出色；

⑤ 可独立分析运营数据，找到问题，迭代产品，保证运营方案持续改进；

⑥ 负责短视频平台账户的运营，账户定位分析，规划选择，原始短视频的拍摄和编辑，以及提高用户的关注度和黏性。

6. 新媒体推广专员

(1) 岗位职责

① 负责与代理商对接，管理各效果媒体平台（搜索、信息流、短视频），保证推广物料按时、准确发布，达成公司制定目标；

② 负责各媒体平台的数据分析，提升推广效果；

③ 协助部门领导完成投放策略、效果监控的探索、优化与实施；

④ 分析行业和竞争对手经营状况，用于行业投放定期分析动向；

⑤ 探索新的推广方式，保证目标达成。

(2) 任职要求

① 熟悉各搜索竞价平台的运营规则，了解各搜索竞价平台的操作流程；

② 有良好的数据分析能力，可独立完成数据报告；

③ 沟通能力强，可对外与代理商、对内与公司其他部门有效沟通，推进工作顺利进行；

④ 有良好的学习能力和学习意愿，乐于接受新事物；

⑤ 抗压能力强，有团队协作能力与意识；

⑥ 熟悉各类办公软件；

⑦ 与新媒体合作，使用百度知道、贴吧、知乎、悟空问答等渠道开展口碑营销，提高品牌知名度。

实训专区

● 任务背景

作为一名准营销人员，你需要为自己未来的职业发展做好规划。请查阅各大招聘网站，整理新媒体营销岗位职责和所需职业技能要求。

● 任务分析

1. 明确主流的招聘平台。
2. 确认新媒体运营专员和新媒体营销主管的招聘要求和条件。
3. 归纳岗位职责和职业技能要求，为自己制定一份职业发展规划。

● 任务实操

1. 明确主流的招聘平台，如 BOSS 直聘、智联招聘、拉勾网、猎聘网等。

2. 确认新媒体运营专员和新媒体营销主管的招聘要求和条件。

3. 通过在招聘网站输入关键词进行搜索，点击具体的公司，进行查看。如图 1-3-2 所示。

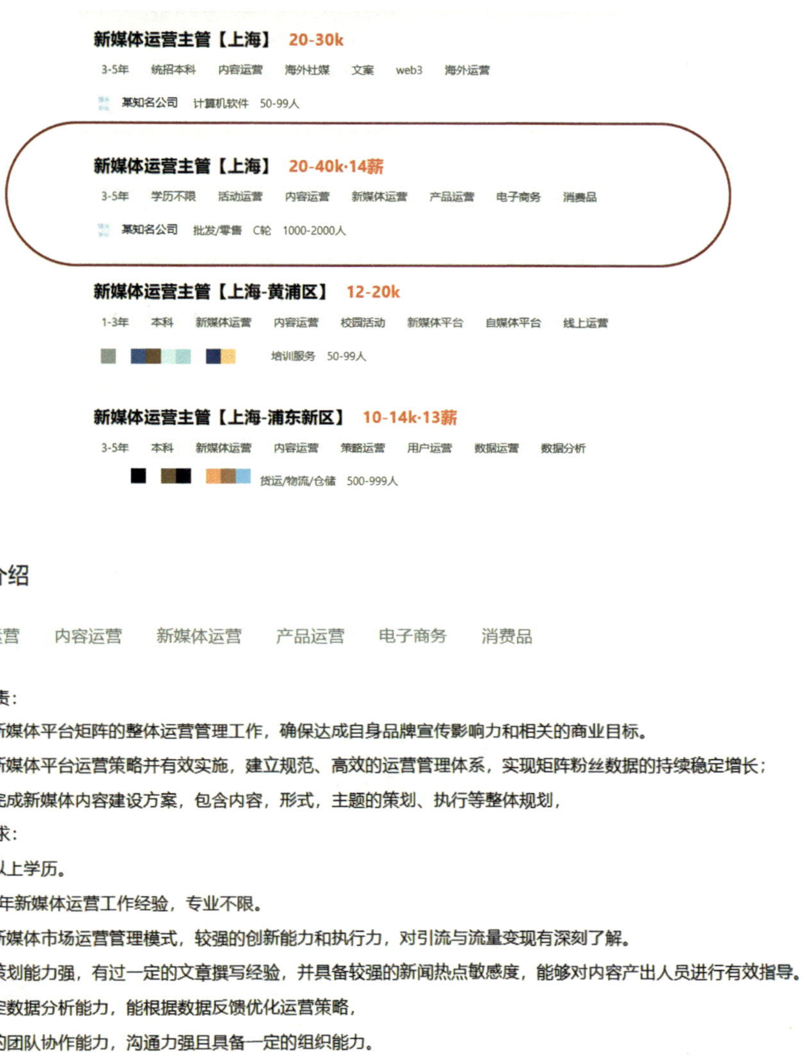
新媒体运营主管【上海】 20-30k
3-5年 统招本科 内容运营 海外社媒 文案 web3 海外运营
某知名公司 计算机软件 50-99人

新媒体运营主管【上海】 20-40k·14薪
3-5年 学历不限 活动运营 内容运营 新媒体运营 产品运营 电子商务 消费品
某知名公司 批发/零售 C轮 1000-2000人

新媒体运营主管【上海-黄浦区】 12-20k
1-3年 本科 新媒体运营 内容运营 校园活动 新媒体平台 自媒体平台 线上运营
培训服务 50-99人

新媒体运营主管【上海-浦东新区】 10-14k·13薪
3-5年 本科 新媒体运营 内容运营 策略运营 用户运营 数据运营 数据分析
货运/物流/仓储 500-999人

职位介绍

活动运营 内容运营 新媒体运营 产品运营 电子商务 消费品

岗位职责：
1.负责新媒体平台矩阵的整体运营管理工作，确保达成自身品牌宣传影响力和相关的商业目标。
2.制定新媒体平台运营策略并有效实施，建立规范、高效的运营管理体系，实现矩阵粉丝数据的持续稳定增长；
3.独立完成新媒体内容建设方案，包含内容，形式，主题的策划、执行等整体规划，
职位要求：
1.本科以上学历。
2.有3-5年新媒体运营工作经验，专业不限。
3.熟悉新媒体市场运营管理模式，较强的创新能力和执行力，对引流与流量变现有深刻了解。
4.文案策划能力强，有过一定的文章撰写经验，并具备较强的新闻热点敏感度，能够对内容产出人员进行有效指导。
5.有一定数据分析能力，能根据数据反馈优化运营策略，
6.良好的团队协作能力，沟通力强且具备一定的组织能力。

图 1-3-2

4. 多查看几个招聘平台和不同类型公司的要求，找出共性的要求和关键的职业技能要求，如短视频运营、社交媒体运营、新媒体平台矩阵打造及运营、新媒体平台运营策略制定和实施等，从专员到主管，分析系统提升路径，并在课后对自己从事新媒体营销岗位制定一份职业发展规划。

任务评价

序号	评价项目	评价标准	分值	评分
1	能明确主流的招聘网站	熟悉主流的招聘网站有哪些，知道这些招聘平台的特点，比如智联招聘有校招，猎聘网虽然也有校园招聘，但更聚焦高管人员。	35	
2	能确认新媒体运营相关岗位要求	会使用关键词进行检索，会对职业技能要求进行同类归纳。	30	
3	能制定一份职业发展规划	包含未来3—5年的职业发展规划，以及必须具备的技能和项目经验。	35	

情景训练

某快消品类公司希望顺应时代发展，打造全媒体营销矩阵，请你收集同类型相关的案例，制定新媒体平台运营策略并有效实施，建立规范、高效的运营管理体系，实现矩阵粉丝数据的持续稳定增长。

单元练习

一、选择题

1. 微信公众号属于(　　)的新媒体营销平台。
   A. 半封闭平台社交类　　B. 短信息平台新闻资讯类
   C. 视频式平台视频娱乐类　　D. 开放式推荐平台
2. 新媒体营销中最为常见的内容呈现形式是(　　)。
   A. 图片　　B. 文字　　C. 音频　　D. 视频
3. 以下哪个不属于新媒体营销思维？(　　)
   A. 粉丝经济思维　　B. 用户思维
   C. 流量思维　　D. 传统思维
4. 新媒体营销的趋势是(　　)(多选)。
   A. 全网营销是必经之路　　B. 微信公众号、微博等营销渠道风头正劲
   C. 短视频营销潜力无限　　D. 用户对内容的要求越来越高

二、案例题

请运用本任务所学知识为一份传统纸媒提供转型新媒体营销的方案。

....

....

....

....

....

....

....

....

项目二
微信营销

思维导图

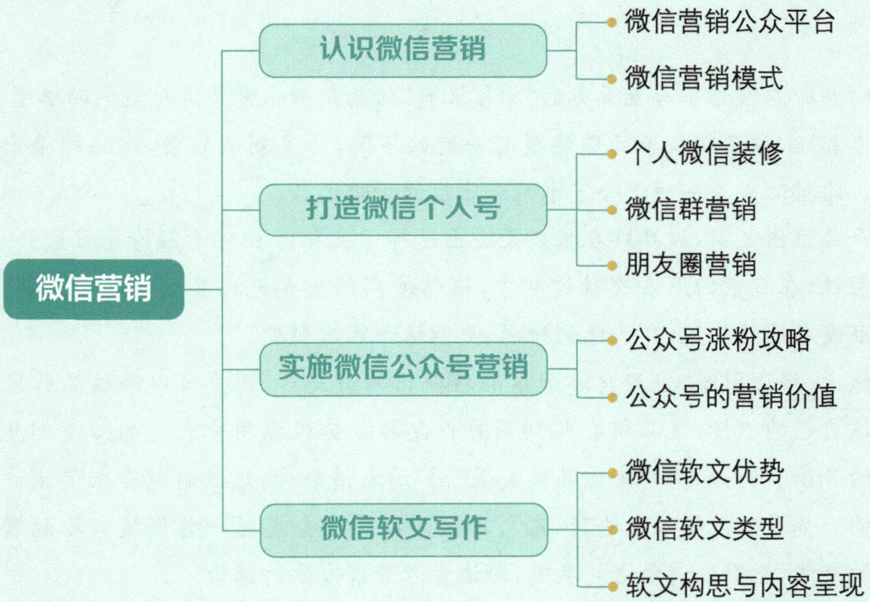

学习目标

知识目标

- 说出微信的营销模式
- 列举朋友圈营销方式
- 解释微信公众号的营销价值

技能目标

- 能进行个人微信号装修
- 能建立微信群

- 能开通微信公众号
- 能进行微信软文写作

思政目标

- 培育并践行社会主义核心价值观
- 培育社会责任意识和法治意识
- 培育新媒体营销职业道德

引导案例

某咖啡品牌活动“冰摇沁爽”

某咖啡品牌在微信平台上举办的“冰摇沁爽”活动是微信营销成功案例的典型。

与夏季相比，该品牌秋季的销售量有一定的下降，为了刺激销售，该品牌推出了新饮品冰摇沁爽。冰摇沁爽是一种混合了水果和冰块的咖啡饮品。

在新产品推出之前，该品牌在推广渠道上选择了微信。相对于微博等社交平台，微信有较强的私密性，在日常的朋友交往过程中，微信使用的频率也比其他社交软件高，交流方式更倾向于朋友之间的交流，广告色彩较弱，更能培养客户黏度。

通过线上、线下引流，当用户添加该品牌微信为好友后，用户可以给该品牌发送各种表情符号表达自己的心情，该品牌在收到用户信息后就会根据用户表达的心情回复用户符合心情需要的音乐。例如，用户给该品牌发送“困”的表情符号，该品牌就会回复用户一首欢快高扬的歌曲。如果表情符号表达“很累”，那么该品牌就会发送一首舒缓放松的歌曲。这种“通感”式的交流，能引发消费者的共鸣，给消费者带来愉快的体验。

此次微信营销活动结束时，该品牌的微信账号总共收获了19.3万名好友。同时，微博的粉丝数也增加了15%，相关微博产生了共计2.6万次的评论和4.5万次的转发。按照业内计算，通过微博产生的媒体价值相当于93.1万元人民币。

与传统的硬性广告相比较，微信营销充满温情、互动的营销方式更容易被人接受。在这样的营销关系中，微信是一种新媒体社交营销工具，将信息以一种不同于过去的准确方式传递给每一位“微信好友”，和他们实现一对一的互动交流，并将信息及时、趣味性地传递给他们。

任务 2.1　认识微信营销

在网络经济时代，伴随着微信这款社交软件的兴起，微信营销也逐渐进入大众的视野。作为一种新的营销方式，微信营销依托微信的移动社交属性，建立起一种基于社交的营销环境，商家和客户之间不再是机械化的信息推送和接收，而是一种“朋友”关系。在微信营销中，商家通过公众号或个人账号，实现点对点营销。

2.1.1　微信营销公众平台

当前，很多商家通过开通公众号来对用户进行客户服务、信息推送、产品销售等活动。公众号逐渐成为一种主流的营销方式。

微信公众平台是微信面向个人、企业、政府、社会机构等推出的一款一对多信息交互平台。公众号与普通的个人微信不同，在公众号中不仅可以实现一对多的信息交流，还可以设置很多营销功能，例如客户管理、微店、微活动等，因此，公众号的营销功能可以满足企业营销推广的需要。

2023 年，微信公众号走到了第 11 个年头。得益于微信的社交属性，微信公众号在发酵、传递社会价值观念上有着得天独厚的条件，不少商家、政府通过入驻公众号平台建立自己与用户之间的联系，一些个人创作者也通过原创文章和原创视频实现流量变现，成为微信里的创业者。

目前，微信公众号有 3 类：服务号、订阅号、企业号。

1. 服务号

服务号是公众平台的一种账号类型，旨在为用户提供服务，如图 2－1－1 所示。

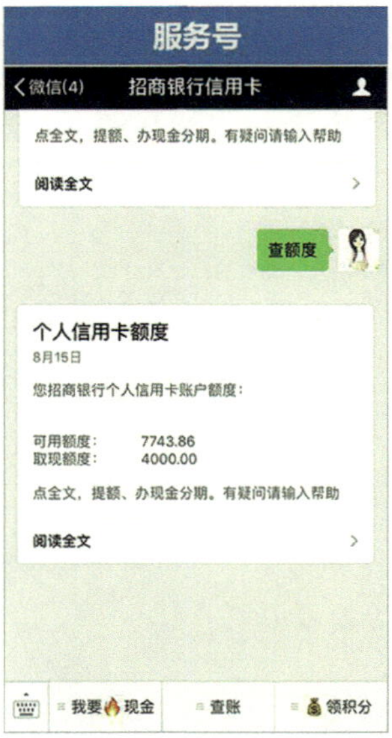

图 2－1－1　服务号

服务号的基本功能如下：

① 在 1 个月内，可以向关注服务号的粉丝群发 4 条消息。

② 给粉丝发送的信息会出现在粉丝的聊天列表中，服务号会出现在粉丝好友列表中。

③ 在发送信息后，粉丝微信会收到消息提醒。

④ 可设置自定义菜单。

目前只有企业、政府、媒体等机构可以申请服务号，但是需要申请认证服务号，服务号在认证后可以获得更多的功能，包括全部高级开发接口、微信支付功能、微信小店、广告主功能、卡券功能、多客服功能等，认证后的公众号头像及详细资料会显示“V”标识。

图 2-1-2　订阅号

2. 订阅号

订阅号主要是为用户提供信息传达服务，如图 2-1-2 所示。

订阅号的基本功能如下：

① 1 天可以给关注的粉丝群发 1 条消息。

② 发给粉丝的消息会和其他订阅号一起放在“订阅号”文件夹中，粉丝需要先点击“订阅号消息”文件夹，再点击某订阅号才能看到信息。

③ 订阅号不会出现在粉丝好友通讯录中，而是被放入订阅号文件夹中。

目前，个人和企业都可以申请订阅号，但是订阅号的认证只对企业开放，认证后的订阅号具有高级功能接口、自定义菜单（可跳转外部链接）、卡券功能、广告主功能，认证后的订阅号头像旁会有“V”标识。

知识拓展

微信订阅号和服务号的区别如下：

图 2-1-3　订阅号和服务号位置对比

可以申请订阅号、服务号的主体：

申请主体	未认证订阅号	认证订阅号	未认证服务号	认证服务号
个人	√	×	×	×
个体工商户	√	√	√	√
企业	√	√	√	√
媒体	√	√	√	√

图 2-1-4　订阅号和服务号申请主体区别

不同主体的公众号申请数量：

申请主体	申请数量
个人	1
个体工商户	2
企业	2
媒体、政府	50

图 2-1-5　不同主体公众号申请数量

微信订阅号和服务号功能区别：

功能	普通订阅号	微信认证订阅号	普通服务号	微信认证服务号
网页授权获取用户基本信息	×	×	×	√
自定义菜单链接到外部网页	×	√	√	√
点击菜单发送文本	×	√	√	√
模板消息	×	×	×	√
一次性订阅消息	×	×	×	√
获取用户地理位置	×	×	×	√
语义理解	×	×	×	√
生成带参数二维码、短链接	×	×	×	√
多客服	×	√	×	√
微信卡券	×	√	×	√
广告主	×	√	×	√
微信支付	×	×	×	√
微信小店	×	×	×	√

图 2-1-6　订阅号和服务号功能区别

图 2-1-7 企业微信

3. 企业号

企业号主要是给企业办公提供的移动服务，如图 2-1-7 所示。

通过企业号，企业可以建立起连接员工、上下游商家、企业管理的便捷系统。在企业号上，第三方服务商提供的移动办公轻应用能够帮助企业实现生产、管理、协作、运营的移动化。如此一来，企业就不需要耗费大量时间和精力去开发自己的 App，也节省了部分运营成本。

企业号的功能有以下几点：

(1) 应用定制

企业可按需创建个性化应用，灵活设置菜单，交互更自如。

(2) 企业通讯录

可灵活分级管理企业通讯录，即便超大规模的企业架构也能高速支撑。

(3) 方便的标签

方便地建立成员分组，发送消息、管理应用更便捷。

(4) 自由收发的消息

支持图文、文件等全类型的消息群发，更能保证消息的高阅读率。

(5) 保密消息

只有收件人才能阅读的消息，防转发、防截屏，满足企业安全需求。

(6) 统一的会话入口

在微信会话列表和通讯录中均独立展现，应用更活跃。

(7) 权限分级

通讯录、应用及接口均可分级分权限管理，适应大型企业分级安全管理要求。

(8) 安全开放的接口

全程加密、接口授权，实现通讯录、标签、消息等关键资源开放管理。

(9) 微信原生能力

更加开放的微信原生能力，如拍照、扫码、支付、位置等使应用更智能。

2.1.2 微信营销模式

1. 广告式营销

广告式营销是指向其他微信用户推送企业广告。对于已经添加微信好友的用户，可以直接通过账号进行广告发送，对于陌生用户，可以通过微信中的“查看附近的人”发送。“查看附近的人”是微信基于LBS功能开发的一项功能插件，打开“查看附近的人”，微信就会自动根据所处的地理位置查找周围的微信用户。

在微信“附近”列表中，可查看“附近的人”用户列表，除了显示用户昵称，还会显示用户签名档的内容。企业可以通过打招呼的方式推送广告信息，也可以通过设置签名让其他使用该插件功能的用户看到信息。

2. O2O营销

微信自带的社交属性使越来越多的企业加入微信营销，通过连接线上与线下实现线上到线下(Online To Offline, O2O)营销。微信O2O营销包括活动营销、二维码、互动式推送微信、第三方应用、定位服务(Location Based Services, LBS)等。

以微信二维码营销为例，商家通过设置二维码，向用户提供支付、信息获取、活动参与等服务，实现线上与线下相结合。

3. 互动营销

商家在微信平台进行互动营销包括抽奖类活动、红包类活动和电商类活动。这些活动既可以增加商家与客户之间的互动，也能为商家引流、促进产品销售。例如，在抽奖活动中，商家可以设置关注店铺、关注公众号等条件，增加店铺的关注度，也可以通过设置砍价、拼团活动，吸引用户转发，实现营销推广。

微信互助营销活动的类型有很多，商家要结合自己的经济情况选择活动类型。充分利用活动的优势，达到裂变营销的效果。

4. 微信开店

微信开通了微店频道，由商户申请获得微信支付权限并开设微信店铺。微店作为一种社交电商模式，本身的社交属性使用户在社交的同时，也可以轻松购物，提升消费体验。

实训专区

● 任务背景

假如你是一家时尚女装类电商企业的运营人员，最近接到一项工作任务，需要制定企业订阅号的策划方案。

任务分析

1. 明确公众号创建目的。
2. 确定公众号名称和定位。
3. 进行公众号策划。

任务实操

1. 公众号概述

(1) 创建目的

① 开拓集团人力资源和行政资讯传播的渠道，加快内部信息传播与流动，推动内部知识和文化沉淀；

② 增强与内部员工和关注社员群的互动，提高企业员工对公司的认同感、归属感和向上凝聚力；

③ 塑造良好的企业文化形象，提升集团、有限公司在行业的影响力，吸引更多的外部优秀人才加入集团。

(2) 公众号名称与定位

① 公众号类型：订阅号。

② 名称：智慧家。

③ 定位：为集团员工及用户提供完善的人力资源和企业文化服务的新媒体平台。

④ 项目范围：本项目主要工作范围为订阅号认证、订阅号建设和日常运营三部分。

2. 公众号规划

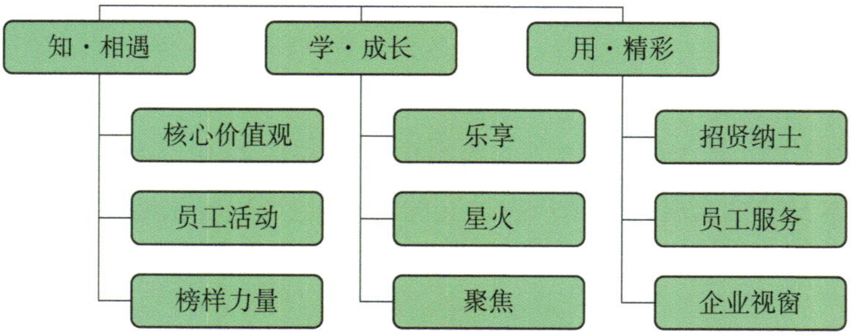

(1) 知·相遇

本栏目主要以企业文化为核心，主要传播集团企业文化信息，包括三个子栏目：核心价值观、员工活动和榜样力量。

(2) 学·成长

本栏目主要以培训和人才发展为核心，传播集团人才培养和发展资讯，包括三个子栏目：乐享、星火和聚焦。

(3) 用・精彩

本栏目主要以招聘、薪酬福利、员工服务和公司资讯为核心，主要传播招聘、员工服务等信息，包括三个子栏目：招贤纳士、员工服务和企业视窗。

任务评价

序号	评价项目	评价标准	分值	评分
1	能明确公众号的创建目的	符合实训任务背景	30	
2	能确定公众号名称和定位	能设置名称，定位准确	40	
3	能进行公众号策划	至少能策划 2 项功能	30	

情景训练

根据所学内容，策划一个微信公众号，并简要写出策划内容。

任务 2.2 打造微信个人号

微信个人号营销与公众号营销相比较，最大的不同在于，公众号是一种被动式的营销，需要粉丝关注才能推送消息；而个人号则可以通过主动添加好友建立好友关系。因此，微信个人号也具有较大的营销价值。

2.2.1 个人微信装修

1. 优化微信名

在朋友圈里，微信昵称要能给好友呈现出独特的理念，选择有较高识别度的昵称。微信名的设计需要易记、易传播。对于营销账号来说，内容可以是企业名称加个人信息，或者是主推产品加个人信息，这样能方便客户了解信息。

例如，“招商银行张明 136××××××××”，这个微信名既表明了企业名称和人名，又设置了电话号码，方便客户通过电话联系和添加微信。

2. 设置与众不同的头像

除微信昵称外，微信头像也是吸引客户注意力的关键。不同的头像内容，能给用户不同的心理感受。例如，用优美的风景图、可爱的动物做头像，能让用户感到心情愉悦；用卡通漫画做头像，能让用户感到有趣；用搞笑图片做头像，能让用户感到幽默。营销账号也可以使用真人照片作为头像，这样更具有真实性，可以增强好友的信任度。

3. 印象深刻的个性签名

微信里的“个性签名”，是对微信账号进行标注的一种方式，通过签名中的文字描述，可以让别人快速了解账号的一些信息。

个性签名可以是格言、联系方式、产品介绍等，方便好友了解和联系，也可以突出营造的账号形象。

4. 美化朋友圈封面

一打开朋友圈就能看到朋友圈封面，因此朋友圈封面的设置也是非常重要的。这是微信里面最大的一块“广告位”，但是它的打开率并不高，除非客户刻意点开你的朋友圈，进行专属浏览，否则它一般不会“被看见”。既然客户会“主动打开”，那么这个广告位就是为主动打开的客户服务，特别是新加的好友，一般会特意去看看你的朋友圈。

朋友圈背景图的设置，可以突出专业性，增强你的个人能量以及客户的信任。例如医生、老师这些专业性较强的职业，可以用工作场景的照片，也可以带一些个人头衔、个人实力和品牌名称；或者通过设置一些精美的图片和文案，衬托账号背景氛围，树立良好的账号形象。最后，背景图和照片的颜色，一定要相互协调。

2.2.2 微信群营销

微信群是腾讯公司推出的可进行多人聊天交流的平台，用户可以通过网络在微信群中快速发送语音、视频、图片和文字。微信群可以将有共同兴趣爱好、共同话题的人聚在一起聊天，共享各种形式的内容信息。

1. 加群增粉的方式

微信群由于受众面广、用户量庞大，很多商家都会用微信群来集结自己的客户，建立社群拉近与客户之间的距离，同时宣传自己的品牌或产品。加群增粉是指商家有选择地加入一些自己认为潜在目标客户较多的微信群以便开展后续的营销活动。加群增粉主要有以下一些方式：

(1) 搜索社群

营销人员可以直接使用微信群搜索关键词查找相关的群，也可以在搜索引擎输入“×××微信群”“×××交流群”等关键词或使用微信的“附近的群”“兴趣部落”等功能进行检索，还可以搜索相关明星和网络“大 V”的微博、论坛等社交平台信息，从中找寻线索。

(2) 口碑式推广

营销人员可以借助具有一定名气、威望的人的推荐，或者借助朋友的口碑推广，建立与客户之间良好的信任关系，也能快速吸引粉丝。口碑式推广的前提是个人微信一定要有专业性，提供的信息在某一方面是有价值的，否则尽管加了很多好友，也不能提升转化。

2. 快速地建立起微信群

在别人的群中，你要遵守别人的游戏规则，若自己创建微信群，在自己的地盘上掌握着群组的管理权，一方面能做到人脉资源的主动积聚，另一方面也能增加自己的个人影响力。当然，建群不是盲目而为，如果只是为了建群而建群，没有定位，没有信任链接，自然就没有互动。没有产生任何价值的微信群如同虚设，反而还会浪费你的精力，得不偿失。

(1) 用问题瞄定微信群定位

建群不是盲目加人。现在微信群已进入泛滥时期，人们对于定位不清、对自身无价值可言的微信群都避之不及。因此，在创建群组前，有三个问题可以帮你梳理建群的定位：

① 你所建的群需要什么样的人？

② 群里会主要分享什么样的话题或活动?

③ 群成员在其中会获得什么样的价值?

比如,一个外卖小哥在建微信群的时候,会考虑他建群要加入的人应该是在他配送范围之内的上班族,会让群成员获得每天新品特惠、安全卫生的配餐资讯,群成员可以享受随时订餐的服务。

(2) 积极扩张,用 50 撬动 500

俗话说"众人拾柴火焰高"。能发动 50 个人共同建 500 人的群,就不要自己一个人苦干。不仅是省时省力,多人拉人进群会让群里的成员层次更加丰富、多元化,更有利于自己的人脉拓展。当然,在这个阶段,如果你能时不时地发个红包,拉人进群的速度会快很多。

(3) 多渠道推广,实现群裂变

如果你觉得好友拉人进群的数量还是不够,可以尝试把你所建微信群的简介和二维码发布到百度贴吧、小红书、豆瓣等网络社交平台。需要注意的是,根据你所建微信群的定位,选择与人群匹配的宣传推广平台,有针对性地推广宣传,效果才会更好。

3. 微信群转化

建立微信群以后,接下来就要对群成员进行商业变现,即将客户锁定在一个群空间内并对其进行一对多的服务和理念灌输,最终使其感受到商家的诚意和热情,从而转化为商家的忠实粉丝。微信群转化需要做好以下工作:

(1) 设置欢迎语

客户刚加入微信群时,往往会有陌生感和紧张感。这时,营销人员可以设置欢迎语,如"欢迎××进入我们这个大家庭"等。这样既可以消除新成员的紧张感,还可以增加新成员对微信群的好感度,提升微信群的活跃度。

(2) 制定群规则

微信群运营一定要制定群规则,并使群成员遵守规则,这样才有利于微信群的健康发展。营销人员既要在群成员加入时就告知规则,还要每隔一段时间就在群里发布规则,以巩固群成员对群规则的印象。

(3) 打造群文化

当前的微信群,仅仅靠共同利益来连接和维护是不够的,还应该树立群成员的共同理念,并打造积极向上的群文化,这样才能使微信群长久运行下去。

(4) 增加实用性

客户在加入微信群时,往往抱着学习知识、拓展社交关系、了解最新资讯等目的。因此,若想微信群壮大起来,就需要尽量满足群成员的这些需求,为群成员提供详细的资料活动信息、新闻资讯等内容。

(5) 删除无效成员

在微信群中,具备东拉西扯、万年潜水、传播负能量等属性的成员,属于无效成员,需要定期清理,以保持群内氛围的活跃、积极、向上。

(6) 制造新噱头

在微信群营销活动中可以适当制造一些新噱头,以达到吸引人眼球的目的。这样可以激发群成员的兴趣,引起群成员的广泛议论和关注,从而提高群的活跃度。

2.2.3 朋友圈营销

在微信朋友圈里,用户可以看到自己所有微信好友所发布和分享的信息,同时还可以在好友所发布和分享的信息下面进行评论。微信朋友圈是基于用户微信好友所建立的,形成了一个好友之间信息了解、互动的关系圈,所以称为“朋友圈”。随着微信应用范围的不断扩大,其在移动社交中的作用越来越大,朋友圈作为新媒体社交的重要阵地,其营销价值不断显现。

1. 朋友圈营销核心逻辑

利用碎片化的时间查看朋友圈已成为众多微信用户的日常习惯,所以朋友圈营销想要高效率地吸引用户,必须先掌握朋友圈营销的核心逻辑。

(1) 打造良好人设,增加用户信任

微商时代,朋友圈营销是围绕产品来输出价值的,但是这种方式容易引起反感,得不偿失。目前比较有效的方式是围绕人设来输出产品。

不断发圈可以增加用户印象,占据用户的心智,而虚无缥缈的朋友圈内容会使得用户对你的印象模糊,用户有购物需要时也想不起你来。例如,美容护肤产品的朋友圈营销,可以定期发布与美容行业有关的信息,或者用自己护肤的亲身经历、亲身感受去发朋友圈,更有说服力,更能赢得用户的信任。

通过朋友圈塑造一个积极、阳光、正向的形象,会逐渐培养用户的信任感,在有信任基础的前提下,成交可能性就非常大。

(2) 富有生活气息,集中用户注意力

大部分微信用户查阅朋友圈是为了打发时间,是想了解自己圈子朋友的生活现状如何,而人是最容易被故事所吸引的。所以,发圈的内容也可以多讲故事讲生活,可以80%来源于生活话题,20%是产品广告。

对于发生活圈,可以多发一些生活中正能量有趣味的事情,例如参加的社交聚会、阅读的书籍、打卡的美食店、自己兴趣培养等,不能发一些消极低俗的内容。

2. 朋友圈营销方式

（1）付费推广

微信广告是微信朋友圈的付费推广，它是基于微信生态体系，能整合朋友圈、公众号、小程序等多重资源，再结合用户社交、阅读和生活场景，利用专业数据算法打造的社交营销推广平台。

商家使用标签、行动按钮、卖点图（新增）等组件，在卡片广告外层展示更多有用信息。用户点击广告链接就会跳转到相应的产品页面，如图 2－2－1 所示。

图 2－2－1　朋友圈付费广告

（2）免费推广

免费推广一般是通过打造个人账号进行朋友圈营销。营销的不是产品，而是账号本身。通过得到微信好友的信任，才能实现有效的营销。获得微信好友的信任是一项复杂的工程，需要分析好友的偏好，才能确定将以什么样的形象展示在目标用户面前，才能引起朋友对商品的关注。

实训专区

● 任务背景

假如你是某时尚女装类电商企业的运营人员，负责推广引流工作。本月公司打算推出一款新产品，需要你负责对新产品进行推广引流。

● 任务分析

1. 明确引流的渠道。

2. 明确各渠道的引流方式。

任务实操

1. 明确本次推广引流的平台有微信、微博、抖音三种。
2. 简略写出每种渠道的推广引流策略：

平台	推广方式	广告模式
微信	微信公众号、微信朋友圈	图文信息推送
微博	微博付费广告	首页广告、图文广告
抖音	热门话题	短视频

任务评价

序号	评价项目	评价标准	分值	评分
1	能明确推广平台	符合实训任务背景	30	
2	能掌握不同平台的推广方式	推广方式正确	40	
3	能了解不同平台的广告模式	至少能了解 2 项不同广告模式	30	

情景训练

根据所学内容，使用微信朋友圈发布一条推广信息，并统计点赞数和评论数。

任务 2.3 实施微信公众号营销

微信拥有庞大的用户群，借助移动终端、天然的社交和位置定位等优势，每条信息都是可以推送的，能够让每个个体都有机会接收到信息，继而帮助商家实现点对点精准化营销。微信公众号是企业微信营销的主要阵地，掌握公众号的设置和营销是运营人员的必备技能。

2.3.1 公众号涨粉攻略

1. 优质内容涨粉

内容是公众号发布的推送信息的关键，优质的内容可以吸引黏度较高的粉丝，也有利于保持老客户的忠诚度。想要靠优质内容涨粉，首先就要考虑内容的定位，坚持原创，并且定期更新，类型也不能经常变化。常见的微信内容类型有三种：

(1) “干货”类文章

当前，人们对知识信息的要求越来越高，很多人会通过网络咨询来提升自己的知识储备量。因此，“干货”类文章在公众号上特别受欢迎。例如，写家庭文章，分享育儿、教育经验，处理家庭矛盾的方法，能够吸引成为父母的大批读者；写技术类文章，分享一些干货知识，比如修图经验，如何修出满意的照片等，能够吸引很多想要修图的用户。

(2) “鸡汤”类文章

在繁忙、辛苦的工作生活中，“鸡汤”类文章可以帮助读者找回一些斗志，激发继续前行的力量。

(3) 情感类文章

情感类文章受众最多，无论男女老少，都可以引发共鸣，容易戳中读者痛点。

2. 线下活动导流

通过线下的活动，吸引粉丝扫码关注公众号，以此涨粉。在线下举办活动的类型是多种多样的，比如关注送礼物、扫码关注赢积分等，现在很多线下的商家会通过这种方法来增加粉丝。

(1) 地推送礼品

在线下地推活动较为常见。例如，某商场中有地推人员通过寻找目标客户，通过赠送小礼品的方式吸引客户关注公众号，这种方式涨粉快，但留存率低。

(2) 免费打印照片

在很多饭店、商店、超市等店铺门面放置微信照片打印机，用户想要免费打印照片就需要通过关注推荐的公众号，这种模式也会吸引大量粉丝关注。

(3) 活动引流

可以借助商品促销活动、培训活动、沙龙活动、户外郊游等相关活动来吸引用户关注，实现引流。

(4) 包装引流

凡是能跟顾客接触到的各种包装上都可以贴上公众号二维码标签，比如产品包装、打包盒、宣传册等都可以贴上二维码，最好能配上一些推广软文，比如“关注有惊喜”等。

(5) 户外广告

可以在一些商场、地铁站、人口密集的街道做户外广告牌，同时印上公众号二维码，引导用户关注，增加曝光度。广告内容设计配上一些吸引人关注的微软文，当然公众号后台也需要提前进行设计和美化，当用户关注公众号后，就能获取相关的资讯同时还能在公众号上进行实时互动。

引流只是第一步，留住用户才是关键。所以运营者还应该把重心放在公众号的内容上，多花时间去创作一些原创优质内容，进一步提高用户对账号的认知，这样才能留住粉丝。

3. 多渠道推广涨粉

目前除了微信公众号、微博外，还有许多热门的社交平台值得公众号运营人员进行拓展。例如今日头条、知乎、贴吧、豆瓣、简书、百度问答等，都是完全开放几乎免费的资源，利用好这些平台，也可以为公众号涨粉。

(1) 今日头条

今日头条不断扩展社交功能，注册用户可以开设个人主页，在“我要爆料”里发布原创内容，可以同步转发微信文章，通过在文章中加入公众号，设置关注送福利等形式进行引流。

(2) 简书

简书不能直接在文章中放二维码，但可以在个人介绍中推荐公众号，吸引简书平台用户关注公众号。另外，简书平台上还有很多粉丝较多的公众号的编辑，如果能吸引这些大V的关注和转发，将会带来较大的流量。

(3) 知乎

知乎上有很多热门话题，用户关注度非常高，可以挑选一些话题参与回答。参与的话题最好能与公众号的定位相符，在回答时植入公众号信息(公众号名称或者二维码)，如果回答获得点赞数高，就能吸引知乎用户关注公众号，实现涨粉。

4. 主题营销活动涨粉

策划主题营销活动，吸引用户参与，可以实现涨粉。常见的微信活动有以下几种：

(1) 微课

微课是一种常见的涨粉活动。在微课活动中，商家要设计好报名和参与的流程，形成涨粉的闭环。在前期的宣传中，可以吸引粉丝关注公众号报名，以此涨粉。再邀请老师讲课，授课主题要和公众号定位一致，授课内容要能吸引用户的兴趣。

(2) 砍价

商家可以发起砍价活动，吸引用户相互传播、参与砍价，参与砍价人数越多，可以获得的优惠也越多。砍价活动又被称为“薅羊毛”，例如，滴滴打车的拼团代金券活动，饿了么点餐拼团活动，都是砍价活动的变形。类似的活动形式还有接力、邀请比赛、集券等，都是相同的原理，需要很多人帮忙共同完成，通过邀请完成传播。

(3) 转发抽奖

可以根据当下热点、节日庆典来策划抽奖活动，抽奖的形式可以是九宫格、砸金蛋、刮刮乐、大转盘等，奖品选择应能直击用户的痛点。比如你是做汽车类公众号的，就用一些汽车挂饰、坐垫、贴纸、香水作为奖品。设置每个用户的抽奖次数有限，用完后可通过转发增加抽奖次数。运营者可以在抽奖页面加上公众号的二维码或引导关注抽奖，诱导新的用户关注抽奖，产生裂变。

(4) 互动游戏

可以推出一些好玩的互动游戏，如跑酷、连连看、扔飞镖、斗地主、打麻将等竞分排名游戏，设置分数高者可获得奖品的游戏模式。只要奖品能抓住用户痛点，游戏趣味性够高，用户就有很大的可能性去邀请自己的亲戚朋友进行游戏互动。

(5) 投票活动

通过设置奖品，引导用户进行报名，然后在微信公众号中进行投票，这是在公众号中常用的涨粉方法之一。最常见的投票活动一般是萌宠比赛、孩子作品比赛、最美照片比赛。既有利益的驱动，又有虚荣心做支撑，参赛用户往往托朋带友拉选票，而商家正好趁此涨粉裂变。

5. 微信创意新工具的应用

目前微信公众平台市场涌现了很多创意工具，在公众号中运用这些工具，不仅能丰富活动内容，还能吸引用户参与，提升流量。

(1) 打卡活动

打卡活动是利用人们喜欢在网络上“晒”的心理，可根据粉丝特性设计相应的打卡活动。例如，使用工具“小目标 Pro”，可自主创建打卡活动。

(2) 好玩的"生成器"

好玩的"生成器",可以生成趣味性的护照、机票、结婚证等工具,吸引用户参与。例如,使用工具"趣味图片制作助手",可以生成各种好玩的证照。

(3) 带参数的二维码

设计独一无二的邀请卡,让粉丝发朋友圈邀请朋友扫码并关注公众号,后台可以识别每个粉丝的二维码,通常配合营销活动使用,例如使用工具"创客贴",可以自制海报节约成本。

2.3.2 公众号的营销价值

1. 信息入口

移动互联网时代,更多的用户偏向于使用手机进行信息查询。用户查询信息通常有以下几种方法:通过百度等搜索引擎查询、打开手机浏览器输入企业网址查询、登录企业专属App查询等。随着微信的普及,越来越多的移动互联网用户通过微信进行社交、支付等活动,通过微信公众号来查询信息获得了众多微信用户的支持。用户不再需要登录搜索引擎搜索关键词,或者输入网址来访问企业网站,只需在微信中搜索企业公众号昵称就可以通过公众号获得企业介绍、产品信息、客户服务、联系方式等,微信公众号为用户提供了快速、便捷的信息入口。

例如,小明想查询自己的招商银行账户信息,他在微信搜索框里搜索"招商银行"就找到了招商银行的公众号(见图 2-3-1)。

图 2-3-1 招商银行公众号

点击进入招商银行公众号，可以查看招商银行的账户信息、产品信息、服务信息等（见图2－3－2）。

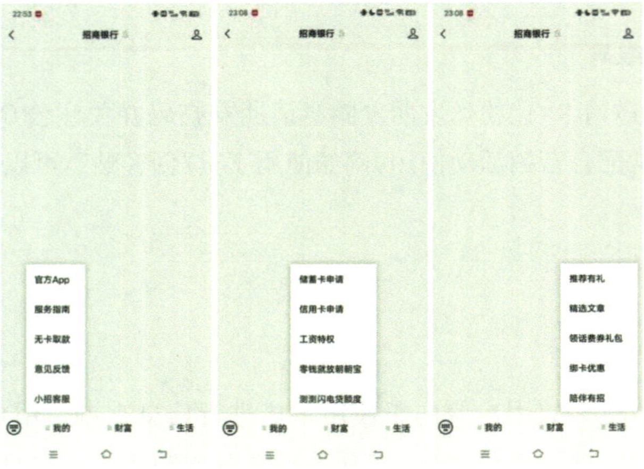

图2－3－2　招商银行公众号信息入口

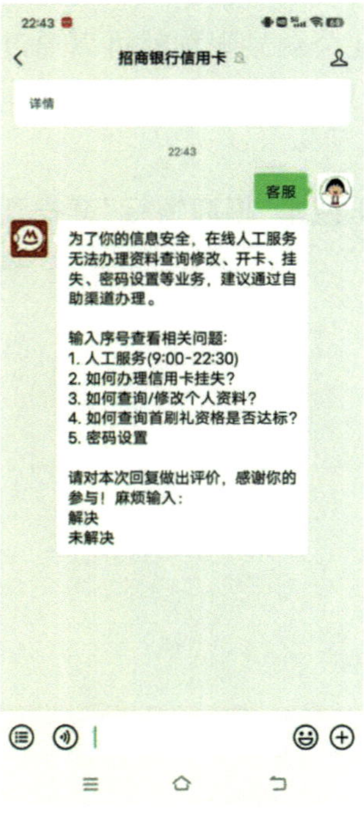

图2－3－3　招商银行信用卡服务页面

2. 客户服务

客户关系管理是现代企业营销中的重点内容，通过客户服务、销售管理、市场营销等活动，保持与客户的良好关系，提升客户忠诚度，吸引新客户。微信本身所具备的社交属性使微信公众号能在移动社交背景下，极大地方便了企业与客户的联系，为客户提供更便捷、贴心的服务。

企业在微信公众号设置自助服务和人工服务，自助服务中用户通过自助查询或者输入关键词搜索内容，也可以通过直接接入人工客服进行咨询。相较于传统的电话客服模式，大大节约了企业的服务成本，也提高了客服工作的效率。

例如，小明想要与招商银行信用卡的客服联系，可以直接在公众号中发送“客服”，即可获得相应的服务信息（见图2－3－3）。

3. 电子商务

随着移动新媒体的发展，越来越多的企业不断拓展新的销售渠道，未来，零售业务将呈现全渠道发展趋势。在新零售发展趋势下，企业需要尽可能地让消费者通过多种渠道购买到产品，提升购物的便利性。微信在移动社交中使用的频率最高，集社交、支付等功能为一体。微信用户在打开微信时就可以收到商家发来的产品信息，通过公众号或小程序进入企业商城，继而通过微信支付完成购买，这些活动都可以在微信中闭环完成，不需要用户再额外下载App或者通过浏览器实现购买。

例如，安踏的公众号中实现了移动官方商城和公众号的连接，用户在公众号中直接点击“官方商城”即可进入移动商城页面，进而进行商品选购(见图 2-3-4)。

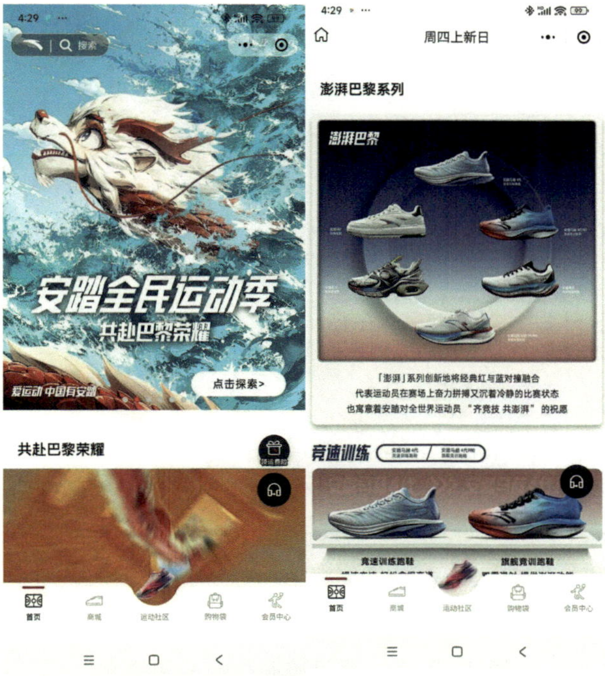

图 2-3-4 安踏公众号和移动商城

4. 用户调研

了解用户对产品、服务、企业的态度是企业优化生产经营的重要依据，因此用户调研是企业日常工作中的必备工作。在传统营销模式下，企业的用户调研大多需要通过线下问卷、电话访问、电子邮件等方式，这些方式不仅成本高而且容易出现数据误差，而微信可以直接与用户联系，建立客户群，进而获得用户调研信息。

例如，某企业通过微信公众号发布了用户调研活动，用户点击该软文就可以直接参加调研(见图 2-3-5)。

图 2-3-5 用户调研

5. 品牌宣传

微信公众号可以向用户发送图文、视频等信息。丰富的内容承载形式能够多元化地向用户推送企业产品信息、活动介绍，用户可以在公众号的推送软文中直接点击活动链接参与活动。用户不仅可以收到企业推送信息、参与企业活动，还可以在公众号一键转发，把企业的信息分享给微信好友，实现口碑传播。

例如，西贝莜面村的企业微信公众号会给粉丝推送新产品，通过图文并茂的软文向用户介绍企业的产品，并宣传企业文化，还在软文中加入互动话题，引发粉丝的评论留言（见图 2-3-6）。

图 2-3-6　西贝莜面村账号和软文

实训专区

● 任务背景

假如你是一家时尚女装类电商企业的运营人员，为了实现新媒体引流，2023 年 9 月企业打算开通自己的微信公众号。你作为运营人员需要做好公众号的注册和设置工作。

● 任务分析

1. 准备注册材料。
2. 进行公众号注册。
3. 公众号基本设置。

● 任务实操

1. 准备注册材料

① 电子邮箱。

② 企业名称。

③ 营业执照注册号。

④ 验证微信。

⑤ 法定代表人信息：法定代表人身份证姓名、身份证号码。

2. 注册企业公众号

(1) 打开微信公众平台官网

在右上角单击“立即注册”。

(2) 填写基本信息

① 邮箱：未注册过公众号的邮箱，填写好邮箱地址后单击“激活邮箱”，进入邮箱，查看收到的激活码。

② 邮箱验证码：根据邮箱中收到的信息如实填写。

③ 密码：密码是数字、字母、符号的组合，最短 8 位。

④ 确认密码：再输入一遍密码。

⑤ 填写完毕后，单击“注册”。

(3) 选择注册地

注册地选择一般为各个国家或地区。

(4) 选择账号类型

可以选择订阅号、服务号和企业，根据自身的推广需求选择。

(5) 选择实体类型

实体类型有政府、媒体、企业、其他组织。本文以选择“企业”为例。

(6) 填写信息

① 企业类型：可以选择企业和个体工商户。

② 企业名称：根据营业执照上的名称如实填写。

③ 营业执照注册号：根据营业执照上的注册号如实填写。

④ 验证方式：可以选择法定代表人验证、支付验证、微信认证。

⑤ 法定代表人信息：法定代表人身份证姓名、身份证号码。

(7) 填写公众号信息

① 账号名称：在文本框中填写公众号的名称。

② 功能介绍：在文本框中填写公众号的介绍信息，介绍公众号的特色、功能等。

③ 运营地区：选择公众号运营的地区。

3. 设置企业公众号

(1) 自动回复设置

登录微信公众号管理页面，依次点击“功能”—“自动回复”，可以设置关键词回复、被关注回复、收到消息回复三种自动回复。

(2) 自定义菜单设置

第一步，进入公众号管理平台后，点击左边的自定义菜单。

第二步，点击菜单管理右边的“+”建立一级菜单。

第三步，弹出界面输入一级菜单名。

第四步，在建立好的一级菜单名后面点击“+”添加二级菜单。

第五步，在弹出界面输入二级菜单名。

第六步，设置用户点击菜单时触发动作，触发动作有“发送消息”和“跳转到网页”两种选择。

第七步，输入跳转页面。

第八步，保存成功后，点击发布。

● 任务评价

序号	评价项目	评价标准	分值	评分
1	能准备好注册资料	符合实训任务背景	30	
2	能注册企业公众号	注册步骤正确	40	
3	能对企业公众号进行设置	至少能设置 2 项功能	30	

● 情景训练

根据所学内容，注册一个微信公众号，并进行基本信息设置。

任务 2.4　微信软文写作

2.4.1　微信软文优势

1. 软文推广能够降低企业的广告成本

大多数网络营销的成本都是非常高的，但是带来的效果并不如预期中那般有效。就拿效果相对比较好的百度竞价广告来讲，除了用户的点击计费之外，还有来自同行业的点击，这样就会加大广告费用的损耗。硬性广告虽然说可以带来不错的流量，但是针对性的用户群体不够精确，广告的费用也比较高。而软文营销可以制造病毒式的营销，让用户主动进行转载，扩大软文营销的传播范围。一篇好的软文还能够勾起更多的话题，让企业和用户之间产生共鸣。

2. 软文推广可以辅助 SEO

SEO 指电子商务搜索引擎优化。一般企业都有自己的官方网站，同时也有自己独立运营的微信公众号。运营人员可以将撰写的软文内容发布到自己的官网网站之中，或者是发布在自己的微信公众号之内，都能够让更多的微信用户通过内容了解到企业的品牌或者是产品。同时运营人员将这些内容发布在一些高权重的网站上，通过链接导向自己的官方网站，可以引导权重的传递，让自己的网站被更多用户所知晓。

3. 提高和打造产品、品牌知名度

企业品牌围绕软文内容进行打造，软文可以利用自己的特点潜移默化地影响大家对品牌的看法，将一些营销的特点和品牌的信息融为一体，让大家在阅读软文内容的时候顺便了解企业的品牌，在无形中就为企业进行了营销。当更多人知道了企业的品牌，品牌的知名度也就随之提高了。

2.4.2　微信软文类型

1. 故事类软文

这类软文受众面广泛，而且对受众的知识层次要求较低，所以故事情节设置合理、结构清晰即有一定的受众基础。但是对于广告主来说，故事类型的软文印象较浅，不容易形成产品形象，因此传播效果也值得商榷。

2. 新闻类软文

这类软文完全将新闻稿件复制粘贴到微信平台中，文章死板、无趣，往往一看标题就知道内容，成果转换率较低，不建议使用，而且已经基本被淘汰。

3. 知识传播类软文

这类软文对绝大多数的消费者具有一定的定向传播能力，受众往往易于接受软文的观点，但侧重受众的渠道面较窄，不容易引发爆炸性的传播效果。这是因为随着知识付费时代的到来，越来越多的品牌商希望通过传播产品关键信息以及普及行业知识从而提高产品的知名度和市场美誉度。

4. 资源导读类软文

这类软文大量充斥着产品的有关信息，例如产品名称、成分、功效、售价、购买渠道等，这类信息往往没有什么受众长期关注，传播的转化率也相对较低，所以只适合部分品牌商针对特定受众人群使用。

5. 猜谜互动类软文

这类软文十分受受众的欢迎，许多受众热衷于以吐槽的方式来释放压力，潜移默化中对产品的推广起到了积极的作用，新媒体的一大特征就是可以令作者与受众随时互动。

微信平台的推广与传播有着其客观的传播规律，广大品牌商在选择微信公众号推文风格的同时要综合考量，为自身打造出经典的微信推文。

2.4.3 软文构思与内容呈现

1. 分析需求

在正式写作前，需要分析需求，要明确通过软文想要达到什么样的目的。分析需求要从两个角度入手，一是企业，二是用户。

企业的需求一般有以下几点：

① 求曝光。优质的微信软文可以增加粉丝的关注，提高企业的知名度。

② 树形象。软文可以更多地传递企业价值观或企业文化，潜移默化地树立企业形象。

③ 促成交。优质的软文能够引起读者的共鸣，引发消费冲动，实现销售目的。

④ 引流量。优质的软文会被网民转发在网络上不断扩散，为企业带来流量甚至是直接的利润。

⑤ 求实惠。人都有求实惠心理，人们更倾向于那些给自己带来实惠的软文。比如：《您有一个 100 元的红包未领取》《1 元秒杀苹果手机》等软文，从标题的设置上就能抓住人们求实惠的心理，吸引人们点进去。

⑥ 凑热闹。人有从众心理，个体需要群体的归属感。“不想掉队、不想被边缘化”也是非

常常见的用户需求。比如:《大家都在用的护肤神器你还不知道吗》《实用的教育孩子技巧,再不了解就落伍了》,这些文章就抓住了人们的从众心理,吸引人们继续阅读。

⑦ 信任感。用户的信任感来自公众号的质量,可以是发布的内容非常专业、企业品牌形象良好、推送内容有价值,信任感需要不断进行积累,良好的信任感会使用户形成"只要是该公众号发的,一定是优质的内容"的印象。

⑧ 求知欲。一些软文标题会传递一种"里面有干货"的感觉,激发用户渴望学习的心理,或者对未知事物的好奇,产生点击文章继续阅读的欲望。比如《三个要点让你的文章更有可读性》《专家在分享会上透露……》。

2. 找关键词

每个营销都有它的主题,或是公司品牌本身,或是一次活动,或是某款产品。针对主题,可以提炼出一些关键词。在软文写作之前,提炼好最想要表达的五个关键词,并在软文写作中,尽可能地靠近关键词。这样写出来的软文,就会与品牌或产品更贴近,说服力更强。

3. 匹配热点

热点就是社会中比较火的事件或者话题。对于热点,人们往往有比较高的关注度,所以贴近热点的营销,更容易被接受和认可,用户也更乐意去传播,从而对营销起到事半功倍的作用。在微信营销中,企业应该选择符合自身定位的热点,而不是随意蹭热点,这样反而会带来负面效应。

实训专区

● 任务背景

假如你是某食品销售电商企业的运营人员,负责企业微信公众日常管理工作。本月公司打算推出一款新产品,需要你负责给新产品写一篇推广软文。

● 任务分析

1. 明确软文的目的。
2. 明确软文的写作方法。

● 任务实操

1. 明确本次软文的写作目的是为新产品做宣传,提高新产品的知名度。
2. 简略写出软文每个部分的要点:

软文结构	要　点
标题	故事性标题，激发用户好奇心
正文	场景构建，让用户感同身受
结尾	给出优惠，促进读者转化

● 任务评价

序号	评价项目	评价标准	分值	评分
1	能明确软文的目的	符合实训任务背景	30	
2	能掌握软文的写作方法	写作方法正确	40	
3	能构思软文标题、正文和结尾	能写出软文各个部分的要点	30	

● 情景训练

根据所学内容，请为一款母婴产品写一篇公众号软文。

单元练习

一、选择题

1. 下列哪一项不是微信公众号的类别？（　　）

A. 订阅号　　B. 服务号

C. 个人号　　D. 企业号

2. 个人申请公众号可以申请哪种？（　　）

A. 订阅号　　B. 服务号

C. 企业号　　D. 小程序

3. 公众号涨粉有哪些方式？（　　）（多选）

A. 优质内容涨粉

B. 活动涨粉

C. 抖音引流

D. 知乎引流

二、案例题

假如你是一家美妆企业的公众号运营人员，请策划一份秋季护肤产品推荐的公众号软文。

....
....
....
....
....
....
....
....

项目三

微博营销

思维导图

- 微博营销
  - 认识微博营销
    - 微博营销的特点与价值
    - 企业微博的注册与认证
  - 掌握微博营销技巧
    - 创建热门话题
    - 善用互动营销
    - 开展活动营销
    - 巧用推广工具
  - 使用微博营销工具
    - 微博数据分析的作用
    - 微博内容分析工具
    - 微博粉丝分析工具
    - 常见的数据分析工具

学习目标

知识目标

- 复述微博营销的概念
- 说出微博营销的特点与价值
- 列举微博营销的技巧

技能目标

- 能进行企业微博的注册和认证
- 能在微博中创建热门话题

- 能在微博中进行营销推广

思政目标

- 培育辩证思维能力
- 培养社会责任意识
- 培养人文情怀和家国情怀
- 培育新媒体从业人员的法治意识和职业道德

引导案例

随着碎片化阅读的流行，微博逐渐取代博客成为人们在等待、通勤等碎片化时间中的娱乐应用，不少人会在早晨的闲暇时间中，打开微博热搜了解最近发生的新闻和热点事件。新闻下面的评论也成为人们了解他人想法和时代风潮的途径。微博逐渐取代往日报纸的地位，成为人们了解世界的重要媒介之一。

小花是个热爱旅游的姑娘，在早期的互联网时期，小花就在自己的新浪博客上分享自己的旅行经历和感想，不久就积累了一些粉丝。随着碎片化时代的来临，看博客的人越来越少，小花也决定创建微博账号，继续分享自己的旅行经历，并在博客中进行微博的引流。由于微博发布的字数限制，小花决定在图片上多下功夫，于是自学了摄影，希望能在旅行中拍出更好看的照片。

随着微博的使用人数越来越多，互联网进入了粉丝经济时代，小花的粉丝数量也水涨船高。某天，一家旅行社通过微博私信找到了她，希望她来某某地区旅游，并在微博上发布关于该地区的旅行体验和旅行照片，旅行费用由旅行社承担，并给她支付额外的宣传稿费。

结合案例，思考并回答以下问题：

1. 请从小花的角度思考这篇宣传该地区的微博应该如何撰写。
2. 如果该地区是你的家乡，你会如何利用微博进行宣传?

任务 3.1　认识微博营销

3.1.1　微博营销的特点与价值

微博营销是指通过微博平台为商家、个人等创造价值而执行的一种营销方式，也是指商家或个人通过微博平台发现并满足用户的各类需求的商业行为方式。了解微博营销的特点与价值，能够更好地了解微博的环境，选择更适合的信息进行营销。

在中国互联网进入移动时代的今天，越来越多的人获得了在网上发声的机会，宣传模式也因此发生变化。从传统营销的企业单方面向人们传递信息，到现在用户能与企业形成对话，并对宣传效果产生影响，成为宣传过程中的重要的一环。微博则是人们进行信息传递和宣传营销的主流平台之一。用户可以通过 PC、手机等多种移动终端接入，以文字、图片、视频等多种媒体形式，实现信息的即时分享、传播互动。它兼顾了移动端和碎片化阅读两大主流需求，成为当今人们了解世界各地资讯的主要媒介，也是国内最受欢迎的社交平台之一。如今，微博的月活跃用户高达 5.86 亿，18—35 岁的占比为 75.6%，月收入超过 1 万元的占比为 19.9%，两项数据均高于社交媒体平均水平。基于微博的年轻化和高收入化，越来越多的企业入驻微博进行营销宣传，希望抓住这部分群体的注意力，提升品牌形象和促进销售。

微博的基本功能有发布功能、转发功能、评论功能、点赞功能、关注功能、搜索功能、私信功能等。凭借这些基本功能，微博创造出了以下优势。

1. 便捷性高

相比于其他的宣传媒介，微博在各个方面成本都相对偏低。在操作成本上，微博的注册成本几乎为零，操作页面简洁明了，操作方法也相对简单。在内容创作上，一条微博的字数不到 140 个字，能够方便营销宣传人员快速进行构思并发布。相比于传统的电视广告和报纸广告的内容创作，微博在内容创作上几乎没有门槛。在审核机制上，没有繁杂的审核流程会对发布造成影响，能够及时跟进热点实现快速曝光，相比于传统营销，时间成本上得到了极大的节省。

2. 速度快

得益于微博的便捷性高，微博的传播速度也是非常快的。微博的速度快主要在于两点，一是实时热搜更新快，二是传播速度快。实时热搜的快速更新，保证了热搜榜中热点的时效性，人们获取热点信息的时间差几乎为零，这一特点极大增强了用户黏性，养成了用户通过微博来了解世界的习惯。由于人们习惯通过热搜来获取信息，因此，上榜热搜的微博常常能获得相比于普通微博更大的曝光。由于微博特有的转发功能，提高了用户宣传微博的便捷度，使得一条微博的曝光度能够通过用户的转发获得几何倍数的增长。而在这个过程中，转发几乎是零成本的，并且也是不限时间和空间的，使得微博的传播速度远远高于传统媒介的传播速度。

3. 覆盖范围广

经过了 2013 年到 2014 年的下沉期，微博逐渐向二三线甚至四五线的城市下沉推广，许多业余活动不如城市人群丰富的乡镇青年，也逐渐开始学会通过微博来了解世界，并培养出他们对微博的需求，微博的覆盖范围也因此得到了极大的拓展。在技术上，微博支持各种平台的登录，让人随时随地以各种方式通过微博了解最新的资讯。在功能上，微博的转发功能也使得微博的使用更加便捷，减轻了用户的宣传负担，无形之中扩大了微博的宣传范围。

4. 渗透深度深

随着移动端的普及，微博也逐渐深入人们的生活，在手机中伴随着人们生活的每时每刻，快速占领人们的碎片化时间。在碎片化时间中，人们可以在微博中关注实时热搜，随时随地分享自己的生活和感悟。相比于短视频类的平台，微博的内容创作门槛更低，因此每个人既是作者，也是读者。微博与碎片化时间的完美融合，使得微博的影响能够深入人们的生活中，创造出意想不到的营销效果。

5. 引流作用

当微博营销进行到成熟的阶段时，就会为信息带来巨大的曝光，让更多的用户看见和了解博主，进而参与互动或是关注博主。这不止可以涨粉，还能借助这些曝光量将用户向微博之外的网站、线上网店、线下门店，甚至歌曲、电影进行引导，实现宣传效果。由于微博社交平台的属性，加之其对用户生活渗透深入和覆盖面广的特点，常常能为营销宣传带来意想不到的成效。这是微博对于营销而言最大的价值，各大企业也因此将微博视作营销宣传重要的一环。

6. 媒介多样化

微博平台为用户提供了多种方式对内容进行展现，如文字、图片、视频、直播等方式，能够更加直观地对营销产品进行描述，或者表达自己的意图。这些表现形式能使内容更加场景化，拉近与用户之间的距离，丰富用户接收信息的方式，吸引用户的注意，同时还能有效激发用户的购买欲望，提高转化率。

7. 多元化平台

由于微博能够为多种表现形式提供平台，因此微博的包容力非常强，不管你是个人经营的自媒体博主，还是以营利为目的的品牌方，或者是国家官方、名人、媒体、机构等，都可以在微博上进行宣传和营销。入门门槛低，因此覆盖面广，社群规模大。不仅如此，微博还积极扶植垂直兴趣领域的创作者，吸引了不少自媒体创作者开设了微博账号发布内容，为微博社交内容生态注入了更多活力，丰富了自身平台的内容。

8. 围绕用户兴趣

相比于传统的社交平台，如QQ空间、朋友圈等基于现实而建立的社交圈，微博上的社会关系主要是基于兴趣爱好进行选择和建立的。粉丝群体能够不受现实中时间和空间的制约进行建立，覆盖范围也更为广泛。这样的机制也使得不同垂直兴趣领域的粉丝属性更加明晰，有利于后期进行精准的营销宣传。

9. 社会化营销

微博的热搜功能是除粉丝与博主的关系之外的一个广场型的社交模式。微博的热点话题能够将没有相互关注却有着相同兴趣的用户快速聚集在一个领域中，让用户看见不同时空中各类用户发表的看法，让微博的传播性得到了极大的提升，传播速度更快，传播范围更广。在这些热点话题下投放营销内容，能够更高效地触达目标消费群体。用户基于兴趣对不同的博主进行关注，企业可以根据博主的定位判断粉丝的群体标签。比如，喜爱做饭的用户会关注美食类博主，养宠物的用户会关注萌宠类博主。企业可以通过这些粉丝的特点和兴趣选择营销投放的对象。经过一系列的微博营销活动，品牌会通过聚集一批拥有高忠诚度的粉丝，继而发展成种子消费者。

10. 品牌拟人化

随着互联网的普及，中国逐渐进入了社交媒体时代，以往企业单方面发布信息的传统宣传模式，现在显得有些严肃和呆板了。而在微博这样的社交平台，不仅能做到单方面的发布营销宣传信息，还能收集评论区中用户的反馈和意见，并且同评论区中的粉丝进行互动，拉近品牌与用户之间的距离。在互动中，企业可以抛弃传统媒体式的单方面宣告的姿态，以一种像人一样有感情、有趣味、有个性的方式积极回应粉丝，用真心实意的态度与粉丝建立起情感联结，从而获得粉丝发自内心的认可。这样不仅能增加粉丝的黏性，还能提升企业形象的亲和力，使用户自发地为企业进行宣传，形成口碑营销。

11. 口碑营销

所谓口碑，就是通过人与人之间的交流，对某个产品进行评价或推荐，从而影响人们的消费决策。相比于通过传统媒体渠道来获得某种产品的信息，人们更倾向于信任周围的人或其他专业人士对该类产品的介绍和推荐。

口碑营销的特性和微博的特点有多处重合，口碑营销能在微博这个平台上创造出非常好的营销效果。首先，口碑营销的特点之一：传播速度快，能在微博中进行完美的呈现，微博的转发甚至比人们口耳相传的速度更快，成本更小。其次，有该类商品购买意愿的人群会在微博中进行搜索，以此了解大众对于该产品的评价，从而作出消费决策。在微博中进行口碑营销能够有针对性地影响潜在消费者的决策。由于都是真实的买家反馈，信誉度相比于单方面进行宣传的传统媒体渠道也更高。最后，当博主与粉丝形成了良好的关系时，粉丝对于博主的信任也会促使他们更倾向于博主推荐的产品。当然，一切的口碑营销都是建立在产品本身的质量之上，否则口碑营销反而会造成反效果。

3.1.2 企业微博的注册与认证

企业微博是基于微博平台的一种商业化的网络工具。企业微博和普通微博的区别在于，企业微博需要进行认证申请，认证成功后，企业微博将会被赋予"蓝 V"标识，增加微博的可信度。此外，微博后台将会提供更加全面的后台数据，方便企业对微博进行管理，或是制定合适的营销策略。

微博为品牌提供了全方位的展示平台，品牌可以通过文字、图像、视频等形式向用户进行营销宣传，为用户提供场景化的营销体验，激发用户的购买欲。此外，微博还能够为产品开创新的销售渠道供品牌方使用，扫清用户的购买阻碍，丰富用户的购物体验，提高商品的成交量。品牌方还可以通过微博评论快速获取用户的反馈，企业微博在品牌与用户之间直接建立起沟通的桥梁，使品牌方能够有针对性地及时进行改进，有助于企业成长。同时，品牌方还可以通过微博评论与粉丝进行互动，拉近与用户之间的距离，建立起拟人化品牌形象，使得品牌具有亲和力，提升用户对品牌的好感度，培养出一批高质量高忠诚度的粉丝。

企业要想开启微博营销，建立起属于自己的企业微博是前期重要的一步，接下来我们就来看看应该如何注册并认证企业微博吧。

1. 企业认证的范围

官方认证类型包括政府、企业、媒体、网站、应用、机构、公益、校园组织。非官方类用户如个人自媒体创作者，应进行个人注册。

企业认证的范围包括公司账号、分支机构账号、产品账号、招牌账号、客服账号。同一营业执照可以申请多个企业账号，以便搭建适合自己企业的微博矩阵。

2. 企业认证条件

① 微博头像应为企业商标或标识或品牌 Logo。

② 微博昵称应为企业或品牌的全称或无歧义简称；若昵称为代理品牌，需体现代理区域。

③ 微博昵称不能仅包含一个通用性描述词语，且不可使用过度修饰性词语。

④ 企业提供完成有效年检的《企业法人营业执照》或《个体工商户营业执照》等资料。

⑤ 微博认证信息需客观真实描述企业信息。

3. 企业微博注册

进入企业微博主页，点击右方的"立即开启企业微博"按钮。在跳转后的页面中选择"官方注册”，并填写相关信息。

4. 企业微博认证(网页版)

步骤 1： 登录微博后，点击网页右上角的“设置”，在下拉菜单中点击“V 认证”(如图 3-1-1 所示)，进入微博认证界面。

图 3-1-1　进入微博认证页面

步骤 2： 在微博认证页面中下滑，来到机构认证区域，点击左侧的“企业认证”(如图 3-1-2 所示)，进入企业蓝 V 认证页面。

图 3-1-2　机构认证页面

步骤 3： 在企业蓝 V 认证页面中，您可以了解到企业认证的优势和专享特权等。点击右侧的“立即申请企业认证”按钮，即可进入企业认证的信息填写界面，在这个界面中，您可以点击右上角的“认证帮助”了解更多企业微博相关的问题(如图 3-1-3 所示)。

需要填写的主要内容有：

① 微博名称：需根据公司名称或品牌名称填写体现官方特性的名称。如果您希望使用

的昵称无法使用，可在审核人员电话核实认证资料时主动提出。微博后台人员可在一定规则下协助您进行修改。

② 认证信息：客观描述企业经营的业务、产品、项目等，也可填写公司全称。字数不超过30字，尽量不使用修饰性词汇，如最大、最好等。认证信息将出现在您的微博名称下方，同头像一起显示在您的微博主页中，如图3－1－3所示。

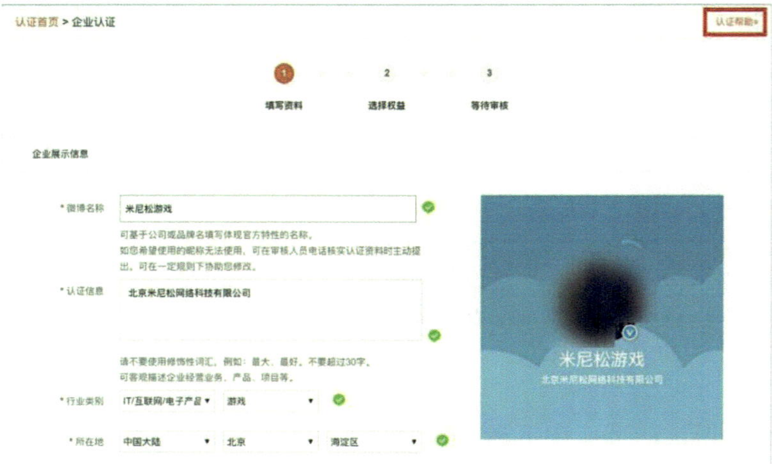

图3－1－3　企业微博信息填写页面

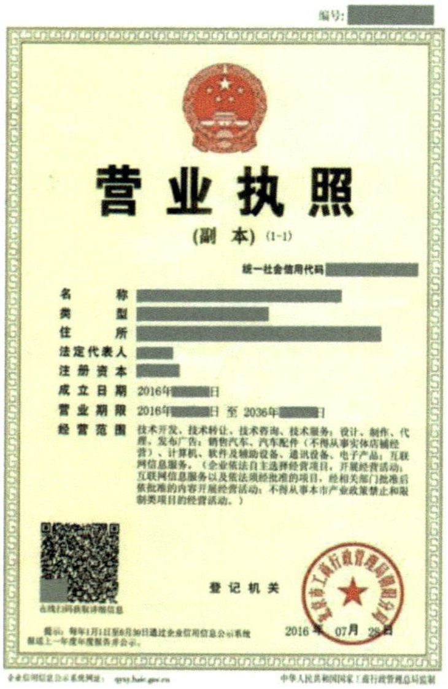

图3－1－4　营业执照样本

③ 企业名称：企业名称即营业执照上的全称，微博的企业认证仅支持中国大陆工商局或市场监督管理局登记的企业。

④ 营业执照注册号：15位营业执照注册号或18位统一社会信用代码。

⑤ 企业工商营业执照：中国大陆工商局或市场监督管理局颁发的最新工商营业执照，要求完整清晰。非中国大陆地区认证请参考海外认证。营业执照须是营业期内有效真实的执照，单独的营业执照、三证合一、五证合一均可。可添加“仅供微博认证”的水印，标注他用的水印将无法通过微博认证(如图3－1－4所示)。

⑥ 认证公函：将网页中的《官方认证通用申请公函》进行下载，需对微博名称、注册主体企业名、微博运营人三项进行填写，并加盖红色公章，公章应为企业公章，而非财务章、合同专用章等，最后上传清晰的公函扫描件，扫描件应为彩色图片。上传更多企业资料将大幅提高审核通过率。

填写完毕后点击下一步，进入“选择权益”页面。

步骤4： 根据企业所需选择权益，主要权益有：抽奖特权、私信群发、数据赋能。

① 抽奖特权。

可以设置抽奖条件，例如关注博主、@好友、进行关键词转发、限定地域等。

② 私信群发。

高效触达粉丝，零距离与粉丝进行沟通，最新活动及时提醒粉丝，定量精准投放。

③ 数据赋能。

收集运营数据进行分析，绘制粉丝画像，对相关账号进行分析，显示微博阅读人数，有助于日常运营。

步骤 5： 等待工作人员审核，通常在五个工作日内审核完毕。

步骤 6： 审核完成。

① 通过审核，申请账号可以登录申请认证的微博，在"消息—通知"中收到认证通过的通知，同时获得认证标识，自动升级为企业版。

② 未通过审核，申请账号可以登录申请认证的微博，在"消息—通知"中查看未通过审核的原因。

实训专区

任务背景

小张是某美妆类企业的营销人员。该美妆品牌主打国风系列，主要用户集中在20—35岁之间。宣传运营总监希望小张在微博平台进行营销宣传。请结合微博运营的特点和价值，帮助小张制定企业微博营销推广策略，并且注册认证企业微博。

任务分析

1. 分析该品牌风格和目标受众，结合微博营销的特点与价值，写出利用微博进行营销的优势。
2. 进行企业微博的注册和认证。

任务实操

步骤 1： 分析该美妆品牌的风格：该美妆品牌主打中国风，文案、配图适合使用中国元素。

步骤 2： 分析产品的营销风格：美妆类产品通常由明星进行代言，因为人们往往会被明星的光环效应影响消费决策，而微博有许多明星入驻，最容易被明星影响的消费群体是明星的粉丝。该品牌适合邀请本土明星、KOL 在微博中推广，既符合品牌定位，又能够精准有效地对目标消费群体进行宣传，非常有利于美妆类产品的推广。

步骤 3： 分析美妆类产品本身的特点：美妆类产品的特点之一是消费者非常看重使用感

受，通常通过两种方式来满足这一需求，一是自己到实体店去亲自尝试，二是通过他人评价来对产品进行了解。因此，口碑营销是非常重要的。而微博这样一个以社交为核心的平台，是人们了解产品口碑的重要渠道。

步骤4：分析美妆类产品的受众人群：美妆类产品的受众人群是20—35岁之间的女性，是一类特定的人群。如果进行无差别投放，消耗过高，却事倍功半。但在微博这个基于兴趣建立社交关系的社交平台，品牌方可以通过目标消费者画像快速找到适合的营销渠道进行精准投放，比如投放给关注美妆博主的用户或是关注美妆产品热搜的用户。

步骤5：准备好注册企业微博所需的营业执照等证件的扫描文件。

步骤6：进入微博主页注册微博。

步骤7：进入微博认证页下载《官方认证通用申请公函》并进行填写和盖章。

步骤8：填写微博认证页中所需的相关资料，并上传所需的证件扫描图片。

步骤9：选择适合的权益，提交并等待审核。

步骤10：审核成功，创立企业微博账号。

任务评价

序号	评价项目	评价标准	分值	评分
1	能分析品牌风格	国风元素	20	
2	能分析营销特点	邀请合适的明星、KOL代言	20	
3	能分析产品特点	利用产品优势做口碑营销	20	
4	能分析受众人群	受众画像准确	20	
5	能写出企业微博注册的步骤	至少写出6个步骤	10	
6	能列举企业微博认证所需材料的名称	材料符合要求	10	

情景训练

某主营家居类的品牌打算在微博上进行品牌营销，请结合上述步骤，帮助该品牌的微博运营者运营企业微博。

任务 3.2　掌握微博营销技巧

3.2.1　创建热门话题

企业若以微博作为营销平台，每个粉丝都是潜在的营销对象。基于微博的热搜话题功能，创建热门话题能够通过热搜获得更大的曝光。而微博作为一个社交媒体，与粉丝良好的互动能加深博主与粉丝的联系，增加粉丝的忠诚度，甚至吸引更多用户成为粉丝。通过举行活动能使账号获得活跃度，吸引粉丝的注意力，并利用活动对产品进行宣传。此外，推广工具是微博平台为博主提供的有力宣传工具，它能够根据各种条件抓取品牌的目标受众人群进行精准的内容投放。

微博热门话题就是微博热点、个人兴趣、网友讨论等多种内容的专题聚合页面。热门话题能为内容带来大量曝光、讨论以及转发，甚至能够得到海量的阅读量及粉丝。当一个微博话题讨论热度到了一定程度时，就会登上微博的热搜榜。人们通过热搜榜来了解近期的新闻和社会的热潮，在热搜榜上的排名越高，曝光度越大，营销效果越好。因此，利用热门话题进行内容创作也常常是网络营销中的常见手段，通常通过以下方法来创建热门话题：

1. 微博话题

(1) 话题选择

在话题选择上，要注意自身的定位和目标粉丝感兴趣的内容，在专注于自己的定位的基础上结合热门话题，获得更大的曝光，从而吸引真正对自己感兴趣的粉丝。

如图 3-2-1 所示，在当日的微博热搜中，如果你的定位是旅游类博主，就可以选择“世界第一高楼哈利法塔点亮中国红”这一话题，进行哈利法塔的介绍和图片分享；如果你的定位是美妆相关，则选择“日本植村秀 DHC 退出韩国市场”的话题，进行其他品牌的美妆产品推荐。

由于微博高热度词的营销竞争较大，因此，在微博营销的前期，建议先选择低热度话题进行创作，掌握营销技巧之后再进行高热度词的创作，会有更好的效果。

图 3-2-1　国庆期间的微博热搜

(2) 参与话题

每一个热搜都有对应的话题，通过"双#号"加话题的方式呈现，微博带上话题就能参与到话题的讨论中，被点进话题讨论的用户看见。在进行微博创作时应尽量以热门关键词开头，以便增加微博搜索引擎的抓取率。

2. 内容创作

(1) 时效性

微博热搜每十分钟就会进行一次更新，热门话题的热度随时可能过去，大众的关注点也在随时随地发生变化。因此，在热门话题的热度期内进行内容创作并发布，才能借助热搜收获更大的曝光。

(2) 创新性

创意在热门话题创建中是非常重要的，用户只会对新鲜独特的内容感兴趣，而枯燥重复的内容不仅容易被忽略，甚至可能引起厌恶，不利于自身宣传。

寻找创意的一个非常有效的方法是将热门话题与自身定位相结合来进行融合创作。既表达了对热点话题的看法和态度，又融入了营销对象的风格。这样不仅能获得曝光，还能让用户更加深刻地了解营销的对象。在微博中适当加入流行语也会获得不错的反响，给人一种潮流和亲切的感觉。

在微博营销的前期，模仿借鉴走在时代前沿的高热度微博是必不可少的步骤，在观察、学习和模仿中总结出规律，再进行适当的创新，最终找到属于自己的模式。有许多成功的宣传营销案例，在还未火遍市场之前就已经有了不错的反响，只要总结出规律进行举一反三的创作，就有可能获得巨大的曝光。

微博还有图片、短视频、直播等功能，好好利用起来往往能比纯粹的文字内容更加吸引用户的关注，为微博带来热度。

(3) 话题性

在对热门事件发表自己的看法之后，在微博末尾留下给用户进行话题讨论的空间和悬念，这样能够激发用户参与互动，从而增加热度。不仅如此，互动还能培养博主与用户的感情，进而发展成粉丝，或者提高粉丝忠实度。此外，在话题下方设置投票环节能够更有效地吸引用户参与其中，激发话题讨论。

微博营销中最重要的营销对象是粉丝，让粉丝保持在一个高忠诚度的状态，能在营销时达到更好的宣传效果。要维持博主与粉丝的关系，重要的是要明白自身的定位、吸引到的粉丝群体是怎样的，有着怎样的需求，对什么感兴趣等。要针对粉丝的需求来把握热门话题的选择和创作内容上的方向，满足粉丝需求，保证粉丝的忠实度，同时还能促进粉丝来参与互动，制造热度。

3. 时间选择

人们在不同时间段中关注的事物类型往往是不同的，对于运营者来说，把握人们什么时间段对什么感兴趣往往能将营销效果事半功倍地完成。

(1) 8 点—10 点

这段时间是人们从梦中醒来、吃早餐和通勤的时间。在互联网诞生之前，人们往往会通过阅读报纸来了解当今的资讯和新闻。这个习惯延续到了互联网时代，人们更习惯在早上的时间了解社会新闻。唤起一天好状态的微博也会在这个时间段中获得一定的转发量，这是人们开始投入一天的生活之前的仪式感造成的。

(2) 11 点—15 点

这段时间是人们用餐和休息的时间，人们结束了上午的工作状态，进入休息消遣的状态中，这时人们的感性思维会得到更大的释放。这个时间段中，为了放松紧绷的神经，娱乐和公益通常是人们关注的焦点。带给人们情绪价值的内容也会在这个时间段中获得流量。

(3) 16 点—19 点

人们开始陆续结束一天的工作回到家中，这段通勤时间是一段较大的碎片化时间，经过了一整天的工作，此时人们对自由的渴望是最强烈的。人们往往会在这个时候关注与业余生活相关的话题，如自我提升、健身、餐饮、生活等话题，开始对下班之外的自由生活进行规划。

(4) 20 点—24 点

人们结束了一天的生活，开始准备休息以迎接第二天的生活。深夜往往是情绪化的时间段，尤其对于失眠的人群来说，午夜是情绪波动最大的时候。这时能够给人带来情绪安慰的文章往往会获得较大的关注。同时，此刻也最容易让人产生情感共鸣，能唤起人们内心深处共鸣的文章也会在此刻获得流量，人们会在这样的文章下进行评论，宣泄自己压抑的情感。

3.2.2 善用互动营销

微博是通过关注机制建立起的社交社群的网络实时信息分享平台，其中一个特点是社交社群。对于一个社群而言最重要的就是处在社群中心的博主与粉丝的互动，这不仅能保证粉丝的活跃度，更能创造热度吸引粉丝。如果粉丝的互动积极性差，则是十分危险的，这是粉丝对微博内容不感兴趣的表现，应当对自身内容和定位进行反省。

1. 激发讨论

(1) 争议性的话题

创造一些有争议性的话题引发讨论，人们通常会很乐于发表自己的看法，或是通过转发来表达自己的态度。当讨论量足够大时就会创造出热度，从而达到宣传效果。这样的微博一般应该是有悬念的、提出问题的、引发思考的，以此留出空间来吸引粉丝参与讨论。

(2) 吸引用户关注

一些用户乐于通过评论了解人们对社会实事的看法,这样有讨论热度的微博也是他们喜爱关注的。了解别人的看法也会吸引他们参与到讨论当中,为微博贡献热度。

(3) 投票类微博

除此之外,还有一些投票类的内容也值得一试,用户的参与成本小,用户对投票对象的态度表示也较为明晰,并且这样的形式会更吸引人们来表达自己的看法。

2. 与大 V 互动进行引流

大 V 的粉丝数量多,曝光度大,粉丝互动也很活跃,通常除了大 V 发布的微博会获得很大的曝光以外,微博评论也会随着微博获得曝光。在账号建立初期,往往没有什么粉丝和关注度,这个时候除了跟随热搜创作内容以外,还可以通过与大 V 互动获得曝光,有一定概率会被人点赞成为热评,甚至被人转发,被更多的人看见。

(1) 专注自身定位

根据自身的定位确定目标粉丝群体,再与拥有该群体作为粉丝的大 V 进行互动引流,进行引流的同时吸引潜在消费群体的注意,以便后期进行营销策划时能够获得更好的效果。

(2) 及时参与讨论

注意时间上尽量抢得先机,在大 V 微博刚刚发出的时候立刻进行评论,这样能避免自己的评论被别的评论刷下去,也更容易被点赞成为热评,让更多的人看见,获得更多曝光。

3. 与粉丝互动

微博侧重的是社会化营销,注重于社交的模式。传统的宣传媒介都是单方面向听众传递信息。而在微博中,粉丝才是曝光度的决定性因素。因此,粉丝是微博营销的第一生产力,所以与粉丝进行互动是非常必要的。

(1) 收集粉丝反馈

通过发布一些问题和带有争议性的话题,给粉丝们讨论的空间。这样不仅提升了微博的热度,吸引到更多的人前来关注,还能与粉丝进行友好的交流。在获得粉丝好感的同时,运营者也能借此方法获得反馈,在未来继续进步。

(2) 以具有亲和力的形象与粉丝互动

即便是企业微博,也应该注意微博侧重于社会化营销的特点,不应采用传统媒体式的单方面宣告的姿态,而是应该与粉丝积极互动,以一种有感情、有趣、有个性的方式回应粉丝,这样不仅能增加粉丝的黏度,还能提升企业形象的亲和力。单方面地发布信息而不与粉丝进行互动是许多企业进行微博营销时常见的问题,这样容易使粉丝失去热情,后期的营销效果就会逊于热情与粉丝互动的企业。一个拟人化的品牌形象更容易拉近与用户的距离,提升品牌在人们心中的好感度,同时也能提高人们对品牌的忠诚度。

(3) 回应互动

当有人@你或评论你的时候，应该仔细阅读并适当地给予回复。前期与你进行互动的用户可能不多，但也应该去努力回应，这样才有可能建立起一个友好的关系，提升对方对你的好感度，也提升了对方下一次继续与你互动的可能性。当微博营销达到成熟的阶段，拥有了大量的粉丝及互动量时，无法做到回复每一条评论和@，但还是可以选取有代表性的提问、反馈、投诉等内容进行回复。

(4) 及时回应

微博的最大特点就是“快”，快速为用户提供他们所需的一切信息。及时回应是抓住用户的关键，一定要在用户需要的时候快速出现，对用户给出的反馈及时给予回应。否则，用户就可能会选择其他的同类产品，也不需要你的回应和改进了。除了主动@和评论的内容，还有一些用户会对品牌进行反馈但并不会@，也不会出现提醒，因此，适时进行品牌相关关键词检索也是必要的。

4. 主动与人互动

一些对你的微博内容感兴趣的用户可能并没有一个合适的渠道去了解你，这时你应该去主动找到他们，吸引他们的注意力，从而关注你。在这个过程中，自身的内容质量也需要有保证，这才是决定来到你主页的人是否关注你的决定性因素。

(1) 关键词检索

根据自身定位筛选出一些关键词，在微博搜索中进行检索，点击“实时”一栏，即可查看最近提到这些关键词的用户，他们都是对自身定位感兴趣的潜在用户。主动去评论、关注、点赞，能有效引起他们对你的兴趣，吸引他们点进你的微博主页进行了解。

除此之外，还可以思考目标受众可能会发布的微博内容，根据他们的生活习惯定时检索这些微博关键词来找到他们。比如：如果你的目标受众群体是都市白领，那么在他们下班的时候就可能会发布关于下班的微博。因此，你可以在他们的下班时间段中，在微博中搜索带有“下班”“休息”“回家”等关键词的实时微博找到他们，然后点进他们的主页和他们进行互动。

(2) 相关话题下的微博

人们总是喜欢聚在自己感兴趣的话题里发表言论，因为在这里更容易得到社会支持。关注与自身定位相关的话题讨论，可以更快速地找到对你的内容领域感兴趣的人。在这个话题下发布微博、参与互动，也能帮助他们来找到你。

5. 发布抽奖活动

微博中还有一种常见的活动就是发布抽奖活动鼓励粉丝进行关注、点赞、评论、转发。这能大大提高粉丝的参与热情，并且使营销微博得到有效的宣传。

3.2.3 开展活动营销

微博的覆盖范围广，活跃用户数量大，并覆盖各个垂直兴趣领域，品牌方能够快速找到目标消费群体并针对他们进行精准营销。在技术层面上，微博可以收集、分析和提供各类丰富精准数据的功能，让品牌方清楚当前的营销宣传的效果，并随时做出调整。在微博中进行活动营销，首先要了解微博活动营销的类型、特点和要素，再根据品牌需要的营销效果进行选择。

1. 微博活动的形式

微博中最常见的活动就是通过转发、评论和关注来参与抽奖。一般来说，发起抽奖的博主需要在微博中标明用户参与抽奖的方式、奖品、开奖时间等信息并@微博抽奖平台，进行备案。用户根据要求，通过转发、点赞、关注、@好友等方式获得参与抽奖的资格，等待开奖时间。开奖后博主需主动联系中奖用户赠送奖品。

一方面，这些转发抽奖的活动能给粉丝带去物质价值，同时还会在粉丝为了参与抽奖而关注和转发的同时达到宣传效果，从而吸引更多关注和互动；另一方面，这也是一种营销推广的方式。当运营者想要做一款产品的营销时，除了对产品本身进行推荐外，通常还会通过转发抽奖的形式，将产品作为奖品给粉丝回馈。这不仅能够鼓励粉丝转发营销微博，带来更大的曝光率和热度，还能为博主带来新的粉丝。一些博主还会在宣传结束后发布抽奖活动，以此来抵消粉丝因广告营销类微博而产生的反感，增加粉丝忠诚度。

除此之外，抽到营销产品作为奖品的粉丝通常会以感激的心态反馈产品的使用体验，达到二次宣传的效果。

2. 微博活动的要素

（1）规则简单明了

微博营销活动最重要的目的就是吸引用户参加，以此扩大宣传范围。因此，活动规则应尽量以简单为主，参与活动的门槛越低，选择参与其中的用户就越多。参与抽奖的形式由易到难依次通常是点赞、关注、转发、关键词转发、@好友。其中@好友的参与门槛相对较高，因为涉及了人际关系成本，常常会令用户产生退缩心理。针对这些情况，参与抽奖的条件设定应根据奖品本身的价值来决定，用户参与抽奖的条件难度应与奖品本身的价值成正比。

（2）抓住用户需求

抓住用户需求主要体现在奖品的设置上。首先是奖品的价值，有价值的产品才能勾起用户的参与欲望。其次是奖品本身的特点，有针对性地进行奖品设置能够更有效地吸引到特定兴趣的用户。比如，一个美食类博主如果希望通过抽奖活动来吸引对自己内容感兴趣的粉丝，就可以设置零食、厨具产品为奖品进行抽奖。此外，产品本身的独特性创意也会勾起用户参与其中的欲望。

(3) 配合活动策划

单纯的抽奖活动只能吸引用户对博主进行关注，要想使抽奖活动发挥更大的作用，就需要配合品牌的活动。在抽奖的微博中加入品牌方发起的活动，就能扩大活动宣传范围，吸引更多用户前来参加，达到引流效果。线上平台相互引流推广，鼓励公司员工积极参与活动宣传，微博活动营销在整体的活动策划中将制造出更好的宣传效果。

3. 设置微博抽奖的步骤

(1) 发布抽奖微博并进行备案

抽奖活动微博须包括奖品信息、抽奖条件、开奖日期。@微博抽奖平台则将此条微博视为抽奖备案信息。在发布活动微博后24小时内，博主需通过@微博客服或@微博抽奖平台的私信进入备案首页填写相关信息进行备案。步骤如下：

步骤1： 进入@微博客服私信，点击右下角的“更多帮助”，在下拉菜单中选择“活动备案”。

步骤2： 选择要进行备案的活动的微博。

步骤3： 填写活动开始时间、活动结束时间、活动奖品、奖品总金额、联系方式。勾选下方承诺，点击“备案”按钮。

(2) 开奖

备案之后，需要博主进行相关操作来开奖，步骤如下：

步骤1： 点击主菜单栏中的“我”，进入个人中心页面。

步骤2： 点击“我的影响力”栏中的“查看详情”，进入“粉丝服务”页面。

步骤3： 点击“粉丝服务”栏中的“抽奖平台”，进入微博抽奖平台。

步骤4： 点击参与抽奖的微博下方的“设置抽奖”。

步骤5： 根据备案内容输入奖品设置，选择参与抽奖的方式，设置开奖时间，完成后点击“开始抽奖”。

步骤6： 在“微博抽奖平台”中点击“我的抽奖”查看抽奖情况。

3.2.4 巧用推广工具

在新浪微博的平台中，平台提供的推广工具“粉丝头条”是微博自媒体博主常常会用到的工具。它建立在海量用户及社交关系的基础上，将宣传内容融入目标用户的微博信息流之中，达到较好的宣传效果，具有覆盖广、精度高、互动强、易使用的特点，能够创造高转化率和粉丝忠诚度。

1. 进入博文头条

手机端：点击右下角的“我”，再点击左上角头像或微博数进入自己的微博主页，进入主页之后，点击博文右上角的阅读量，即可进入博文头条的推广界面。如图3-2-2、图3-2-3所示。

图 3-2-2　进入微博主页

图 3-2-3　手机端进入博文头条的步骤

PC 网页端：点击左上角自己的头像，进入自己的微博主页。进入主页后，点击博文左下方的“推广”，即可进入博文头条的推广界面。如图 3-2-4、图 3-2-5 所示。

图 3-2-4　进入微博主页

图 3-2-5　PC 网页端进入博文头条的步骤

2. 粉丝推广

博文头条广告的第一项：推广给我的粉丝。这一项基于博主本身的粉丝群体进行推广，不同的金额对应着不同的粉丝覆盖范围。主要作用有：

(1) 推广形式

将博文推广到粉丝的微博信息流的首位，让粉丝打开微博的第一眼就能看见这条博文，大大增加了博文的曝光度。

(2) 粉丝分类

对粉丝进行智能分析和深度挖掘，将粉丝分成铁杆粉丝与成长粉丝。铁杆粉丝，即与博主有互动行为的粉丝；成长粉丝，即还存在成长空间，需要进行培养的粉丝。这一功能能够帮助博主重回粉丝视野，再次激发起粉丝对博主的兴趣。

(3) 精准投放

通过对粉丝的分析，深度挖掘出粉丝中对推广的商品更有兴趣的用户，增加营销宣传的转化率。

3. 推广给更多用户

博文头条广告的第二项：推广给更多用户。这一项相比于第一项，覆盖范围和功能都得到了拓展。

(1) 推广给非粉丝用户

覆盖范围更广，面向除粉丝之外的更多用户，能够让博文出现在粉丝之外的活跃用户的微博信息流靠前位置，让你出现在更多人面前，吸引感兴趣的用户前来关注与互动。

(2) 设置目标

可设置三项目标：提高粉丝数、增加互动量、提升销量。根据不同的目标将博文推广给不同的用户群体，实现精准投放，极大提升了完成推广目标的效率，同时也降低了成本。

(3) 对标行业大牛

根据自身定位和受众人群选择对应的意见领袖或大V，他们的粉丝往往对同类博主也抱有相同的兴趣。这项功能将博文推广给那些粉丝和与那些粉丝相似的活跃用户。系统会根据你发布的内容和微博粉丝数据，向你推荐适合进行投放的账号，当账号添加了对标的大牛的账号，系统会自动判定微博定位，分析出可能对你感兴趣的用户，并进行精准的投放推广。

(4) 内容定向

根据用户设置的热门话题词和词包，将博文推荐到相关的推荐位中。有针对性地推荐给对相关话题感兴趣的用户。

(5) 兴趣用户

根据用户设置的兴趣标签、微博状态、性别、地域等标签，精准筛选出可能对博文感兴趣的目标活跃用户进行投放，建立高质量粉丝群体。

(6) 商圈用户

投放给当前或经常处于指定活动区域内的活跃用户。一是可以引起用户的兴趣，吸引用户到附近的门店进行消费；二是用户经常所在的地段常常暗示着用户本身的消费水平，根据这项数据向用户投放不同的博文，能使营销宣传更有针对性。

4. 审核

微博博文推广有着一套审核机制，当审核无法通过时，应去 PC 端登录 https://zz.ad.weibo.com/，进入“微博广告资质中心”，上传相关资质。主体资质是用于识别账户（UID）的主体信息，一个账户有且仅有 1 个有效主体资质。企业类广告主应提供企业营业执照、事业单位法人证书、组织机构代码证等主体资质类型。而个人类广告主则需提供个人身份证。资质只影响广告审核，相同的资质只需上传一次。

(1) 需上传相关资质的情况

当营销推广的行业分类为特殊行业时，需上传行业资质。当营销推广的内容使用到明星肖像时，须提供明星肖像使用授权书。当营销推广的广告代理为某品牌时，须提供品牌代理授权书。

(2) 资质上传步骤

点击“主体资质”后，点击“主体资质填写”，并根据主体资质类型进行资质提供。如图 3-2-6 所示。

图 3-2-6 主体资质填写步骤

5. 帮上头条

帮助他人登上头条，将其博文置顶于粉丝的微博信息流中，同时，帮上头条的冠名功能也会将你的昵称显示在左上角。这个功能可以借助明星大 V 的影响力达到宣传效果。

在帮上头条的功能中，可以设置“精准关键字提醒”和“指定账号提醒”，设置后系统将自动将带有关键字的微博和指定账号的优质微博推荐给你。

6. 账号头条

将你的账号根据性别和兴趣领域推荐给对你感兴趣的用户群，真实有效地提升粉丝数的同时保障粉丝的活跃度。当你选择预计增长的粉丝数后，平台会自动计算出所需要的推广时长。

7. 进入“帮上头条”和“博文头条”等功能的步骤

步骤 1: 进入微博后,点击右下角的“我”。

步骤 2: 点击“粉丝头条”,即可使用“帮上头条”和“博文头条”的功能。

实训专区

● 任务背景

某主营零食干果类的品牌企业计划在微博平台进行企业微博的运营,请利用企业微博进行微博营销。

● 任务分析

1. 根据品牌风格和受众选择合适的热门话题进行内容创作,提升品牌知名度。
2. 根据品牌风格和受众选择合适的大 V,与他进行互动。
3. 在合适的热门话题下参与讨论和评论互动。
4. 与带有相关关键词的实时微博进行互动。
5. 回应评论你或@你的粉丝。
6. 根据品牌风格和受众选择合适的奖品,根据奖品设置参与抽奖的条件,进行微博抽奖活动备案,并根据活动时间设置合适的时间开奖。

● 任务实操

1. 创建热门话题

步骤 1: 分析零食干果类品牌的受众画像、品牌风格。

步骤 2: 结合受众画像找到当下适合进行营销的热门话题。热门话题的方向根据受众的喜好和关注进行选择,尽量做到有针对性地精准营销。

步骤 3: 结合品牌风格与热门话题进行微博内容创作。寻找同类博主的成功案例(高转发量、高转化率)进行学习借鉴。

步骤 4: 制作微博内容所需的素材,比如零食的照片、试吃的视频等。吸引用户注意,对产品进行展示,激发用户购买欲望,提高转化率。

步骤 5: 在热门话题中的微博下方发布评论,进行品牌推广宣传。尽量以轻松、口语化的语言参与讨论。

2. 善用互动营销

步骤 1: 结合步骤 1 所分析的受众画像找到当下与美食相关的热门话题。与热门话题下参与讨论的用户进行互动。

步骤 2: 找到相关领域的大 V，时刻关注他的动态并进行及时的评论，评论内容与自身微博定位相关，尽量引导用户去了解你。

步骤 3: 吃饭时间在实时微博中搜索相关关键词，如“干饭”“做饭”“吃了吗”等关键词，与同样喜欢做饭的用户进行互动。

步骤 4: 在微博中搜索与品牌相关的关键词，与提到自己的微博进行互动，增强粉丝忠实度。

步骤 5: 在微博内容创作时设置投票环节或留下一个供粉丝讨论的主题，激发用户参与度，获得用户反馈。

步骤 6: 认真阅读并回应粉丝的评论。

3. 开展活动营销

步骤 1: 将零食类产品作为微博活动奖品，以此来吸引对本次营销活动感兴趣的消费者参与活动，抓取品牌受众进行宣传。

步骤 2: 撰写合适的活动文案吸引用户，配上购买链接，达到引流效果。在微博末尾注明奖品信息、抽奖条件、开奖日期，并@微博抽奖平台。

步骤 3: 在“微博抽奖平台”中设置抽奖信息，等待开奖。

步骤 4: 开奖后主动联系中奖用户进行奖品发放。

4. 巧用推广工具

步骤 1: 在微博进行粉丝推广，也可以适当进行非粉丝用户的推广。

步骤 2: 在进行非粉丝用户的推广时，根据需求设定目标。

步骤 3: 在“指定账号粉丝的相似用户”一栏中选择零食类博主或美食类博主等同类博主。

步骤 4: 在“内容定向”中，热词选用与零食相关的话题词，词包则选择“干果”。

步骤 5: 在“自定义”中的“兴趣用户”一栏，选择兴趣标签带有“零食”“干果”“吃货”等字样的用户。

步骤 6: 由于线上的零食销售并不受地域限制，并且该品牌并未发展线下门店，因此指定商圈用户的推广在这里意义不大，所以可以选择略过。

步骤 7: 上传相关资质，如品牌证书。

任务评价

序号	评价项目	评价标准	分值	评分
1	能写出创建热门话题的实操步骤	至少包含 5 个步骤	25	
2	能写出互动营销的实操步骤	至少包含 6 个步骤	25	

（续表）

序号	评价项目	评价标准	分值	评分
3	能写出活动营销的实操步骤	至少包含 4 个步骤	25	
4	能写出粉丝推广的实操步骤	至少包含 7 个步骤	25	

情景训练

某主营家居类的品牌打算在微博上进行品牌营销，请利用企业微博进行微博营销。

任务 3.3　使用微博营销工具

3.3.1　微博数据分析的作用

微博数据是指微博内容、粉丝、互动等多项行为产生的数据。查看并分析微博数据能帮助微博运营者掌握微博账号的状况和质量，及时发现问题并不断优化。

例如，使用微博账号和密码登录微博，依次单击“管理中心”“数据助手”，如图 3－3－1 所示。

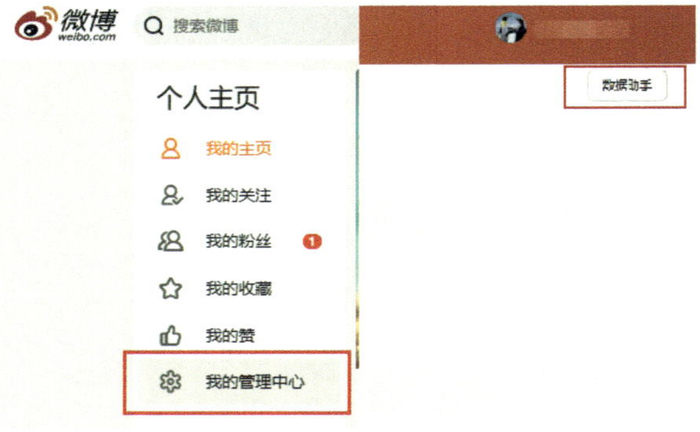

图 3－3－1　微博管理中心

在“数据助手”的“数据概况”栏中，即可看到微博基础数据“昨日关键指标”，如图 3－3－2 所示。

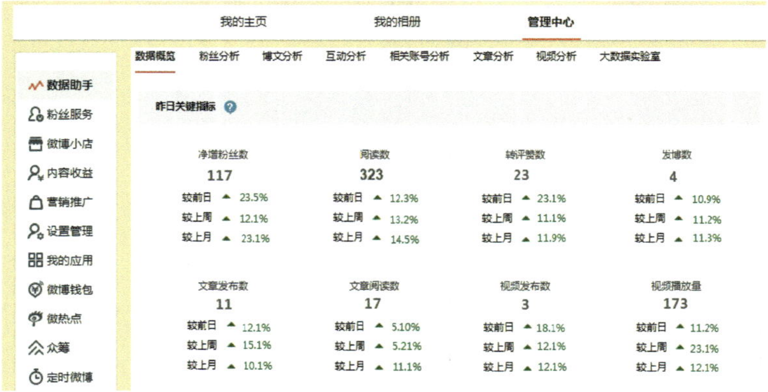

图 3－3－2　微博管理中心界面

昨日关键指标包括以下 8 项数据：

1. 净增粉丝数

① 数据查看：该微博账号昨日净增粉丝数 117 个，较前日增长 23.5%、较上周增长 12.1%、较上月增长 23.1%。

② 数据分析：净增粉丝数是指微博昨日增加的粉丝数量。净增粉丝数是衡量微博运营能力的一个重要指标，关注自身微博账号的粉丝越多，说明微博的运营能力越强。

2. 阅读数

① 数据查看：该微博昨日阅读数 323 次，较前日增长 12.3%、较上周增长 13.2%、较上月增长 14.5%。

② 数据分析：阅读数是指该账户页面的阅读数，也就是页面浏览量。阅读数的高低与账号发布的内容质量直接相关，越高质量的微博内容越能吸引粉丝打开账号微博页面进行阅读。

3. 转、评、赞数

① 数据查看：该微博昨日转赞评数 23 次，较前日增长 23.1%、较上周增长 11.1%、较上月增长 11.9%。

② 数据分析：转发、点赞、评论这 3 类数据是微博用户对微博内容高度关注、赞成的体现，好的微博内容能引发用户的共鸣，进而产生转赞评行为。转、评、赞数据上升，说明该微博发布的内容比较优质。

4. 发博数

① 数据查看：该微博发博数 4 个，较前日增长 10.9%、较上周增长 11.2%、较上月增长 11.3%。

② 数据分析：发博数是所有内容发布的次数之和，包括转发他人微博、发布图文微博、发布视频微博等。发博数是衡量微博账号活跃度的数据指标之一。但是发博数不是越多越好，如果发博数太多，也会使得主要信息被大量的其他信息湮没，同时还会使粉丝感到反感，应根据网民在微博上的活跃时间来决定。网民活跃度低谷期间隔 2 小时左右发布一条，用户活跃度高峰期间隔半小时到 1 小时发布一条，上班时间发 8 条左右，晚上发 2 条左右，一天总共发 10 条左右。每天以这个数量和频率来发布，既保证了微博的曝光和与用户的沟通互动，又不会造成刷屏让用户反感。

5. 文章发布数

① 数据查看：该微博昨日文章发布数 11 次，较前日增长 12.1%、较上周增长 15.1%、较上月增长 10.1%。

② 数据分析：文章发布数能反映微博文章内容的创作频率，该微博创作频率较上周和前日都有所增长，微博创作频率加快。

6. 文章阅读数

① 数据查看：该微博昨日文章阅读数 17 次，较前日增长 5.10%、较上周增长 5.21%、较上月增长 11.1%。

② 数据分析：文章阅读数与文章本身的内容质量密切相关，优质的文章更能吸引观众阅读浏览。优质的文章需要从标题、文字、配图等多个方面着手。一篇优质的微博首先需要具有吸引力的标题，能快速抓住读者的眼球。

7. 视频发布数

① 数据查看：该微博昨日视频发布数为 3 个，较前日增长 18.1%、较上周增长 12.1%、较上月增长 12.1%。

② 数据分析：视频微博比图文微博更能生动地展现信息，企业可以通过发布视频来进行产品介绍、广告宣传等。视频发布数也是反映微博活跃度的数据之一，发布数越多说明微博越活跃，与文章微博一样，视频发布数也需要保持在一定范围内，否则会带来负效用。

8. 视频播放量

① 数据查看：该微博昨日视频播放量为 173 次，较前日增长 11.2%、较上周增长 23.1%、较上月增长 12.1%。

② 数据分析：视频播放量与视频内容质量密切相关，高质量的视频都会具备有吸引力的标题、优质的视频内容和富有创意的视觉展现。

3.3.2 微博内容分析工具

1. 阅读分析

依次单击“管理中心”“数据助手”，在“数据助手”的“博文分析”栏中，即可看到“微博阅读趋势”，如图 3-3-3 所示。

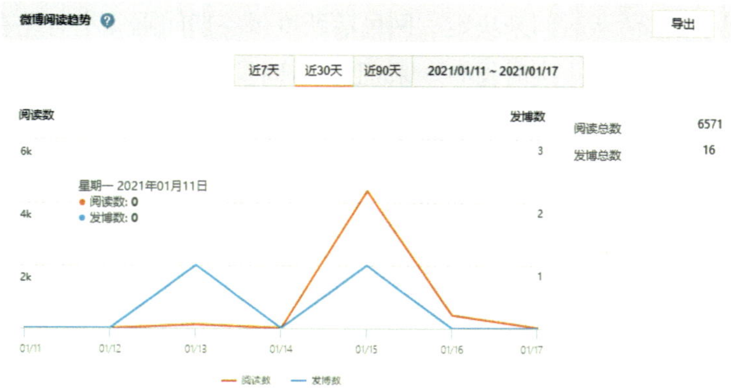

图 3-3-3 微博阅读趋势

(1) 数据查看:该账号近 30 天的数据中:a. 阅读总数 6571;b. 发博总数 16。

(2) 数据分析:该微博账号 1 月 13 日和 15 日数据变化较大,13 日发博数为 1,阅读数 153,15 日发博数 1,阅读数 4 120。1 月 15 日这一天发博的阅读数远高于 13 日的阅读数,这说明 15 日发的微博质量要高于 13 日所发的微博。

知识拓展

提高阅读数的方法

1. 文字简练

微博是基于用户关系进行信息分享、实时传播以及快速获取信息的平台。微博内容文字要尽量简短,方便用户在短时间内就能了解微博的主题内容。

2. 语言易懂

尽量少用行业内专业词语,或者将专业的词语用通俗的文字表达,便于理解。

3. 情感真挚

在微博中加入真挚的感情,微博中透露出的真挚能够很好地感染用户。

4. 娱乐精神

微博价值观之一"幽默吸引人",因此微博的内容要尽可能地具备娱乐精神。对于企业微博来说,具备娱乐精神能对微博营销起到一定帮助。

5. 结合热点

所谓热点是指大多数人感兴趣的内容。将自身产品与微博热点有机结合,能有效地促进用户转发、评论,增加用户黏度。

6. 善用图片

微博配图是对微博文字内容的进一步阐述,也是首先吸引用户观看微博内容的最好方法。应尽量选择优质的图片,让图片吸引用户,留住用户。

2. 影响力分析

微博作为一个社交平台,互动是其特色和属性,提高微博的互动性,是提高微博运营水平的重要方式。互动分析指微博整体的互动情况,既包括自身微博的互动情况,又包括与关注者互动及对外互动情况。

使用微博账号和密码登录微博,依次单击"管理中心""数据助手",在"数据助手"的"互动"栏中,即可看到"近 7 天账号互动 TOP 10""我的影响力""我发出的评论"这 3 项数据分析。

(1) 近 7 天账号互动 TOP 10

该账户近 7 天账号互动 TOP 10 情况(见图 3-3-4),展示的是近 7 天和博主互动频率最高的10个账号，可以称这10个账号为“铁杆关注者”。在运营微博的过程中，可以通过给互动TOP 10奖励的方式来回馈关注者的互动，或者发起TOP 10互动奖励活动来提高微博互动量。

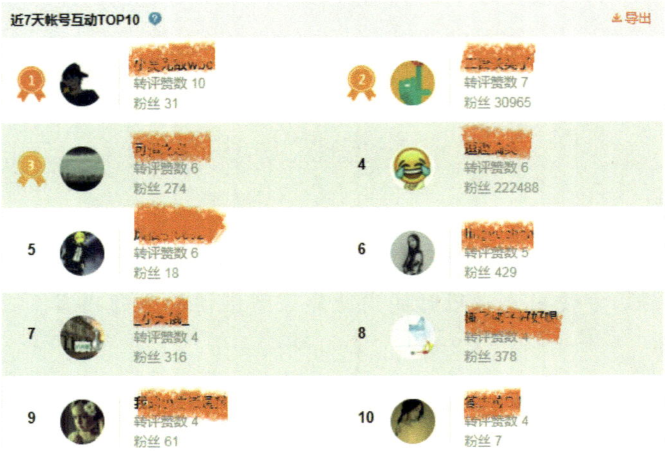

图3-3-4　近7天账号互动TOP10

(2) 我的影响力

该账户近7天的总影响力为506(见图3-3-5)。“我的影响力”是从活跃度、传播力和覆盖度3个维度统计的微博影响力，即影响力=活跃度+传播力+覆盖度。活跃度指发布微博的频率，发布微博越频繁，活跃度分值越高；传播力指微博内容的阅读量和互动情况，阅读量越高、转发互动越多，传播力越强；覆盖度指1条微博发布后的传播覆盖范围，关注者基数越大、影响力越广，则覆盖度越高。

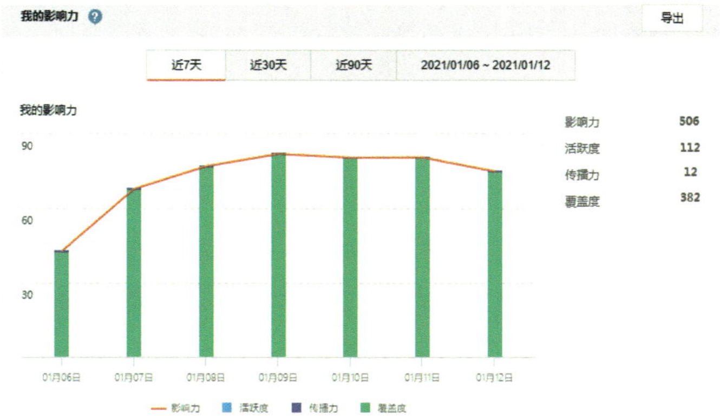

图3-3-5　近7天“我的影响力”

(3) 我发出的评论

该账户近7天发出的总评论数为8(见图3-3-6)。微博的互动是双向的。微博不仅鼓励运营者创作优质的内容进行传播，也鼓励运营者自身多进行互动。运营微博不能只追求关注者跟自己互动，运营者自身也应积极出击，主动跟关注者互动，并对关注者的评论和转发进行回复处理。保持频繁的双向互动，既能提高微博整体的互动率，又利于提高关注者的黏性。

图 3-3-6　近 7 天“我发出的评论”

从整体上来说，运营微博主要考量粉丝、传播和互动 3 个维度的数据指标。三者是相辅相成、相互促进的。有了优质内容，就会有好的传播数据和粉丝增长，进而带来互动量的增加。任何一方的缺失，都会造成另外两方数据的下降。运营企业微博，应该以内容为基础，以互动为核心，通过创作优质内容和持续互动来实现曝光传播和粉丝增长，这是微博运营保持良性增长的必由之路。

3.3.3　微博粉丝分析工具

1. 粉丝分析

依次单击“管理中心”“数据助手”，在“数据助手”的“粉丝分析”栏中，即可看到粉丝趋势分析，选择分析时间为“近 30 天”就可以看到该账号近一个月的粉丝变化数据，如图 3-3-7 所示。

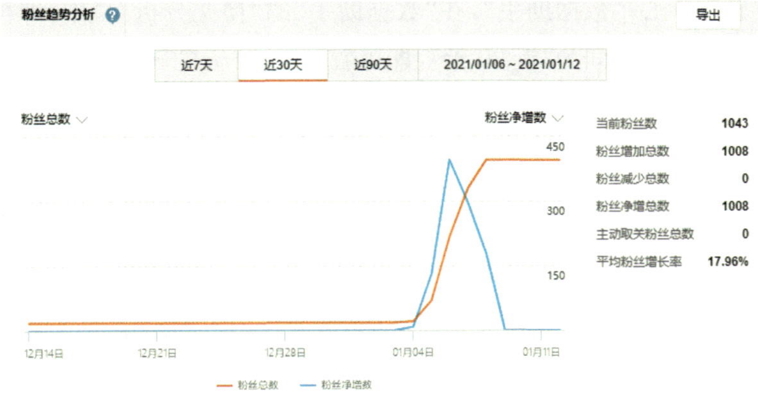

图 3-3-7　近 30 天粉丝变化数据

① 数据查看：该账号近 30 天的数据中，12 月 14 日至 1 月 4 日数据没有变化，1 月 4 日之后发生较大变化。

a. 粉丝总数 1 043；

b. 粉丝净增数 1 008；

c. 主动取关粉丝总数 0；

d. 平均粉丝增长率 17.96%。

数据分析：该微博账号在 1 月 4 日至 6 日，粉丝总数增加较多，数据出现较大变化可能与微博发布的内容、活动相关。优质的微博内容和具有吸引力的活动能大幅提升微博粉丝数量。

知识拓展

微博的粉丝数提高技巧

1. 微博应用增加粉丝：微博推出了一些微博应用，可以通过这些应用来增加自己的粉丝，例如粉丝汇、粉滔滔、粉丝大师等。

2. 互粉增加微博粉丝：加入一些互粉的豆瓣微博小组、微博互粉 QQ 群、微博互粉贴吧，可以先关注别人，这就有可能让别人关注回来。

3. 活动营销：例如抽奖、关注有礼、赠送礼物、有奖问答等，通过这些创意活动吸引粉丝关注。

4. 富有创意的微博内容：微博内容创作要有创意，要保证原创度和独特性。这样才能吸引微博用户的阅读和关注。

2. 互动分析

依次单击“管理中心”“数据助手”，在“数据助手”的“博文分析”栏中，即可看到“微博转发、评论和赞”数据，选择时间为“近 30 天”，即可看到近 30 天的转、评、赞数据。转评赞数据是衡量微博与用户之间互动情况的主要数据，如图 3-3-8 所示。

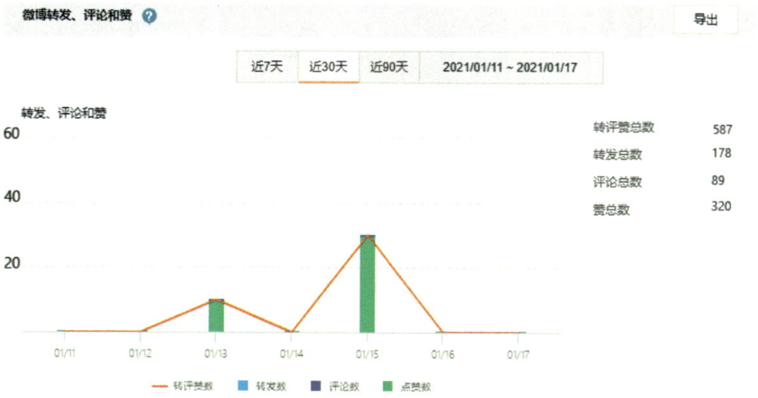

图 3-3-8 近 30 天博文分析

(1) 数据查看:该账号近30天的数据中,

a. 转评赞总数587;

b. 转发总数178;

c. 评论总数89;

d. 赞总数320。

(2) 数据分析:该微博账号1月13日和15日数据变化较大,点赞数增加较多,点赞行为代表用户对微博观点的认同,这两天点赞数据较多可能是由能引发认同感的微博内容所导致。

知识拓展

提高微博转赞评的方法

1. 提高粉丝忠诚度

在众多粉丝中,忠诚粉丝转赞评的可能性最大,所以要经常保持与这部分粉丝的联系,并且还需要通过一些营销活动培养新的忠诚粉丝。

2. 提高微博内容质量,选择热点话题

优化微博内容质量,使自己的文章得到其他用户的认可、赞同,这样高质量的微博就会引发其他用户的转发和点赞;要吸引用户评论,就需要设置一些话题,可以在博文中设计一些独特的观点、开放式的结局等,这样可以吸引用户在评论区发表自己的观点或参与讨论。

3. 选择适当的微博发布时间点

如果在不恰当的时间发微博,那么发出的微博就会被其他微博湮没,所以微博要选择在合适的时间发布,可以在第一时间被其他用户看到,这样才有可能被转发。喜欢玩微博,对微博黏度比较高的人群,对微博关注的时间呈现一定的规律性。

4. 互推微博

主动去关注别人账号,帮别人转播,在一些热门的话题下积极参与讨论和评价,这样就更有可能使自己的微博获得他人的关注和评论。

3.3.4 常见的数据分析工具

除了微博平台提供的数据分析外,还可以使用一些第三方提供的数据分析工具来对微博数据进行分析。

1. 波波数据

Topsocial 数播旗下的微博数据平台“波波数据”是基于微博特性，立体化、多方位去展现博主相关数据信息，同时为用户提供数据分析、辅助投放等服务，全面覆盖整体投放流程的整合型数据资源平台。

(1) 内容分析

波波数据平台最多可针对博主近 90 天内发布的近 50 篇微博进行统计分析，计算出发博数、互动数、微博转发、评论点赞数等数据，如图 3-3-9 所示。

图 3-3-9　波波数据

还有对该博主发博时段以及内容类型的统计，根据统计可以大致判断出该博主在微博上的活跃时间段以及内容创作的能力，如图 3-3-10 所示。

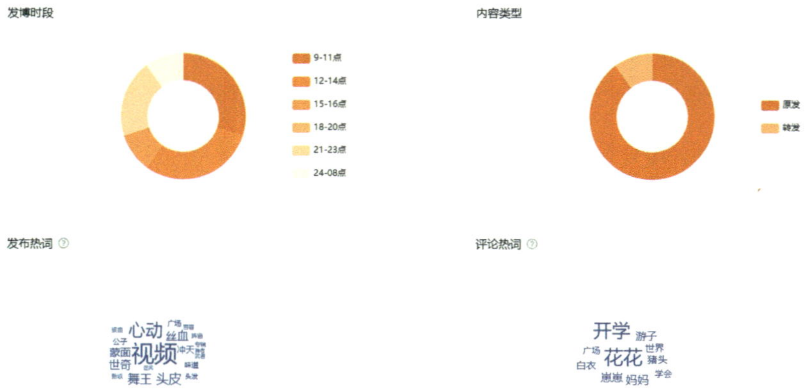

图 3-3-10　内容统计

(2) 粉丝分析

波波数据平台还提供去水粉丝占比、活跃粉丝占比等数据统计，帮助大家更好地分析博主数据，粉丝的年龄占比也体现了该博主对标的主要人群，如图 3-3-11 所示。

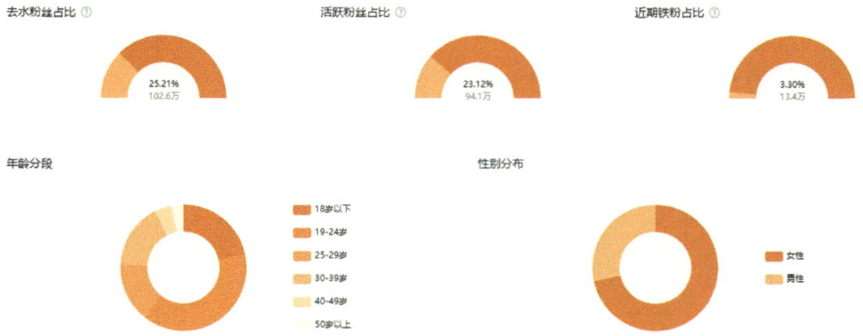

图 3-3-11　粉丝分析

(3) 话题监测

话题监测功能可即时或者在预约时间对指定话题进行监测。其中预约监测会在设定时段内确认话题存在内容更新后启动，监测启动后可于话题监测历史页内查看详细的数据情况，如图 3-3-12 所示。

图 3-3-12　话题监测

该功能会根据用户设定，获取话题对应核心信息，同时实时监测并获取当前话题阅读数、讨论次数、原创人数以及话题转发、评论点赞数趋势等信息，并生成监测报告。

2. 西瓜微数

西瓜微数即西瓜数据微博版，提供专业的微博数据分析服务，提供微博榜单、KOL 账号数据分析、博文数据监控、品牌投放分析等功能服务，是微博广告投放数据分析的专业工具。其主要功能如下：

(1) 寻找优质博主

博主搜索支持通过名称或关键词查找博主，更提供多条件细分筛选，包含行业、粉丝数、微博认证类型、地域等，帮助用户筛选出最符合要求的优质博主，如图 3-3-13 所示。

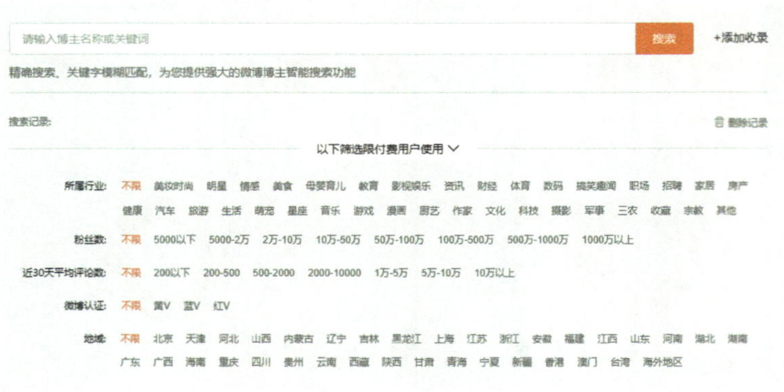

图 3－3－13　博主搜索

(2) 博主价值分析

微博数据博主详情中可查看近 7 天/30 天的数据概览，以及最多可达近 180 天的微博数据变化趋势，还提供博主的历史微博以及往期的广告案例，帮助用户快速了解博主基础信息，如图 3－3－14 所示。

图 3－3－14　博主价值分析

(3) 助力电商选品

商品搜索功能支持通过商品名称或关键词查找商品，同时提供多条件的细分筛选，包含商品种类、价格区间、投放博主数、商品来源等，充分满足不同用户的商品查找需求，如图 3－3－15 所示。

(4) 品牌舆情分析

输入品牌、产品或事件关键词，即可获取微博上一段时间内的舆情分析报告，涵盖相关微博数据、舆情走势、内容分析、相关评论的正负面情感以及相关博主等信息。帮助用户掌

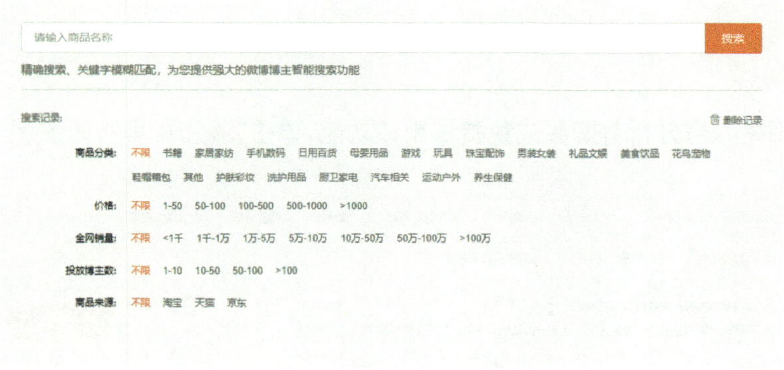

图 3-3-15　电商选品

握竞品的营销动态与舆情走势，做到知己知彼，如图 3-3-16 所示。

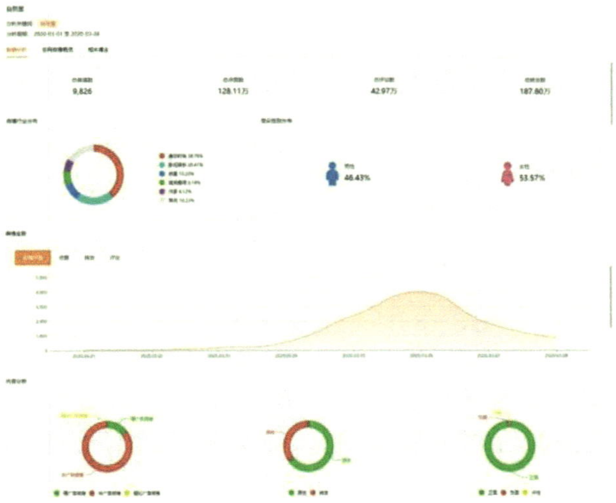

图 3-3-16　品牌舆情分析

实训专区

任务背景

某美食电商企业微博在运营 1 个月后，需要对这一个月的运营效果进行分析，总结经验，改进不足。

任务分析

了解企业微博的运营状况，需要与同类美食微博账号作对比。对比和查看同类优质微博内容数据、粉丝数据，并对这些数据进行分析。

● 任务实操

1. 单击“相关账号分析”，购买或免费试用该功能，单击“添加账号”，如图 3-3-17 所示。

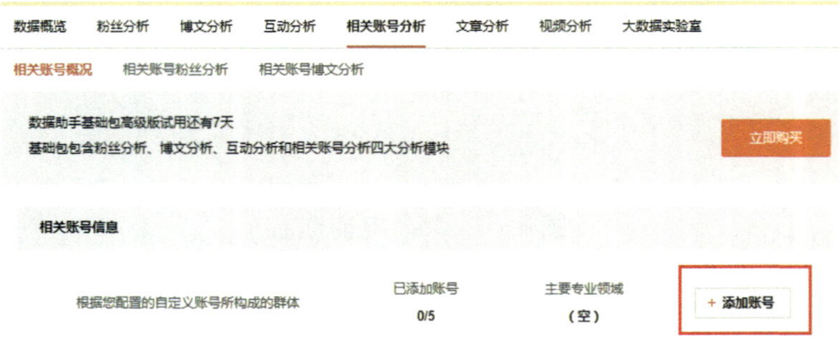

图 3-3-17　添加账号界面

2. 在弹出的对话框中搜索想要添加的微博账号，如图 3-3-18 所示。

图 3-3-18　搜索微博账号界面

3. 选择一些与自己账号类型相同、粉丝量相当的账号作为对比账号，如美食类账号通过搜索找到这些账号，单击账号后的“添加”按钮，就可以把该账号添加进来，如图 3-3-19 所示。

图 3-3-19　添加微博对比账号界面

4. 用同样的方法，再添加几个账号，以方便后面的对比，如图 3－3－20 所示。

图 3－3－20　添加微博对比账号界面

5. 添加完成后，可以在相关账号列表中查看已经添加好的账号，第一个账号是自己的账号，后面的 5 个是添加的对比账号，如图 3－3－21 所示。

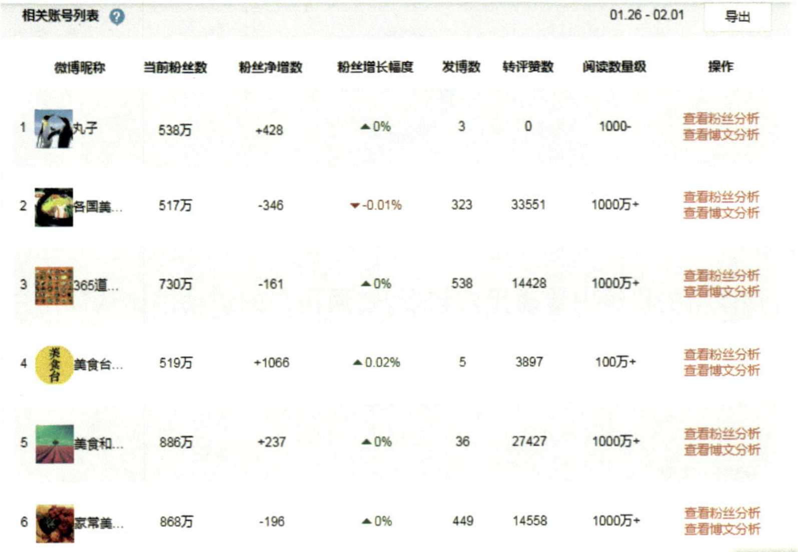
相关账号列表　01.26 - 02.01　导出

	微博昵称	当前粉丝数	粉丝净增数	粉丝增长幅度	发博数	转评赞数	阅读数量级	操作
1	丸子	538万	+428	▲0%	3	0	1000-	查看粉丝分析 查看博文分析
2	各国美…	517万	-346	▼-0.01%	323	33551	1000万+	查看粉丝分析 查看博文分析
3	365道…	730万	-161	▲0%	538	14428	1000万+	查看粉丝分析 查看博文分析
4	美食台…	519万	+1066	▲0.02%	5	3897	100万+	查看粉丝分析 查看博文分析
5	美食和…	886万	+237	▲0%	36	27427	1000万+	查看粉丝分析 查看博文分析
6	家常美…	868万	-196	▲0%	449	14558	1000万+	查看粉丝分析 查看博文分析

图 3－3－21　相关账号列表界面

6. 粉丝分析：点击第 2 个账号后的“查看粉丝分析”，就可以看到该账号的粉丝数变化、粉丝类型、粉丝性别年龄、粉丝地区分布几项数据。

根据该微博近 30 天的粉丝增长数据可知，该微博粉丝减少了 346 个，如图 3－3－22 所示。

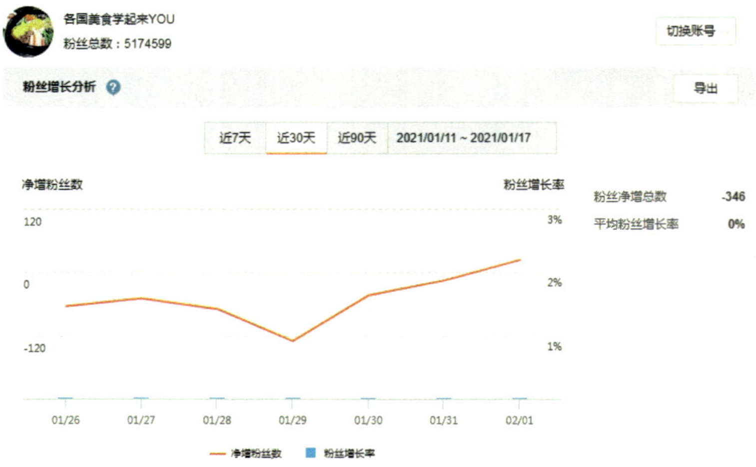

图 3－3－22　粉丝增长分析

数据分析：粉丝增长数据为负，说明 30 天内粉丝流失较多，粉丝流失跟微博内容质量、发博频率、发博时间、微博活动等多个因素有关，需要从多个方面进行综合分析，进而作出改善。

该微博的粉丝类型 0.9%是微博认证用户，99.1%属于普通用户，如图 3－3－23 所示。

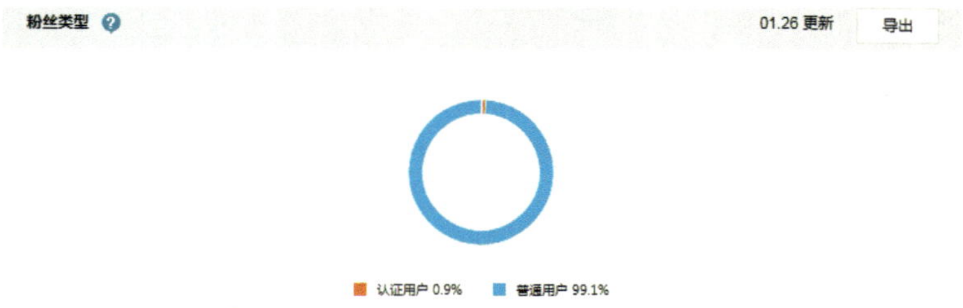

图 3－3－23　粉丝类型

数据分析：该微博的粉丝中普通用户较多，普通用户的流动性比认证用户的流动性高，因此需要不断维护粉丝，提高粉丝的忠诚度。

该微博粉丝中 18—24 岁的男性粉丝数量最多，如图 3－3－24 所示。

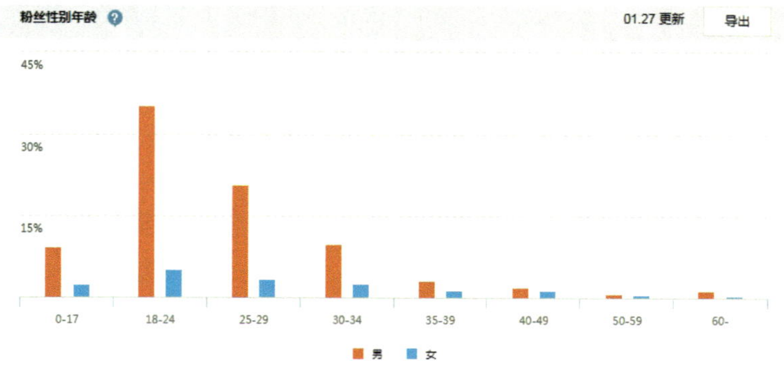

图 3－3－24　粉丝性别年龄

数据分析：查看粉丝性别和年龄，可以帮助微博运营者了解粉丝属性，在进行内容创作时可以针对主要粉丝特性，创作更有针对性的内容，从而引发粉丝的互动。

该微博粉丝地域分布数据显示，该微博粉丝主要集中在广东、北京、江苏这 3 个地方，如图 3-3-25 所示。

排序	地区	粉丝数占比
1	广东	12.2%
2	北京	8%
3	江苏	6.8%

图 3-3-25　粉丝地域分布

数据分析：查看粉丝的地区占比，能帮助微博运营者了解粉丝所在的地域，在进行内容创作时可以结合地方特色，引起粉丝的共鸣，从而引发粉丝的互动。

7. 博文分析：该微博近 7 天的发博总数、发出的评论总数、原创微博总数、转发总数、评论总数、点赞总数、转评赞总数，如图 3-3-26 所示。

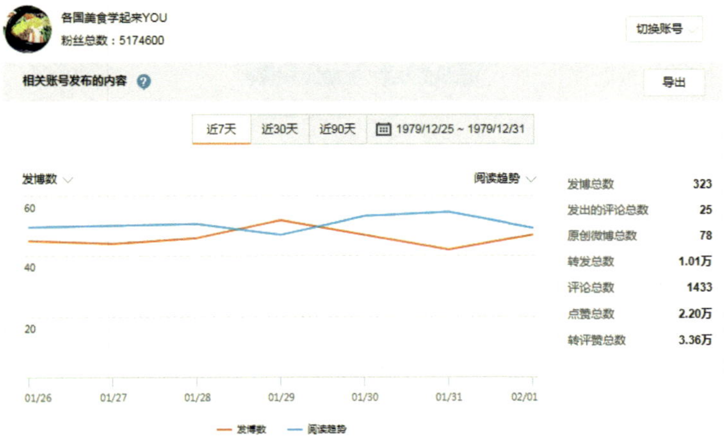

图 3-3-26　发博数和阅读趋势

该微博近 7 天发的每一篇微博以及每一篇的转评赞数，如图 3-3-27 所示。

相关账号微博列表　导出

近7天　近30天　近90天　1979/12/25 ~ 1979/12/31

发布时间	微博内容	转评赞数	操作
2021年02月01日 23点01分	会有开心的好事发生ㄷ	291	查看详情分析
2021年02月01日 22点01分	干锅粉丝煲做法，特别朴实的一道家常菜，粉丝特别好吃，加入五花肉更	168	查看详情分析
2021年02月01日 19点01分	好吃的蒜蓉粉丝娃娃菜，简单又下饭，吃不了辣的可以不放辣椒。	157	查看详情分析
2021年02月01日 16点01分	这是一年四季大人小孩都喜欢的一道开胃下饭的素菜！	158	查看详情分析

图 3-3-27　微博内容与转评赞数

任务评价

序号	评价项目	评价标准	分值	评分
1	能说出微博数据分析的作用	作用表达准确	25	
2	能写出微博内容分析工具	至少包含 2 个工具	25	
3	能写出微博粉丝分析工具	至少包含 2 个工具	25	
4	能说出常见的数据分析工具	至少包含 2 个工具	25	

情景训练

登录自己的微博账号管理页面，查看微博内容和粉丝数据，并分析数据得出结论。

单元练习

一、选择题

1. 不属于微博基本功能的是(　　)。
   A. 发布功能　　B. 转发功能
   C. 关注功能　　D. 隐藏功能
2. 微博在内容创作上几乎没有门槛，体现了微博(　　)的优势。
   A. 便捷性高　　B. 速度快
   C. 覆盖范围广　　D. 渗透程度深
3. 微博企业认证的范围包括(　　)。(多选)
   A. 公司账号　　B. 分支机构账号
   C. 产品账号　　D. 招牌账号
4. 要在微博激发讨论可以运用哪些营销方式？(　　)(多选)
   A. 争议性的话题　　B. 吸引用户关注
   C. 投票类微博　　D. 专注自身定位

二、案例题

某美食达人想从微博开始自己的营销，请根据本任务所学知识为其提供一个营销方案。

……………………………………………………………………………………………………

……………………………………………………………………………………………………

项目四
社群营销

思维导图

- 社群营销
  - 认识社群营销
    - 认识社群
    - 认识社群营销
    - 社群商业变现
  - 构建社群
    - 建群动机
    - 社群结构
  - 社群运营
    - 社群营销策略
    - 社群互动
    - 社群活动策划

学习目标

知识目标

- 记住构成社群的 5 个要素
- 说出社群营销的特点和方式
- 列举社群商业变现的模式
- 归纳社群构建的步骤
- 记住社群营销策略
- 列举社群互动的形式

技能目标

- 能够搭建社群
- 能够确定社群运营目标
- 能够熟练使用社群营销策略
- 能够在社群中进行线上互动

- 能够策划社群线下活动

思政目标

- 引导新媒体从业人员树立主流价值观，牢牢坚持正确政治方向和舆论导向
- 培养正确的诚信营销意识和法律意识
- 培养新媒体从业人员的职业道德

引导案例

完美日记的超级社群运营方法

完美日记用互联网思维和产品逻辑来经营消费者，走出了一条不同于传统美妆品牌的数字化换道超车之路：以超级社群业态积累用户，以最短、最直接的路径理解消费者的反馈，塑造快速迭代的产品能力；采用基于人格化的IP运营模式，与用户一起成长，为消费者创造更多价值。

截至2020年6月，完美日记全网拥有超过2 500万粉丝。通过图文内容、直播和小视频等互动形式，以真实、透明、有温度的品牌人格呈现，随时激活消费行为和消费者的自发传播欲望。由于交互的短链化，品牌不仅能迅速获知消费者的需求，还能让其参与产品筛选，实现品牌共建。

以往品牌商做产品测试，需要委托咨询公司等第三方机构，通过电话、访谈等抽样调查完成。这样做不仅周期长，而且结果与市场实情存在较大出入。现在，完美日记把产品方案发到微信社群，让消费者直接做选择。

这种共创式的成长模式，一方面打造出了极致产品，另一方面与消费者建立起更为深厚的情感连接。

这一变化洞察也体现在完美日记的社群运营上。完美日记打造了“小完子”人设，摸索出一套IP化的用户运营模式。小完子并非官方有意打造的IP，而是粉丝对品牌的自发命名，觉得这一称呼亲切可人。形象上，小完子不是高高在上的女神形象，而是邻家女孩，以闺蜜的角色与消费者联系和共情；功能上，则定位于“私人美妆助理”，为消费者提供美妆专业服务。

小完子是为了拉近品牌与消费者的距离而创造的，不增加消费者负担，而是给她创造价值。如果消费者不愿意进群，就不会被强拉进社群内；进群后如觉得被打扰，也可自由退出。

在社群内，小完子会紧跟潮流，根据消费者的兴趣点和关注点，以高质量图文和视频等形式，推送美妆知识分享、直播和抽奖活动，引发消费者的持续关注和讨论。导购以专业性影响消费者的购买决策，并引发消费者自发性地传播裂变。这种自然的聆听和交流，也激发了消费者去自主分享。

通过小完子IP的真实运营，以及持续的产品迭代和爆款共创能力，完美日记社群的活跃度一直维持在较高水平，推动完美日记在短时间内不断创造“神话”。

任务 4.1 认识社群营销

社群营销是在网络社区营销及社会化媒体营销基础上发展起来的用户连接及交流更为紧密的网络营销方式。网络社群营销的方式，主要通过连接、沟通等方式实现用户价值，营销方式人性化，不仅受用户欢迎，还可能使用户成为继续传播者。

4.1.1 认识社群

社群是互联网时代前的产物，社会学家瑞格尔德在 1993 年率先提出了“虚拟社群”概念，意指“由一群同计算机网络连接起来的突破地域限制的人们，通过网络彼此交流、沟通、分享信息与知识，形成具有相近爱好的特殊关系网络，最终形成具有社区意识和社群情感的社群圈”。

如今的社群，更多的是指互联网社群，是一群被商业产品满足需求的消费者，以兴趣和相同的价值观集结起来的固定群组。它的特质是去中心化、兴趣化，并且具有中心固定、边缘分散的特性。社群在功能上突出群体交流、分工协作和兴趣相近，强调群体和个体之间的交互关系。社群成员之间有一致的行为目标和规范，并且通过持续的互动，形成较强的社群情感，是一种突破时间、空间，更强调实时性、社交性人际沟通的关系群体。

一般而言，有 5 个构成完整社群的要素，它们分别是同好(Interest)、结构(Structure)、输出(Output)、运营(Operate)和复制(Copy)。根据这 5 个单词的英文首字母，可简称为“ISOOC”。

1. 同好

社群构成的第一要素——同好是社群成立的前提。所谓“同好”，是对某种事物的共同认可或行为。我们为了什么而聚到一起？最重要的是一起做什么，任何事物没有价值就没有存在的必要。

2. 结构

社群构成的第二要素——结构，它决定了社群的存活。很多社群为什么走向沉寂？那是因为最初就没有对社群的结构进行有效规划，这个结构包括组成成员、交流平台、加入原则和管理规范。这 4 个组成结构做得越好，社群存活时间就越长。

① 组成成员：发现、号召起那些有“同好”的人抱团形成金字塔或者环形结构，最初的一

批成员会对以后的社群产生巨大影响。

② 交流平台：要有一个聚集地作为日常交流的大本营，目前常见的有 QQ、微信等。

③ 加入原则：社群有了元老成员，也建好了平台，慢慢会有更多的人慕名而来，那么就得设置一定的筛选机制作为门槛，一来保证社群质量，二来会让加入者由于加入不易而格外珍惜这个社群。

④ 管理规范：社群成员越来越多，就必须要管理。所以，一要设立管理员，二要不断完善群规。

3. 输出

社群构成的第三要素——输出，决定了社群的价值。持续输出有价值的东西则是考验社群生命力的重要指标之一。例如，拆书帮用拆书法输出高质量的读书笔记，形成了国内独具特色的读书社群；秋叶 PPT 社群以持续高质量的 PPT 作品，在新浪微博上时常引起大量转发，形成国内知名的职场教育品牌。所有的社群在成立之初都有一定的活跃度，但若不能持续提供价值，社群的活跃度会慢慢下降，最后沦为广告群。没有足够价值的社群迟早会被解散，也有一些人会屏蔽群，再去加入一个新的群或选择创建一个新群。

为了防止以上情况的出现，优秀的社群一定要能给群成员提供稳定的价值，如坚持定期分享、某些行业群定期可以接单等。所以，“输出”还要衡量群成员的输出成果，好的社群里所有的成员都有不同层次、不同领域的高质量输出，能够释放出更强大的能量。

4. 运营

社群构成的第四要素——运营，决定了社群的寿命。不经过运营管理的社群很难有比较长的生命周期，一般来说，自始至终通过运营要建立如下“四感”。

① 仪式感。如加入要通过申请、入群要接受群规、行为要接受奖惩等，以此保证社群规范。

② 参与感。如通过有组织的讨论、分享等，以此保证群内有话说、有事做、有收获的社群质量。

③ 组织感。如通过对某主题事物的分工、协作、执行等，以此保证社群的战斗力。

④ 归属感。如通过线上线下的互助、活动等，以此保证社群的凝聚力。如果一个社群通过运营这“四感”有了规范，有了质量，有了战斗力，有了凝聚力，就可能持续运营。

5. 复制

社群构成的第五要素——复制，决定了社群的规模。由于社群的核心是情感归宿和价值认同，社群过大，情感分裂的可能性就越大，所以在“复制”这一层，主要思考：是不是真的有必要通过复制而扩大社群规模?

人们有时候会有一种误区，认为没有几万人都不好意思称为社群。其实经过前面 4 个维度考验的群，完全可以称为社群了，小而美也是一种，而且大多存活得还比较久。现在很多人进入一个人数很多的群，筛选信息的成本高，人员相互认知成本也高。相反，小圈子里，人员较少，大家的话题相对集中，所以小圈子里人人都容易活跃起来。从微信群、QQ 群等社群的大数据中发现，90%的用户在不足 20 个人的小群里活跃。

一般来说，规模越大的社群，越可能永远只是为新手用户提供服务，在过滤优质信息上有很大的难度，这样的群如果不控制活跃度，看着每天的信息不少，但是信息价值太小。这也会导致高价值成员沉默或者离开，社群价值就无法得到提高。

4.1.2 认识社群营销

社群营销就是利用某种载体来聚集人气，通过产品或服务满足具有共同兴趣爱好群体的需求而产生的商业形态。社群营销的载体，就是各种平台，如微信、微博、论坛，甚至是线下的社区，都是社群营销的载体。

1. 社群营销的特点

在互联网时代，不管是 PC 端，还是移动端，社群营销都占据着主导地位。从一定程度上说，社群是最好的营销对象，因为社群有着巨大的优势。社群营销有着自己的特点，主要表现在以下几个方面。

(1) 多向互动性

社群营销通过社群成员之间的互动交流，也包括信息和数据的平等互换，使每一个成员成为信息的发起者，同时又成为信息的传播者和分享者。正是这种多向的互动为企业营销创造了良好的机会。

(2) 去中心化

社群营销是一种扁平化网状结构，人们可以一对多、多对多地实现互动，进行传播，并不是只有一个组织人或一个富有话语权的人才能传播，而是每个人都能说，这使传播主体由单一走向多重，由集中走向分散，是一个去中心化的过程。

社群构建的“去中心化”原则，本质上指的是社群内容和信息不再是由专人或者特定人群所规划生产，而是由社群中的全体成员共同参与、共同创造。也就是说，社群的“去中心化”主要表现在内容和信息上，同为了让社群成员更加积极参与、更顺畅沟通的管理和维护是没有冲突的。所以，一个社群在构建过程中，必须建立完善的管理和维护制度。即使定位再准确的社群，假如没有人做管理，没有人维护社群的运转，那么这个社群的构建就不算成功，即使以后运行了，也不会长久，不可持续。所以社群不能是完全的“自组织”，它可以中心碎片化，可以组织网络化，但是不能摒弃管理和规章，而且需要在群主或者群管理上做出最佳选择。

(3) 具有情感优势

社群成员都是基于共同的爱好、兴趣而聚集在一起的，因此，彼此间很容易建立起情感关联。社群成员能够产生点对点的交叉情感，并且能协同产生叠加能量，从而合力创造出更大的价值，使企业从中获得利益及有价值的信息。

(4) 自行运转

由于社群的特性，社群营销在一定程度上可以自我运作、创造、分享，甚至进行各种产品和价值的生产与再生产。在这个过程中，社群成员的参与和创造能催生出多种有关企业产品的创新理念或针对服务功能的建议，使企业的交易成本大幅下降。

(5) 呈现碎片化

社群的资源性和多样性特点，使社群在定位上也呈现出多样化、信息发布方式松散的特点，这就意味着社群在产品设计、内容、服务上呈现碎片化的趋势。虽然碎片化会使社群缺乏统一性，对企业的社群营销带来很多不确定因素，但只要企业善于挖掘、整理就能从中挖掘出社群的价值。

课堂讨论

你身边有哪些行业与产品正在使用社群营销进行传播？它们的具体操作方式是怎样的？社群营销与传统营销方式相比，营销效果有何不同？

2. 社群营销的方式

(1) 以意见领袖为引擎开展营销

拥有一个可靠的意见领袖是企业进行社群营销的关键。能够成为企业意见领袖的人一般是某一领域的专家学者或是相关的权威人士。社群成员在意见领袖的带领下进行互动和交流，不仅可以增加社群成员对企业的信任，也可以方便地传递一些有价值的内容。

一般情况下，各个行业大牛就是 KOL，他们可以吸引更多的大牛加入，所以需要想方设法说动这些大牛加入社群。

行业大牛的加入存在诸多困难，但是也可以从社群内部发掘培养。内部发掘的 KOL，忠诚度非常高，比外部引进的 KOL 有更好的覆盖效果，也能带动其他社群成员积极主动活跃社群，从而催生更多内部 KOL。挖掘 KOL 的需求点，找到需求点与社群价值的结合点。与 KOL 建立好友关系的关键在于，如果他们有需要社群协助的事情，一定要在最大限度上给予支持。当然在线下、线上各种活动中，也要有针对性地沟通交流，一方面多了解整个社群成员的意见和动态；另一方面，从与他们的交谈中看看社群是否还有其他的延伸空间。

加深与 KOL 关系的下一步是让他们深度参与社群的运营。其实能够成为社群 KOL 的人，都是有一定能力的人，他们也渴望获得利益。

如果是从外部引入的 KOL，就尽量建立深度合作关系，共同打磨产品，捆绑销售，联合吸粉，合办活动，这个时候，你是他的 KOL，他也是你的 KOL，是一种互利共赢的关系。

如果是内部产生的 KOL，那就可以给予其足够的利益支持，在社群日常运营或者是社群裂变的过程中，让其深度参与进来，一方面比培养一个新人容易得多；另一方面，这些 KOL 其实能产生更多超出预期的价值。

(2) 以优质服务为基石开展营销

为满足社群成员的需求，企业在社群中进行营销的最主要方式是提供服务，具体包括招收会员、感受某种服务、接受专家咨询等。为社群成员提供服务是贯穿社群整个生命周期的主要行为，是搭建社群的基石。“盒马邻里”聚集客户群体，为他们持续提供优质的服务。

(3) 以产品为关键开展营销

无论是工业时代，还是当前的互联网时代，产品始终是企业营销的核心，企业做社群营销的关键依然是产品，企业需要一个有创意、有卖点的产品来满足社群成员及群外潜在用户的需求，这里所提到的产品并不单指企业要卖的有形产品，还包括企业为社群成员所提供的无形服务。

(4) 以口碑宣传为纽带开展营销

企业有了好的产品，就得通过创造好的内容来进行有效的传播。在这个互联网大爆炸的时代，朋友之间的口碑传播就像一条锁链一样，彼此间信任感较强，也比较容易扩散，且能量巨大。可以为社群拟定“宣传口号”，还可以编写企业品牌或企业创始人的“宣传故事”，以此来传递社群的价值观，引起社群群友及其他读者的情感共鸣。

(5) 以多方合作活动为催化开展营销

社群营销的开展方式是多种多样的。就拿小米来说，它选择的方式是将一群“发烧友”聚集起来，共同开发小米系统，并且共同参与研发高性价比的手机。这种方式吸引了一些原本不是“米粉”(小米的粉丝)的消费者来购买小米手机。可见，企业在开展社群营销方面还是要多花点心思，才能达到良好的社群营销效果。常见的社群营销开展方式有以下几种。

① 组建相应的社群，做好线上交流与线下的各类活动。

② 与目标社群进行合作，支持和赞助社群活动，鼓励社群成员积极参与。

③ 与社群中的意见领袖用合作的方式来传播企业的品牌价值与文化。

④ 建立相应的社群数据库，帮助企业实现精准营销。

3. 社群营销的价值

(1) 感受品牌温度

品牌的树立是一个长期的过程，塑造的形象必须被周围大众广泛接受并长期认同，而社群的形态便于公司产品直接展示自身鲜明的个性和情感特征，让用户感受到品牌的温度。

(2) 刺激产品销售

不论是基于共同兴趣的学习型社群，还是基于个人目的的运动塑身群，通过共同的价值观，以及每天的社群营销活动感染，能够激发人们的购买冲动，通过社群发布产品的信息或者发起售卖，这样就实现了有性格的产品销售。

(3) 维护顾客黏性

在传统的营销环境中，产品售出后，除了退换货，似乎就和客户断了连接，而社群则是要圈住用户，让其更深度地参与企业产品的反馈升级以及品牌推广，把用户当成自己的家人来爱护，从而使其爱上企业，主动为品牌助力。

4.1.3 社群商业变现

社群商业变现的3种模式分别是自建社群、承包社群、打入社群。

1. 自建社群

可以构建自己的社群并且在恰当的时机进行规模复制。但是自己的社群构建成功之后，如何从自己的社群中获得商业回报呢？

自建社群商业变现的9种模式如下。

(1) 产品式

这种模式的前提是要有产品，社群也是因为产品而聚集在一起，所谓“社群未建，产品先行”，典型的例子就是秋叶PPT，先有课程学员，再有学员社群。

(2) 会员式

正如前面章节所讲，会员既是门槛，也是变现渠道，是大多数运作得好的社群最常见的变现方式。这也是大多数兴趣、理念型社群的主流变现形式。

会员式中最常见的是年费制，也就是一年缴纳多少费用，就可以享受哪些权益，这是非常易于理解和操作的付费模式。这种模式的本质是服务标准化，让服务成为标准化产品，然后把服务做好，把产品持续推广出去。

(3) 咨询式

在实践中发现，很多带有广告的软文效果并不是很好，因为很多人看到软文后对产品还是存在诸多怀疑或者困惑，或者处于犹豫徘徊的心理状态，但此时又没有人可以直接打消这些顾虑。

实践证明，咨询群的设置，转化率非常高，一方面，用户可以在群中获得很多答疑，解决心中的疑惑；另一方面，用户可以看到已购顾客的反馈。

(4) 电商式

如今是移动互联网时代，移动互联网最大的特征就是碎片化，因为会不断地出现一些小的碎片的领域，所以社群电商模式兴起。

因为社群本身不要求有很大的规模，它是一个普通人靠能力就可以驾驭的地方，一个人可能驾驭不了几百人的团队，但是可以驾驭一个几百人的社群，通过做一个好的群主，让这个群里的人相信社群的专业度，然后去购买相关的产品或者服务，带来收入。

(5) 流量式

社群流量大了之后可以收广告费，社群是某同类人群的集合，因此对于很多商家来说，就是精准用户聚集体。如果有 50 万元推广经费，是投在报纸、电视、电梯、百度上有效，还是投在与产品相关的社群里划算？答案是不言自明的，而且后者价格也许更低。

(6) 服务式

把成员聚在一起是为了给用户提供更好的服务，这也是大部分企业做社群的目的，虽然不一定能获取直接的回报，但是在服务的过程中，由于在更大程度上构建更多和用户的"接触点"，将企业和用户之间的连接时间变得更长。拥有与用户长期接触互动的可能，进而就具备了时刻进行交易的可能。

这种模式一般用来进行企业品牌的塑造，不需要在短期内直接带动销售，能好好地花时间和精力来维系品牌社群，就已经具有了核心竞争力。

(7) 众筹式

通过社群发起的众筹，有增加的趋势，利用社群聚集精准人群的特性，便于一些小众产品内部发起众筹。

(8) 智库式

如互联网文案专家"李叫兽"组建的社群，通过作业、练习的形式，利用群成员的集体智慧给很多前来咨询的商家提供营销服务，群成员本身就是各行各业的专家，这样做出来的营销方案既有高度又可实操，前来咨询的商家自然也会满意，而群成员一方面可以获得"李叫兽"本人亲自的反馈与指导，另一方面，如果给出的内容质量高，获得客户认可，还可以额外获得奖金或产品。

(9) 抱团式

如很多手艺人有很好的技术，但是一个人很难有能量获得大量订单，只能凭口碑扩散和行业经验的积累。但是大量手艺人迅速抱团成社群，就可以像经纪公司一样运作。

2. 承包社群

有经纪公司会专门有人对接这些粉丝群的群主（俗称"粉头"）。在一个完整的职业粉丝团中有一个经验丰富、能力强的"粉头"是关键。"粉头"通常受雇于明星本人或亲友，或者是职粉找来一位有经济实力和组织能力的真正粉丝，有的是兼职，有的是全职。粉头经常没有收入，但工作量却很大，要安排好各部门的工作，每天在贴吧里发帖、顶帖；组织粉丝参与各项活动，如接机和见面会；经常向节目组的宣传公关汇报情况；跑服装加工厂定制会服、灯牌、宣传板，还要组织会员去街头拉票等。

对于明星来说，并没有直接建立社群，而是有人带头建立好了，明星通过与"粉头"联系，就可以直接影响到粉丝群，这种类型就是"承包"社群。对于很多企业来说也是如此，建立社群是一个非常繁琐而长远的运营，如果目标用户群体能够基于某一个特征聚集，用经济或影响力直接“承包”也是一种手段。

3. 打入社群

打入社群，就是针对社群行动需要找到社群的所在地、熟悉社群的结构、了解社群的偏好、从社群成员的心理和行为入手。

以往的销售经常是一对一的，本身找到一个符合你的产品定位的人，就需要消耗大量的成本。而社群化的趋势带来了一种可能，那就是找到一个符合产品定位的用户，顺势从他身上入手，顺藤摸瓜地打入他背后跟他有一样特征的社群，一下子就找到了一群目标客户群，以这个群为入口，通过了解与互动，进而找到更多定位相仿的社群，不论是效率还是成交率都大幅提升。

因此如果没有自己的群，就瞄准特定目标客户社群，作战前摸清社群散布图，找到据点深入打进，刷存在感，顺势完成营销。

实训专区

任务背景

打开手机，把自己QQ、微信中所有的群按照你加入的目的做一下分类，看看主要分为哪几种类型？并分析该社群营销的特点。

任务分析

从社群构成的要素进行分类，并分析该群营销特点。

任务实操

群规则设计如下：

1. 清点群数量。
2. 把群进行分类。
3. 分析群营销特点。

任务评价

序号	评价项目	评价标准	分值	评分
1	社群分类	对社群构成要素进行分析	50	
2	社群营销	对社群营销特点进行分析	50	

任务 4.2　构建社群

4.2.1　建群动机

明确建立社群的目的，即建群动机，它是后续一切活动开展的初衷。只有这样才可以明确后续整个社群运营及管理规则如何设置，用户价值闭环如何成型、商业闭环如何搭建。如果一个社群的存在，既能够满足成员的某种价值需求，并在满足需求的过程中能够给运营人员带来一定的回报，就会形成一个良好的循环，甚至可以形成自运行的生态。做社群最怕的就是还没有想明白就风风火火地运营了，还没有想清楚到底能做什么的时候千万不要着急地去推广，事后你要想改变社群的基调那就有点难了。

一般来说，建群的常见目的有以下几种。

1. 销售产品

社群成立的目的是能够更好地售卖自己的产品。如有一个人通过建群，分享绣花经验，分享完了就可以推销其淘宝小店。这种基于经济目标维护的群反而有更大的可能生存下去，因为做好群员的口碑，就可以源源不断获得老用户的满意度和追加购买。

2. 提供服务

如在线教育要组织大量的学员群进行答疑服务，还可以通过微课在线分享知识。有的企业建立社群与客户之间的连接，以提供一些咨询服务。

3. 拓展人脉

人脉型社群尤其要明确定位，因为很容易找不到自己的圆心。每个人的需求是不同的，如果做社群找不到圆心，是非常容易失败的。如“正和岛”是定位企业家的群体，围绕创业者社群建立的生态链，下面有很多细分的组织；如“猫的彪悍江湖”定位是“不断走出自己的舒适区，突破自己的认知疆域，多跟优秀的陌生人做朋友，向他们学习”，所以该社群招募时只招陌生人。

4. 聚集兴趣

这是基于如读书、学习、跑步、艺术等爱好而聚在一起形成的社群，这类社群的主要目的是吸引一批人共同维持兴趣，构建一个共同爱好者的小圈子。成长是需要同伴效应的，没有同伴圈，很多人就难以坚持，他们需要在一起相互打气、相互激励，很多考研群就是这样的。

如 ScalersTalk 成长会以“持续行动，学习成长”为目标和价值观，口译等技能的练习只是一种通向成长的手段，其核心是聚集一群价值认同者，一起完成更有意义的事情，并从中得到成长。

5. 打造品牌

出于打造品牌的目的而组建的社群，旨在和用户建立更紧密的关系，并且并非简单的交易关系，而是实现在交易之外的情感连接。社群的规模大了，传播性就可以增强，对于品牌宣传就能起到积极作用。但需要注意的是，不是所有品牌都容易和用户建立产品之外的情感连接，这跟品类以及沉淀是有直接关系的。如消费者不会觉得用一个洗手液就代表什么生活方式，因为其功能性太强；而如手机，作为时尚度、高频度、潮流度的产品，用户对手机的关注度极高，可以讨论的话题较多，那么，社群就可以快速建立。还有一些品牌，本身在消费者群体中的口碑还没有建立起来，没有一定的品牌沉淀，想要构建社群也不容易。

6. 树立影响力

社群的模式如果能快速裂变复制的话，可以借助这种方式更快树立影响力。因为网络缺乏一定的真实接触，这种影响力往往能让新入群的成员相信或夸大群主的能量，形成对群主的某种崇拜，然后群主通过激励、分享干货、组织一些有新意的挑战活动鼓励大家认同某种群体身份，最终借助成员的规模和他们的影响力去获得商业回报。

4.2.2 社群结构

在社群的结构方面，有两个主要组成部分，一个是“成员结构”，另一个是“社群规则”。

社群的成员结构有创建者、管理者、参与者、开拓者、分化者、合作者、付费者。

运营好社群要制定一个符合自身定位的运营规则，规则模式可以先从一个社群做起，验证模式的可行性，最后进行大规模复制。本质来讲，社群规则不是规定做什么不能做什么，而是规定这个群的文化是什么。社群规则一般有 5 种类型：引入规则、入群规则、交流规则、分享规则、淘汰规则。

1. 引入规则

发现并号召那些有“同好”的人聚集形成金字塔或者环形结构，成为社群，尤其是最初的一批成员会对以后的社群产生巨大影响。所谓金字塔结构，就是极少数人做精神领袖，部分群员做小群的分群主。这种结构实际上只是用比较分散的方式，完成一个金字塔的关系。所谓环形结构，就是有多人是群里的灵魂人物，而且每个人有不同的专业，且都有别人可能用得着的东西。如果只有一个人每天在社群中发布内容，这显然是不可行的。所以，要发现优秀的社群成员，让这些人成为不同圈子里有能量的人。如今有许多社群是没有准入门槛的，只是一味贪图快速做大规模，这样引入成员反而会降低群运营效率。所以，设立社群一定要用门槛保证质量，也让加入者由于“付出感”而格外珍惜这个社群。

引入规则的门槛有以下几类：

(1) 邀请制

小圈子式的社群引入一般选用邀请制。例如秋叶 PPT 的 69 群从不对外开放，只允许群主邀请成员进群。在群里面，所有人都可以用才华建立关系进行智能交换。秋叶 PPT 的核心群的准入规则就是必须保证每个进入的人都有才，而且秋叶 PPT 核心群不能超过 69 个人，超过 69 个人就必须踢人，所以这个群又被称为“69 群”，这样可以保证群的运营质量。

(2) 任务制

用任务制方式加入社群的成员虽然不用付费，但是得有一定的付出，一般是完成某一种“特定任务”后方可加入。最初级的就是常见的转到朋友圈并截图发给小编等小任务，还有就是填写报名表、个人资料等。更高级的是根据社群定位性质的任务，比如“李叫兽研究会”的主要研究定位是营销、文案，所以会给出一道文案题目。终极任务则是因人而异，根据特点给出一个任务考核，过关就能顺利进入社群。

(3) 付费制

最常见的模式是付费买产品，如秋叶 PPT 的学员是付费购买课程后才有进入机会入群——付费就是门槛。

主流的社群付费还有会员制，付费成为某一种“同好”的会员。如罗辑思维亲情会员，花费 200 元钱即可成为会员；李笑来的共同成长群，每个人进群的时候需要花一笔钱，而且收费是浮动的，在 100 人以内收费 1 000 元，200 人以内收费 3 000 元，300 人以内收费 5 000 元，400 人以内收费 7 000 元等。

(4) 申请制

申请制是指不由群主主动邀请，也不用付费购买产品或成为会员，但是需要像申请工作一样经过考核，换言之成员得有足够的才华。互联网专家李靖的“李叫兽研究会”社群，通过公众号进行公开招募，申请者需要投简历，还要经过微信视频面试，从近千份简历中筛选出几十个人进入。

(5) 举荐制

举荐制即要经过群内人的推荐才可以加入社群。例如要加入“知识型 IP 训练营”社群，必须有一名老营员做推荐，而且每一个老营员都有一定的名额限制。推荐人可以向被推荐人解释群的作用，让入群者对群有所了解，避免盲目加入。而且，被推荐人其实使用了推荐人的信任代理，当被推荐人有不妥的行为出现时，推荐人会主动去解决，客观上便于群的管理。

2. 入群规则

入群规则是指入群后群成员需遵循的一系列规则规范，为形成入群仪式感做好基础。

(1) 群的系列化命名和视觉统一

无论是QQ群、微信群或是论坛社区,在交流平台上让群成员看起来井然有序,成员基本资料的设置和视觉化统一都是非常重要的第一步。以QQ群为例,如果将群头像、群名称、群资料进行统一,就会给人一种规范有序的印象。如图4-2-1所示,某考博交流群要求群成员将群昵称改为"年级+考博目标专业"。群昵称高度一致能说明群规执行到位,不但对树立群的正气形成无形的正面影响,而且可以更好地进行管理和促进群员相互之间的了解。群昵称建议体现专业性、规范化,尽量少使用空格、横杠或复杂符号。

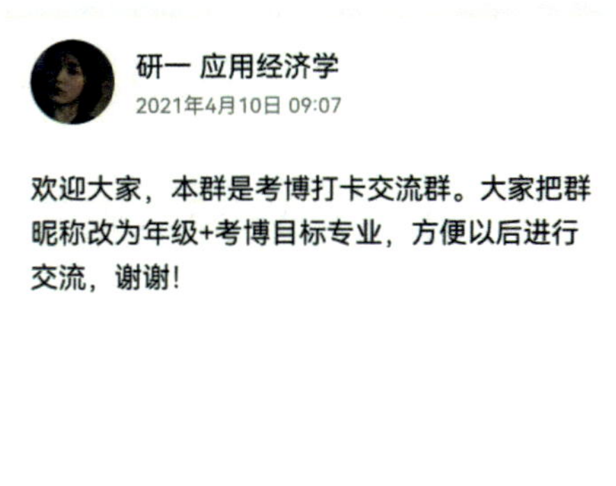

图4-2-1　统一群昵称

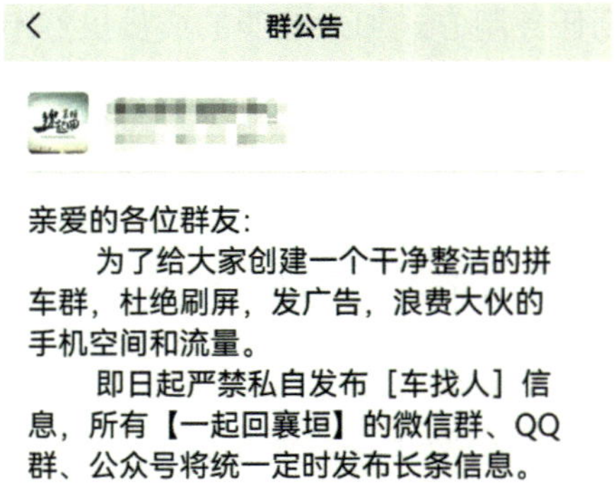

图4-2-2　群公告

(2) 群公告的设置

一般群公告的设置角度可以明确3种行为,即鼓励行为、不提倡行为和禁止行为,这是对群运营质量的严格把关。鼓励行为有发表原创分享、入群自我介绍、个人感悟等;不提倡行为有询问小白问题、发无关链接等;禁止行为有发广告、拉投票、言语不文明、无休止争论、破坏群内和谐气氛等。如图4-2-2所示为某微信社群发布的群公告。

3. 交流规则

交流规则一般是与社群自身的定位严格挂钩的,最简单的设置办法就是小范围尝试后,将成员交流中出现的常见问题罗列出来,然后一一对应起来设置群规。

例如秋叶PPT的社群为了方便教学,设置了如下的交流规则:入群要编号,是为了方便区分老师和学员;入群后全体禁言,每周五进行群分享时可发言,是为了杜绝平时的聊天现象,营造学习氛围;修改字体字号和颜色,是为了便于将学员和老师发言区分开来;所有成员未经群管许可不能发布任何广告;要学会聆听,在其他成员没有完全表述完观点之前,请不要插话刷屏,或是故意打断其他成员发言;讨论问题的过程中有不同观点可以争论,但不得对其他成员进行人身攻击,或是恶意捣乱。

规模较大的社群中很多成员不会细看群规,或是入群后才发现不认同这些规矩,导致一些不必要的争议和麻烦。因此,群主必须结合社群的特点用恰当的方式进行引导或制定群规。如秋叶PPT社群做了一个强制设置,那就是付费学员在网易云课堂的课程中会看到索取群方式的提示，必须先到微博私信秋叶，秋叶老师会通过微博私信回复群号，还会告知入群暗号。付费学员为了获得入群暗号，就必须强制阅读秋叶老师写的一篇文章，相当于对群规有所了解，这样再入群就不会出现不遵守规定的情况。

4. 分享规则

群中的分享或讨论有助于提升社群的质量。常见的分享规则有这样几种模式。

(1) 领袖主导制

很多社群，大家之所以愿意加入，就是冲着运营者的威望来的，是冲着运营者分享干货而来。这种分享机制一般对于灵魂人物要求很高，需要有极高的威望，还要有源源不断的分享主题和时间。

(2) 嘉宾空降制

请社群外的大咖或专家，每次邀请的嘉宾不确定。这种机制，要求成员要么有足够的人脉关系可以请来各类大咖嘉宾捧场，要么社群有足够的能量吸引嘉宾来做分享。

(3) 轮换上台制

如果社群成员本身质量都很高，那么内部的分享就已经足够，这是最佳的状态。如李笑来老师的共同成长群，规定所有加入这个群的人有一个权利且有一个义务，这个权利和这个义务是一样的。大家交钱入群，就必须得承诺未来一年之内，在这个群里面做一次在线分享。

(4) 经验总结制

这种形式比较适合企业的内部社群。如太平人寿的 PP 琪社群的群规是成员们把自己一天的拜访经历发布到微信群里，培养业务伙伴每日总结的习惯，凝聚业务伙伴对当天更多的思考和总结，坚持这一习惯会有助于工作信心的积累和工作效率的提高。另外，可以保证群聊的基本质量，每一位业务伙伴的原创分享能很好地启发其他伙伴，使得群里每天都有干货。

5. 淘汰规则

设置淘汰规则的理由如下。

对于开放式社群来说，加入的成员鱼龙混杂，需要约束管理，触犯群规的人需要受到惩戒；对于高质量的社群来说，成员自我约束力虽然强，但是参与度少，于是给社群的贡献就少，那么引入之后设置淘汰规则就是很有必要的。

淘汰规则常见类型如下。

(1) 犯规剔除制

当群成员存在影响到社群正常秩序的行为时必须及时制止。如果有人发布与群无关的内容，特别是垃圾广告及链接，或者少数几个人在群空间里聊天刷屏而影响其他成员，就需受到一定的惩戒。如果确定要剔除人，就要事先约定剔除制度并提前公示。

(2) 积分淘汰制

社群成员也要看其贡献，不只是守群规矩或经常保持在线活跃状态就足够了。例如“李叫兽的研究会”社群中每周会发布小任务和作业，根据成果质量的不同换取积分，一个周期过后积分排位在最后的几位必须剔除，然后进行新一轮的招募。

知识拓展

群规能否得到执行，也和群员筛选机制有关，通常称之为“群规的交警法则”。

1. 同频效应：生活在城市的人更遵守交通规则。即如果是一类人，就容易达成一致。

2. 门槛效应：入群付出的努力或成本越高，群成员越容易遵守群规则，就像考驾照的成本。

3. 惩罚效应：如果群成员违反群规，应该马上处理，就像交警发现违规马上开罚单。

4. 激励效应：及时公开表扬做得好的群成员，这样成员会更加愿意做得到鼓励的事情。

5. 授权效应：把群规的监督权交给群员，就像交警忙不过来时大量任用辅警。

实训专区

任务背景

假如你在校园内建立了一个名为摄影交流圈的QQ社群，专注于分享和交流一些摄影知识和心得体会，聚集了一大批摄影爱好者。一开始你作为群主并未进行管理，只是偶尔发布一些校园摄影活动，但是随着群成员的扩充，新进成员常常讨论电影、购物、兼职等其他话题，甚至有附近的理发店店员在群里发布促销活动信息，你意识到亟需设置社群规则规范社群运营。请你利用所学知识为该群设计群规则。

任务分析

应从交流规则及分享规则角度设计群规则。

任务实操

群规则设计如下。

1. 严禁谈论与群宗旨无关的话题，一次给予警告，二次禁言，三次直接踢出群聊。

2. 严禁在群内发布任何广告，包括群二维码等。在群内转发链接需经过群管理员审核后再发布。

3. 除管理员外任何人不得私自拉人入群；需要拉好友进群的，通过管理员添加，并由群管理员在群里欢迎。

4. 除群管理员外，任何人不得随意更改群名称。

5. 除分享嘉宾外，群内禁止语音交流。

6. 除分享交流外，群里禁止使用实时对讲和位置共享。

7. 严禁对外透露群内成员的个人信息，明确说明不能透露的聊天记录，违者给予处罚并踢出群聊。

8. 违反群规被踢出群聊者不得再次进群。

任务评价

序号	评价项目	评价标准	分值	评分
1	能写出社群的交流规则	至少 3 条	50	
2	能写出社群的分享规则	至少 3 条	50	

情景训练

假如你为一家书店在 QQ 建立了书粉交流群，请以群管理员的身份设定群规则，维护 QQ 群的良好秩序与活跃气氛。

任务 4.3 社群运营

4.3.1 社群营销策略

1. 社群管理

(1) 社群人群定位

建立社群首先需要考虑的是社群目标人群，先分析目标人群，确定其特点，再找到有相同特点和爱好的人。物以类聚，人以群分，社群是由一群有共同特点和需求的人聚集起来的，构建社群的基础便是找到一类具有共同爱好的人。例如，某品牌的目标用户是喜爱民族文化的消费者，那么社群人群定位便是喜爱民族文化的人，在此基础上创建的社群才能在保持活跃度的同时不断完成潜在变现转化。

(2) 引流"吸粉"，确定群结构

社群建立初期引流很难，没有知名度的社群很少有人愿意加入，因此第一批用户的挖掘至关重要。首先可以请朋友帮忙推荐，把社群的第一批群成员拉进来；然后利用各种社交平台发软文广告，在社区贴海报、举办线上线下的活动，吸引对社群感兴趣的人主动加入。

(3) 价值输出

价值输出决定了社群的寿命，一个好的、活跃的社群，除了群主、意见领袖能够输出有价值的内容外，普通群成员也能输出。社群早期的输出主要依靠群主、意见领袖和种子用户，有了一定的用户基础后，输出就要群体化，让普通群成员参与其中，形成良性互动以维持群的高效运转。

(4) 社群运营

社群的价值在于运营。运营需要专业的执行团队，至少承担 4 项工作：内容生产、活动策划、新媒体运营、客服。社群运营团队可定期组织群内活动，不断提高社群活跃度。

(5) 优化迭代

几乎所有的互联网产品都会进行版本升级，例如微信、QQ 等，这说明互联网的产品是不断迭代升级的。随着成员数的增加，社群需要不断丰富内容、丰富服务，需要结合群成员需求增加新服务、新卖点等。社群需要每隔一定周期进行优化迭代。

(6) 分化群规模

社群需要可持续性的发展，在保证社群质量的前提下要适当扩大社群规模。例如，先做一个普通的社群，后面可能需要做一个更加高阶的社群，此时可以筛选优质人群，甚至是让群里的优质成员裂变出新的社群；或者在一个好社群的基础上复制出第二个、第三个社群，这就是社群的分化。

2. 落实社群价值观

(1) 社群名称

名字是最为重要的符号，是所有社群的第一标签、第一印象，所以应该特别重视。

社群命名有如下三种方法：

第一种方法是从核心关键词延伸出来，强调精神力量的凝聚，更具有亲切感和共鸣。例如从灵魂人物延伸：万能的大熊会；从核心产品延伸：米粉群、魅友家等。

第二种方法是从目标用户着手，想吸引什么样的客户群体，就取与这个群体相关的名字。如图 4－3－1 所示，某发布上海实习消息的微信群，群名设置为“上海实习小伙伴 20 群”。

第三种方法是以上两种方法的结合。例如吴晓波书友会、秋叶 PPT。

好名字应该易于记忆和传播，以便让目标客户快速找到社群。除非有特殊原因，否则应忌用宽泛、生疏及冷僻词汇等。

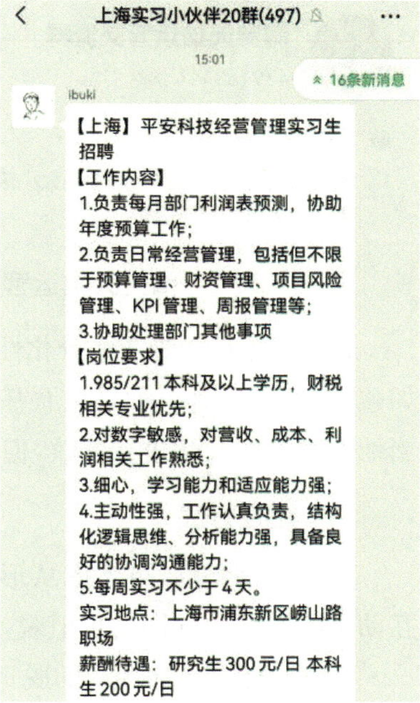

图 4－3－1　上海实习小伙伴 20 群

(2) 社群口号

口号作为浓缩的精华，自然也是体现社群亚文化的最佳载体。纵然口号有千千万万，但常见的社群口号可以分为以下三类。

① 功能型。

阐述社群的各种特点或职责，用最具体直白的语言让所有人第一眼看到口号就知道社群是做什么的，比如某摄影交流社群的口号是“给索尼富士的微单用户一个交流空间”。

② 利益型。

阐述该社群能够带给群成员的直接利益，能够为成员完成某个目标做出的贡献，比如秋叶 PPT 社群的“每天 3 分钟，进步一点点”。

③ 三观型。

阐述该社区内追求的态度、情怀或情感，该利益升华后的世界观、价值观以及人生观。例如某读书分享社群的口号为：“读书启迪智慧，求索人生大道”。

新品上市时一般主要焦点是放在功能和利益上，尽可能减少用户的认知障碍，迅速占领市场，而一旦成熟起来成为大众熟知的品牌，其口号的三观意义就能体现出来了。

(3) 视觉设计

对于社群来说，尤其要突显仪式感、统一感，而视觉就是最基本的表现手法。因此可以围绕着社群的名称与口号进行视觉设计，比如头像、背景、卡片、旗帜、胸牌，等等。

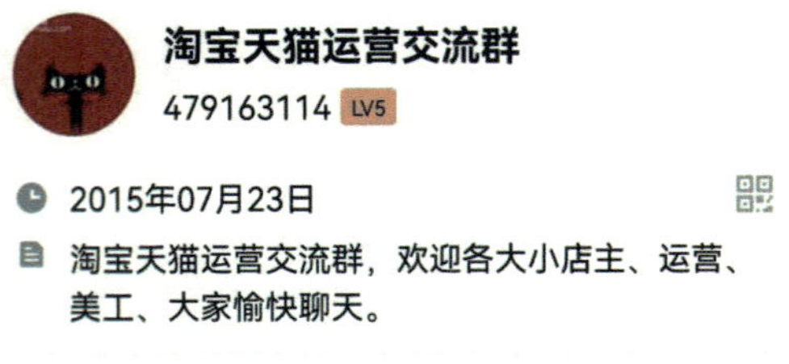

图 4-3-2　淘宝天猫运营交流群

目前常见的社群 LOGO 有两类，一类是已经非常成熟的企业或者品牌，在做社群的时候，会直接沿用自己的原 LOGO。如图 4-3-2 所示，一个淘宝天猫运营交流群，其头像就是天猫的卡通形象。另一类是原生态的社群，大部分还是用文字，一小部分也会用一些核心人物或者理念延伸的卡通形象。

其次，LOGO 要考虑分化性。主要有两种形式：一种是在主 LOGO 上加分区域的名称，如趁早读书会；另一种是在原基础上进行适当修改，如魅友家的各地社群 LOGO，都会结合当地的地标或文化进行修改，但风格是一致的。

(4) 黏性方式

增强社群黏性，可考虑从形式入手。用某一种你所擅长的形式和成员持续输出、交流、互动来不断强化共同的价值观，常见的有以下形式：

① 官方内容：如××的脱口秀视频、60 秒语音、趁早的“效率手册”。

② 互动形式：如群讨论、群分享、答疑、内部群送福利活动等。

③ 周边产品：如秋叶 PPT 的 3 分钟微课程、行动派的日历等。

④ 线下活动：如 BetterMe 大本营，不但每年固定与社群成员聚会加强感情连接，还会专门花时间培训加强能力连接。

(5) 主动洗粉

前面提到，社群的三观必须鲜明，因为社群如果要提高凝聚力，就不能什么人都引入，要引入具备共同认可的三观的人。有必要时，必须放弃一部分人群，在业界有个专有词汇，叫“洗粉”，指通过某种内容手段把与社群三观不匹配的“粉丝”给洗出去。当然主动洗粉这种策略建议慎用，与其一开始随便引入，后期洗粉，不如一开始设置好进入门槛。

4.3.2　社群互动

与群成员进行互动是社群营销重要的方式之一。社群运营者应尽可能多设置一些互动活动，调动成员积极性，在互动中保持社群的活跃度。常见的社群互动有以下几种形式。

1. 发放礼品，激活社群活力

在运营社群时可以巧妙地通过各种形式发放礼品的方式，来激活社群的参与度。例如，分享有奖、礼品赠送，或者借助各大平台不定期地进行礼品发放，发起抽奖活动等形式往往能产生非常好的互动效果。

微博是适合搞礼品发放的活动的平台，微博的公开性和病毒式传播的特性，很容易将社群氛围迅速引爆，进一步吸引更多的微博用户在“抢礼品”的过程中关注品牌，并成为粉丝，进入社群。如图 4-3-3 所示为某电商主播在微博开展的转发微博赠送 iPhone 手机的抽奖活动。

图 4-3-3 某电商主播在微博开展转发抽奖活动

这样的礼品派发活动给粉丝们带来了最直接的物质奖励，几乎没有人会拒绝这样的活动。粉丝收到了礼品，还可能会第一时间在朋友圈、微博和自己的好友分享，这样也使活动得到进一步的宣传，进而扩大活动的影响范围。

除了微博平台，在微信公众平台、QQ 群中都可以开展这样的礼品发放活动。但无论选择在哪个平台开展抽奖活动，都应该遵循以下原则。

(1) 制定合理的活动周期

一次抽奖类活动往往能给社群带来两周的高频次互动，因此举办活动间隔的时间不宜过长，以免粉丝在漫长的等待中逐渐丧失兴致。通常来说，一次活动的时长为两周较好。同时，在一个活动结束之后，下一个新的活动也应该排上日程，以让粉丝始终保持参与活动的热度。

(2) 注意活动的公平、公开、公正

举办抽奖活动，要保证活动的公平、公开、公正，这样才能让粉丝信服，他们才会愿意参与活动。因此，在举办活动时要按照相关平台的规则进行发布，避免给人留下“暗箱操作”的疑虑。

2. 发放红包，提升社群氛围

发放红包对于社群建设有很大的作用，巧妙地利用发放红包的形式可以提高社群成员的活跃度并激活社群氛围。但红包是建立在直接利益之上的，对群成员来说只是“弱吸引力”，只能将其作为社群互动的手段之一，不能太过频繁地使用。

(1) 结合社群定位，选择红包形式

发放红包的形式多种多样，社群应该结合群定位以及实际情况，找到最合适的红包发放形式。

① 节日红包。

每逢重大节日，如春节、五一劳动节、七夕情人节、中秋节、国庆节等，都是发放红包的良好时机。因为在节假日期间，大部分人都处于放假休闲状态，心情较为放松，此时发放节日红包能快速刺激大家的兴奋神经，让大家活跃起来。这种方式不仅能让社群成员感觉到友爱和关怀，提高社群成员的归属感和幸福感，也能引起社群成员之间的互动和交流，增进社群成员之间的友谊。

② 随机定向红包。

如果社群成员为社群作出了极大的贡献，这时可以私下为其发送一个定向红包，以示奖励，让成员感受到社群对他的感谢和重视，增强其归属感，从而刺激其创作的积极性。

例如，秋叶 PPT 举办线上活动，除了会对成员提交的 PPT 作品做出点评之外，对于优秀的作品，团队还会给他们发放奖金，如图 4－3－4 所示。

社群可以采取这样的方式，给那些为社群作出贡献或积极参与社群活动的成员派发红包，并在社群中做出公开表扬，这样能最大程度地刺激成员的积极性，提高社群活跃度。

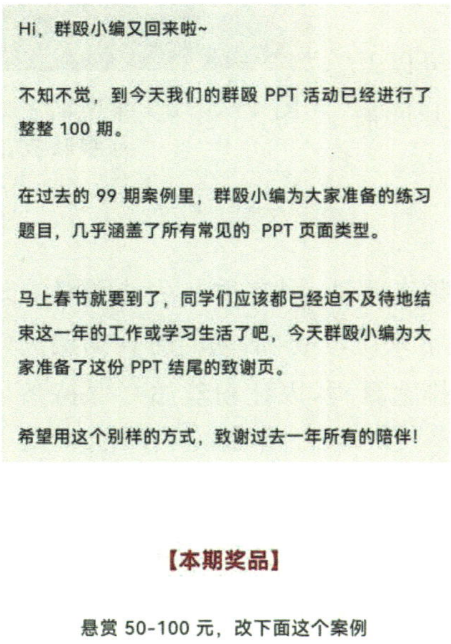

图 4－3－4　秋叶 PPT 团队发放奖金

图 4－3－5　瑞幸咖啡社群发放优惠券

③ 虚拟的"资产红包"。

红包不一定是现金，它可以是优惠券、礼品券、积分或抵现红包等。对于品牌类社群来说，最吸引用户的无疑是各种商品优惠券。如图 4－3－5 所示，瑞幸咖啡社群中会为社群成员发放优惠券。当成员在社群中领取相应的优惠券后，可以直接用于购买商品。

(2) 把握红包发放的原则

想要借助发放红包的形式刺激社群活跃度，增强社群成员黏性，提升品牌形象，就必须注意以下原则。

① 发放红包师出有名。

不要毫无缘由地发红包，而应师出有名。例如，发节日红包应符合相应的节日气氛，发红包的同时可以写上一句祝福语，让成员感受到红包的情感价值，而不是简单地点击获取；而奖励性的红包，可以添加几句鼓励人心的话，激发成员的荣誉感和自豪感，让其继续保持热情和积极性。有了情感要素的植入，社群成员会更加有归属感，红包成了一种情感的附加值体现。

② 多平台互动。

对于一些规模较大的社群来说，借助微博平台开展发红包活动可以很容易地形成话题效应；而对于中小品牌，尤其是主要依托于微信群的品牌社群来说，要想让发红包活动提高话题热度，就需要借助多平台互动的形式。

③ 选择合适时机。

社群发放红包的时机也十分重要。群主应该避免在不当的时间段发送红包，否则不仅让红包“石投大海”，不会引起丝毫波澜，还会影响社群成员的正常工作和生活。

通常来说，应该避免在深夜发红包，此时发红包参与的人不会很多，不仅无法起到良好的互动效果，还会对其他已经休息的成员造成骚扰；避免工作时间发红包，上午 9:00—11:00、下午 2:00—5:00 是大家忙于工作的时间，此时发放红包会影响到成员的工作效率。

最佳发放时间为晚上 8:00—10:00。对于大多数人来说，晚上 8:00—10:00 是时间最宽裕的时间段。此时一天的工作已经结束，社群成员有充分的时间，可以用最轻松的状态领取红包，并且愿意参加话题讨论。因此，可以选择这个时间段来发放红包。

3. 线上分享，提升社群凝聚力

线上内容分享具有成本低、易传播的特点。线上分享的作用非常多，不仅可以用来变现，用来提供增值服务，还可以用作内部培训，用来“吸粉”。因此，线上分享是社群展现自我价值、活跃群成员、提升群氛围的主要方式。

线上分享的方法有很多，最常用的有嘉宾互动分享和群内讨论两种形式。

(1) 嘉宾互动分享

邀请一些嘉宾在群内进行分享，并与群成员互动，最后整理形成一份书面材料发送给群成员，这是最简单的一种线上分享形式。嘉宾分为两种，即群外的“大咖”嘉宾和群内部成员。如图 4-3-6 所示，在完美日记微信社群中，管理员完子小助理会在群里分享一些护肤知识和体验等。如果是群外“大咖”嘉宾，在邀请之前要通过各种渠道了解对

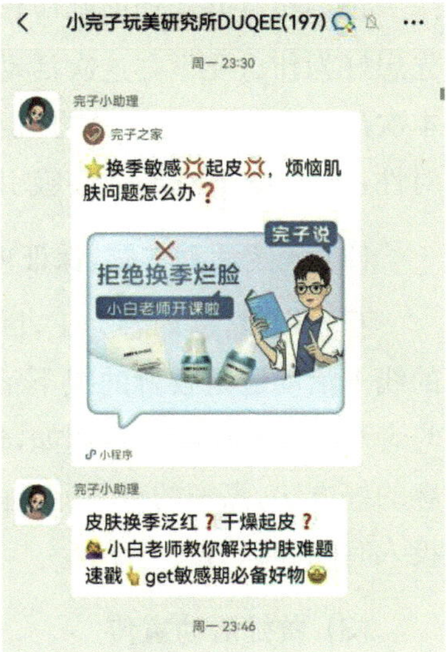

图 4-3-6 完美日记微信社群互动分享

方的情况，越详细越好，这样在交谈的过程中就能迅速抓住对方的需求点，从而达成良好的合作。

要注意与合作过的嘉宾保持良好的关系，以便于日后再次合作。对于分成费用等问题需要一开始就商量好，对于部分要求较多的嘉宾要保持充足的耐心，但如果其要求已经影响到社群运营的效果，之后除非不得已，就不要再请这个嘉宾了。当然，还要考虑分享内容的质量、成员的反馈等因素，对合作的嘉宾也要有个筛选。

(2) 群内讨论

群聊分享是一种非常好的线上分享形式，可以细分为成员话题分享和领域“达人”分享。所谓成员话题分享，即需要一个人作为话题发起者，然后在社群内开启无差别集体讨论，每个人都可以是分享者。如果话题能够引起群成员的讨论，则成员参与度高可以达到好的分享效果。领域“达人”分享，顾名思义就是以一个分享者为主，分享人针对特定主题集中阐明观点，群内其他成员在适当时间提出个人问题或观点，由分享人进行解答。如果分享的内容具有价值，则会引起群成员的兴趣，从而进行热烈讨论。

社群举办线下活动可以将群成员的注意力转移到现实生活中，有助于进一步拉近社群成员之间的关系，提升社群成员之间的亲密度。因此，举办线下活动对社群运营具有十分重要的意义。

4. 策划线下活动，提升社群亲密度

举办线下活动是让社群保持高效运营的必要手段，要想举办一场高质量的线下活动，需注意以下方面。

(1) 做好整体规划

每一次举办活动前都应该先做好整体规划。不要为了举办活动去举办活动，而是要事先想好为什么要举办这次活动，想要通过这次活动达到什么目的；明确目的之后，再来明确本次活动采取的形式、举办几期，活动的目标受众、邀请嘉宾等。这样开展的活动才更具针对性，质量也会更高，才会吸引更多的人参加。

(2) 确定活动主题，保证内容品质

互联网时代，内容为王，因此确定活动主题，做好活动内容设计非常关键。无论是免费的线下活动还是收费的线下活动，注重内容、保证品质是关键。只有做到这一点，才能让参与者对活动有所期待。例如，邀请嘉宾或行业达人在活动时进行分享就是一种丰富活动内容的好方法，嘉宾的有料分享能让参加活动的成员觉得参加活动物有所值，值得自己为活动投入时间和精力。

(3) 做好活动宣传

做好活动宣传是十分重要的一个环节。如果没有宣传，再好的活动也无人问津。活动的宣传包括设计活动海报、接受报名，以及在微信、微博、豆瓣等平台发布活动信息，还可以

邀请媒体参加活动，为活动增加后续报道。如图 4-3-7 所示，某社群在微博上发布了线下活动的相关信息。如果活动中有收费的项目，应该向用户说明，并确定收费渠道以及支付方式。

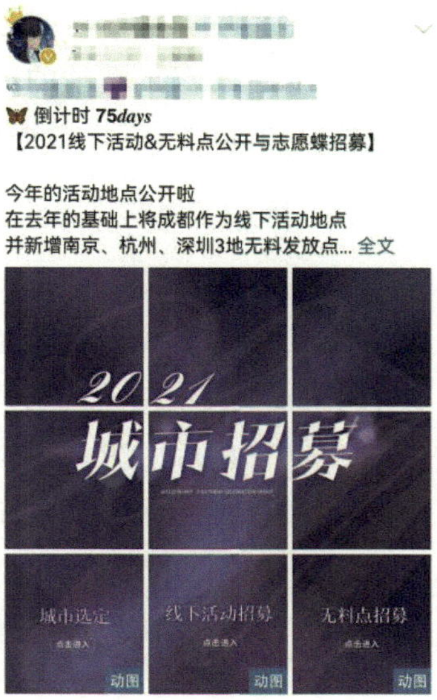

图 4-3-7 在微博进行活动宣传

(4) 与合作方的配合

线下活动的参与方往往不止一个单位，通常需要多方合作。因此能与各个参与方都做好相互配合也是线下活动成功举办的要素之一。社群在与合作方沟通合作时，要做好以下工作。

① 在合作之前，首先要挖掘对方的真实需求，掌握对方真正想要的，才能为后续合作奠定基础。

② 提前准备好活动方案，再与合作方进行对接，这样可以节省双方沟通的时间成本。

③ 合作双方在沟通时应尽量采取文档的形式，以消除沟通过程中产生的不确定性。如果仅是用口述或者语音的方式，可能会使双方在理解和表达上存在分歧甚至误会。一旦出现问题，双方有可能会互相推托。

④ 如果需要借助合作方的平台进行活动报名，双方应提前沟通报名内容、报名时间和报名人数等相关细节，避免出现差错。

⑤ 在合作的过程中，非常有必要降低期望值。先把丑话说在前头，合作方就会设置一个合理的期望值。合作结束后，完成得较好的部分将会变成意外的惊喜，成为加分项。如果一开始就说得天花乱坠，让对方树立了一个过高的期望值，当最终结果出来后，即便做得比较好，也会让合作方认为这本来就是期望中的结果；但如果做得没有那么完美，就会让对方感觉不满，甚至不会有再次合作的可能。

(5) 做好场地安排

举办线下活动要有场地，而场地费支出在线下活动成本中占比较大，必须精打细算。找到适合的场地，需要掌握一定的技巧。

① 挖掘身边资源

向身边活动经验丰富的人员进行咨询，通过他们的经验和资源找到不错的活动场地。

② 寻找公益组织活动场地

现实生活中，经常可以看到政府或一些企业为公众提供的一些公益组织活动场地。国家也在大力提倡“大众创业，万众创新”，未来将会出现越来越多的公益组织活动场地。因此，在举办线下活动时可以申请当地政府或企业支持项目场地，如图书馆、公园等场地。

③ 选择平价收费场地

现在青年创业咖啡馆已经成为很多城市的标配，其独具个性的风格，为身处其中的人营造了一种特别的氛围，这些地方就很适合作为一些线下活动的举办地。在这样的场所举办活动，不仅能让参加活动的成员感受到独特的氛围，同时也能提高咖啡馆的销量。因此，在与咖啡馆洽谈时可以申请得到一定的折扣。

(6) 用线下内容作为线上传播的引爆点

一次成功的社群线下活动的结束并不是工作的终点，线下活动的影响力、辐射范围有限，所以必须整合线下活动内容，将其放到互联网平台上制造线上有效传播。这样一方面能够以点带面地引爆扩散，吸引更多人参加线下活动；另一方面也会刺激线下活动的话题在线上的二次传播，吸引更多的人关注社群。

① 通过对线下活动的描述吸引用户线上报名。

活动处于报名阶段时，在对公众传达活动举办目的、活动性质、活动内容等的过程中，需要做到既准确又有吸引力的描述，这样才能提高线上的报名率和传播质量。

② 通过对线下活动的内容呈现吸引线上转发传播。

活动处于开展阶段时，优质内容通过全民直播能够迅速引爆线上传播。主办方可以用一些非官方形式进行引导，做好示范，从源头上对用户传播的信息做出筛选和导向，例如引导用户在社交平台上转发活动内容，如图 4-3-8 所示。

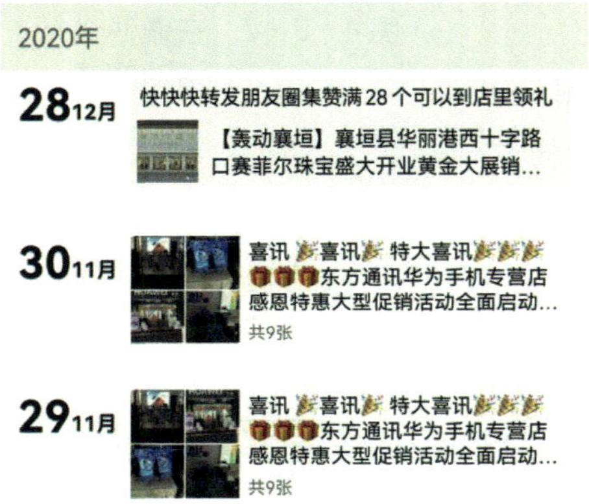

图 4-3-8　朋友圈转发活动内容

③ 通过对线下活动的总结建立线上的口碑和影响力。

线下活动结束后，对活动进行真实的描述，并输出有质量的活动总结，能够引发线上二次传播，也能激发用户对下一次活动产生期待和关注。需要注意的是，分享在线上的活动总结内容要客观而真诚，不要过度吹嘘或夸大事实。因为真诚更能吸引用户，让社群显得更具人格化，也更能让人接受。

一般来说，线下活动包括以下几种。

① 社群成员生日会。

社群可以在每个月中抽出一天的时间，为当月过生日的成员举办一个生日会。这样既能为大家创造每个月聚集在一起进行交流的机会，也可以让群成员感受到社群的人文关怀。

② 节假日前后的聚会。

社群可以在一些重要的节假日，如中秋、元旦、元宵节前后，举办一些小规模的聚会。尤其是对于一线城市来说，这种节日聚会更能增强社群成员的归属感。

③ 地区的"分舵聚会"。

如果社群成员分布的范围较广且分散，可以借助"分舵聚会"的方式，让在同一个区域范围内的成员有线下交流的机会。例如小米的“同城会”，在同一个城市里的“米粉”们经常会发起不同的小型线下活动。小米品牌会为同城会提供相应的海报、条幅及周边道具，甚至还会邀请“米粉”到“小米之家”进行分享交流。

④ 外围社群成员聚会。

举办线下活动聚会，并非仅限于本社群。如果某位社群成员加入了两个或多个不同的社群，又或者是本社群的管理员与其他社群的管理员相熟，那么就可以由他们牵线，联合多个社群举办跨界聚会；尤其是具有互补性的社群，通过跨界聚会有利于丰富社群文化。例如，财经新闻解读群和投资理财群就拥有共同的标签——经济、理财。当这两个社群聚在一起时，既能让社群讨论的话题更丰富，还可以让社群的边界得到拓展，甚至吸引新的社群成员加入。

当然，通常来说这种跨界聚会组织起来比较困难，且成本较高，活动规模越大，组织起来就越复杂，因此社群要根据自身情况合理掌握举办的频率和次数，在举办时严密组织，避免现场出现混乱，给社群成员留下不好的印象，否则会得不偿失。

4.3.3 社群活动策划

常见的社群分类，一般可以划分为三大类：

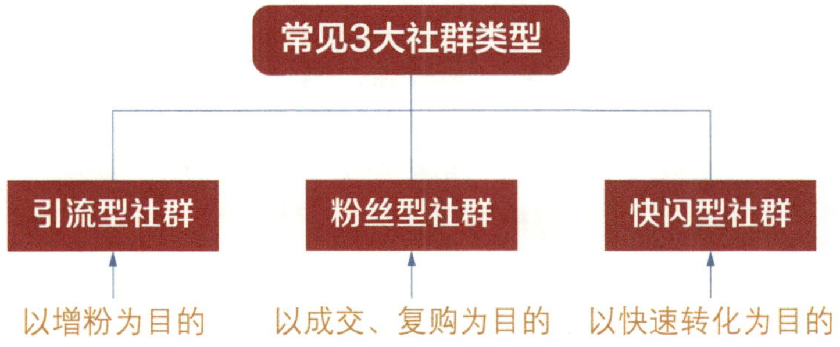

图 4-3-9 社群类型

引流群：以增粉为目的，主要承接流量。

粉丝群：通过内容运营等手段，实现用户成交转化和复购。

快闪群：在较短的时间内，通过剧本引导用户完成指定动作，从而完成产品/服务的体验，实现转化成交。

1. 引流群活动策划

引流群主要是以增加流量为目的，它并不是用来成交的。引流群最大的意义是快速与用户建立连接，通过设置诱饵，去引导用户入群。并且为下一步转化群做好铺垫工作。

(1) 设置“诱饵”

“诱饵”就是要给客户一个无法拒绝的理由，从而吸引用户进入社群。所以“诱饵”的设置，对于引流群来说非常的重要，是引流群能够裂变的核心。

“诱饵”设置的两个原则：第一，“诱饵”一定是要跟企业经营的产品、内容有关。不然引流一大堆非目标用户，根本就没有什么意义。第二，及时地发放福利。用户在收到切实好处之后，通常会更加积极地去帮社群进行活动的宣传，实现用户的裂变。

（2）建群

首先，要给群取一个名字。一般就是跟产品、福利或者活动内容相关的，另外有个小技巧，就是在具体的编号上面，不要从 1 开始，最起码要从 6、7 开始。这样在最开始的时候，用户不多的情况下，他也会觉得这个活动已经有很多人参与了，给人一种活动热门的假象。

其次，在这个环节中，有一个更重要的事情，是要确定种子用户和活跃用户。其中，种子用户是任何裂变活动的基础，它决定了一场裂变活动的起始状态，种子用户数量越多，类型越精准，最终的活动效果就会越好。

而另一个活跃用户，通常也叫做气氛组。一般都是由公司同事等小伙伴组成，主要是起到营造氛围、活跃用户的作用。

这个环节的最后一件事，就是撰写群公告。主要就是写这个群存在的目的、对用户有什么价值，以及不准乱发广告等群规则。

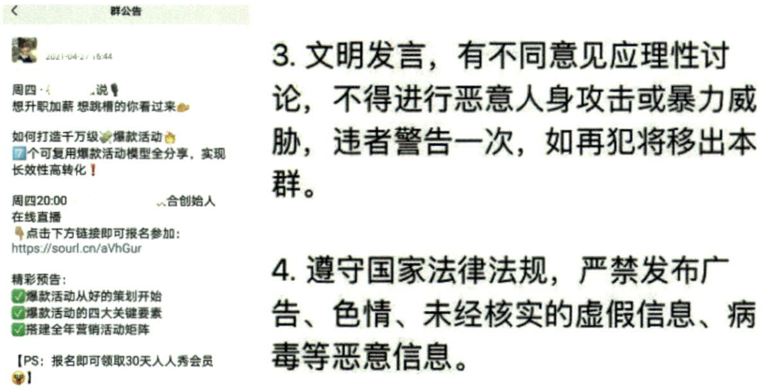

图 4－3－10　群公告

（3）裂变

建群刚开始可以让种子用户去做第一轮的裂变，也可以由内部员工先去私信好友，一般来说，如果种子用户数量不太多的情况下，通常先是由内部人员去一个个私信，尽可能地去让种子用户参与活动。正常情况下，10 个种子用户最终可以裂变出 300 个左右的量级。所以激发更多种子用户的参与积极性是很关键的。

关注种子用户拉人进群的效果，除了激发参与积极性之外，运营人还需要时刻关注裂变情况，根据效果不断调整拉人的方式，以及文案话术的优化等。

总而言之，在这个阶段，运营人最主要的精力就是在分享、邀请这件事上。

图 4-3-11　裂变

(4) 福利兑现

这个阶段主要是由社群管理员或者客服来完成对应的工作。具体包括:完成任务的审核,比如某某用户完成了任务,一方面要第一时间在群里公布,比如说什么恭喜某某完成了任务,可以获得什么福利;另一个方面就是及时地兑现好处。让第一波完成任务的用户,越快收到好处,对于裂变的整体效果就越好。

2. 粉丝社群运营策划

(1) 社群定位

任何社群在正式运营前,都需要做定位工作,不同的社群类型策略也会不同。我们需要明确,搭建的这个社群对于目标用户来说有什么价值。

在具体的定位方法上可以分为两步:

第一步:明确用户画像,包括用户性别、年龄段、地域、消费习惯,等等。

第二步:找出目标用户的共同目标,比如追求性价比、有趣好玩,等等。例如,潮流服饰销售企业,主要客户是年龄段在 20—30 岁的女性,那么这类可以的共同目标可能是追求时尚、爱美。这个共同目标,其实就是社群的价值输出方向。

以上就是社群的定位,根据这个可以得出社群定位的三步走:明确社群类型、确定用户画像以及找出目标用户的共同目标。

(2) 制定社群规则

当确定了社群定位之后,就可以开始制定群规。也就是要告诉用户,这个群里能做什么、不能做什么。

一般来说群主会把群规通过群公告来告知各位成员，通常群公告的撰写模板都是先说清楚群福利（也就是能提供的价值），然后再讲清楚群规则，最后补充相应的惩罚机制（例如踢出等），这就是所谓的利益前置。

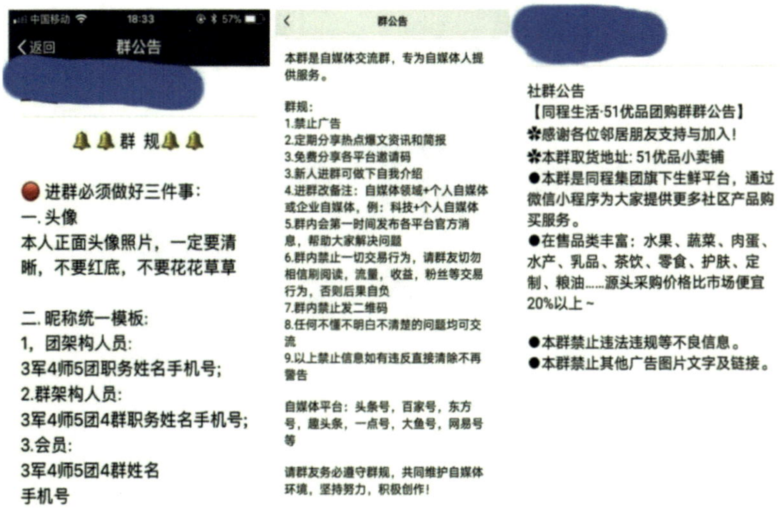

图 4-3-12　社群规则

作为群管理员，需要去了解这个群里的每一个成员，最好是通过表格把成员信息汇总一下，以便于群主后期在一对一沟通的时候，做到心中有数。

(3) 角色分工

因为粉丝型社群是一个长期运营的社群，需要依靠内容来输出价值。而通过合理的角色分工，可以使得群保持合理的活跃性。所以角色分工对于粉丝型社群来说是非常重要的。

成员角色一般情况下可以划分成三类。

① 第一类 KOL，也就是意见领袖，或者说是具有较强吸引力的个人 IP。这类人在内容、知识方面具有一定的权威性，或者说具备让人信服的点。是作为社群核心价值输出的主要贡献者。

② 第二类 KOC，也就是消费者意见领袖。这类人至少明面上是用户，在相关领域内也有一定的认知和见识，有时会代替群主去主动回答其他用户的一些问题。

③ 第三类就是活跃小分队。如果说一个社群一般搭配一名 KOL、3—5 名 KOC 的话，那么活跃小分队通常可以安排 10—15 人（以社群 200—300 人为例）。活跃小分队的作用主要就是来活跃社群，在活动、促销的时候，营造氛围。

以上这三类人，对于电商成交型社群来说是非常重要的，角色之间相互分工、彼此配合，在平时进行有价值内容的输出，在活动促销的时候营造氛围、给予决策意见，带动节奏，最后实现目标转化。

(4) 社群活动策划

社群运营中，活动策划是日常运营中最重要的一个环节。没有活动，基本等同于没有转化。

具体的社群活动，大致可以分为促销型活动、内容分享型活动以及主题活动。

① 促销型活动主要是通过营造抢购氛围来实现销售转化的，这个直接跟成交型社群的终极目的挂钩，常见的形式有拼团、限时抢购、满额立减等。

② 内容分享型活动主要是为了让用户体验到社群价值，比如大咖分享、话题交流会等。

③ 主题活动的目的是为了增加用户黏性，通过核心价值的输出，来提升用户对社群、产品的依赖。

(5) 激励和互动

粉丝型社群的最后一个部分就是激励和互动。常见激励办法包括福利、情感互动、价值内容。

① 福利，比如红包、抽奖等，这个是最直接有效的。

② 情感互动，最基本也是最常见的就是每日问候、节假日的祝福、粉丝感谢等，它可以根据具体的产品、行业来定，原则上不能过于频繁，否则容易造成麻痹和反感，如果可以，最好就是能有创意。

③ 价值内容，可以通过经验分享、话题讨论、主题交流等形式来体现，比如美妆行业、服饰行业，也可以以变美、爱美等作为切入口来进行内容输出。它主要围绕目标用户的共同目标展开。

3. 快闪群运营策略

快闪群是指在较短的时间里，完成某些具体行为，最终实现成交目的的社群。

(1) 设置引流产品

快闪群一定要有引流产品，也就是诱饵。在具体设计引流产品时，主要是满足强关联和极致体验这两个点，至于是免费的还是低价付费，这个可以根据行业特征来定。

(2) 运营核心

① 第一个阶段。

在第一个阶段，主要目的是建立用户信赖感。所以在这一阶段，运营的内容主要有下面四个重点。

a. 首先是要想办法让用户使用我们的引流产品，通过产品使用来建立信赖。

b. 其次，设置完成任务的奖励机制，来激发用户去完成我们希望他们采取的行为动作。

c. 群管理、群托等社群成员，想办法带动群内氛围。

d. 引导用户分享。

以上基本上就是快闪群第一阶段的运营重点，周期一般为1—2天。因为快闪群本身就不是长期运营的社群，是一个又一个短而快的存在，所以时间上要有所压缩。

② 第二个阶段。

当用户信赖感培养得差不多的时候，就进入快闪群的第二个阶段：成交预备期。

对于运营人员来说，具体工作就是通过私信、激励政策、转化话术等方式，来引导用户分享使用产品心得、进一步挖掘用户深层需求，又或者可以利用现在比较火的直播形式，来进一步刺激客户的消费需求。

整体上来说，就是要为最后的成交转化做好铺垫。

③ 第三个阶段。

最后一个阶段就是持续的追销。把前面通过私聊挖掘出的有刚需和较强消费能力的用户，进行快速地逼单。

同时，利用已经成交的客户，激励他们进行晒单行为，来形成抢购氛围，激起群内的羊群效应，让更多客户去跟风、成交。

其实闪购群的核心，就是短平快。利用短期剧本，在较短的时间内实现成交转化的目的。所以在运营的过程中，不要贪图长效，当遇到明显短期内无法成交的客户，就果断沉淀到个人号去，不要试图实现当下交易，这样会浪费运营人员的效益；另外，要有一个优质的短期剧本来作为整体的运营策略支持。

实训专区

任务背景

一家女装品牌企业的微信社群想要为新品服装做宣传，请为该群设置几项活动，以活跃群内气氛，达到推广新品服装的目的。

任务分析

设置互动活动：

1. 活跃气氛。
2. 引导社群成员分享产品。
3. 购买产品。

任务实操

1. 在群内发几个红包，用抢红包的方式来激活社群，调动群内的气氛。

2. 在群里发店铺小程序的链接，引导群成员参加限量商品活动，用活动激发成员的购买欲望。

3. 在群内设置抽奖活动，奖品为店铺优惠券，可用于在店铺内购买商品。

4. 举办一次服装穿搭技巧的分享活动。提前准备好此次活动需要的素材、分享时间，在群里多发布几条通知，提醒群成员按时参加；通过在群内发布一些文字等信息，为成员介绍相关情况；分享结束后，引导成员分享自己的心得体会或总结，并将此活动的结果分享在企业公众号、店铺图片中，并对用心参与互动的群成员发放礼品、优惠券等。

● 任务评价

序号	评价项目	评价标准	分值	评分
1	能写出活跃气氛的活动策划	至少 1 项	30	
2	能写出分享产品的活动策划	至少 1 项	30	
3	能写出促使下单的活动策划	至少 1 项	40	

● 情景训练

假如你刚刚建立了一家餐厅的粉丝微信群，请策划一些互动活动，保持微信群的活跃度。

单元练习

一、选择题

1. 下列选项中，属于社群中应有的角色的是(　　)。
   A. 小白　B. 专家　C. 群主　D. 积极分子
2. 下列选项中，属于社群结构部分的是(　　)。
   A. 组成成员　B. 交流平台　C. 加入原则　D. 管理规模
3. 下面哪项不是社群营销的特点？(　　)
   A. 成本低　B. 高收益　C. 多向互动性　D. 呈现碎片化
4. 社群营销的优势有哪些？(　　)
   A. 费用低　B. 效率高　C. 传播快　D. 精准性
5. 下列选项中属于建立社群的目的是(　　)。
   A. 销售产品　B. 提供服务　C. 拓展人脉　D. 打造品牌
6. 下面哪项不属于社群规则的类型？(　　)
   A. 入群规则　B. 转发规则　C. 交流规则　D. 淘汰规则
7. 下列选项中，属于社群运营中注意事项的是(　　)。
   A. 持续完善社群运营流程　B. 尽全力快速扩大规模
   C. 建立合理的回报机制　D. 增加社群品牌影响力

8. 下面哪项不是常见的社群互动活动?(　　)

A. 发放红包　　B. 发放礼品

C. 现场体验　　D. 线上分享

二、案例题

某电影院创立了一个电影粉丝交流群,在社群营销方面需要你帮忙设计一套社群互动的方案,提高群活跃度。

……………………………………………………………………………………………

……………………………………………………………………………………………

……………………………………………………………………………………………

……………………………………………………………………………………………

……………………………………………………………………………………………

……………………………………………………………………………………………

……………………………………………………………………………………………

……………………………………………………………………………………………

项目五
短视频营销

思维导图

- 短视频营销
  - 认识短视频营销
    - 短视频营销的概念
    - 短视频营销的平台
    - 短视频营销定位
  - 策划短视频内容
    - 短视频内容策划的方法
    - 短视频内容策划的步骤
  - 制作短视频
    - 拍摄准备
    - 拍摄要求
    - 拍摄技巧
    - 视频剪辑
  - 实施短视频营销
    - 优化短视频发布内容
    - 短视频精准推广

学习目标

知识目标

- 说出短视频营销的特点
- 列举短视频营销平台
- 说明短视频营销定位

技能目标

- 能够策划短视频内容

- 能够拍摄与剪辑短视频
- 能够优化短视频发布信息
- 能够掌握短视频营销推广的技巧

思政目标

- 培育新媒体从业人员的法治意识和职业道德
- 树立短视频营销的职业自信心
- 传播优秀的商业文化，坚定文化自信

引导案例

蒙牛抖音挑战赛

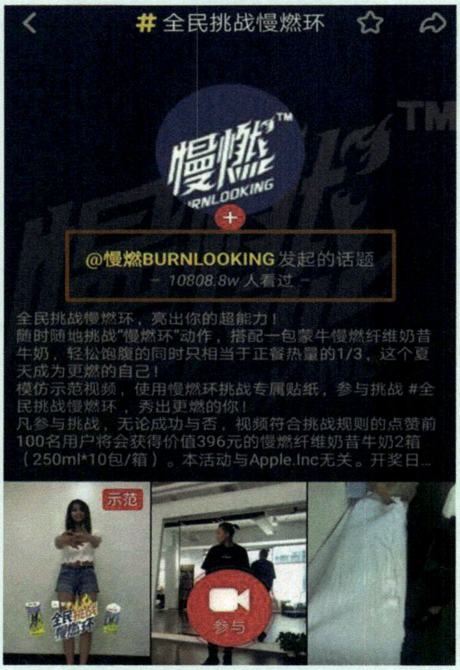

图 5-0-1

蒙牛新推出了一款新产品“慢燃纤维奶昔牛奶”，产品的主要受众是“90 后”“00 后”消费群体。为了将新品快速推向市场，提升产品曝光度，使产品精准触达目标消费群，蒙牛选择了用户偏向年轻化的抖音平台，在抖音上发起了＃全民挑战慢燃环＃挑战赛活动，抖音用户可以参与此话题，完成简单的挑战动作，完成后将挑战视频分享至抖音平台，如图 5-0-1 所示。

这个挑战活动的内容设置上，虽然动作简单，但是能展示挑战者优秀的身体协调性，也是对挑战者完美身材的展示。

用户完成挑战还可以获得蒙牛赠送的奖品，通过利益引导更多用户参与。抖音 15 位高人气达人参与挑战，掀起全民模仿热潮，总播放量达 742.6 万次，借助短视频营销，为蒙牛新产品迅速打开市场。

任务 5.1 认识短视频营销

随着短视频行业的发展,越来越多的商家加入了短视频营销的行列,视频营销比传统的广告营销更加生动、丰富,有其他营销方式所不具备的优势。短视频作为一种娱乐方式,现在越来越容易被人们接受。在本任务中,将学习短视频营销的概念、短视频营销的平台和短视频营销定位。

5.1.1 短视频营销的概念

当前,短视频是受不同人群喜爱的内容形式。视频比文本更生动,包含更多的信息,因此更能获得人们的关注。短视频的出现是对网络社交中文字、图片信息的一种有益补充,同时高质量的短视频内容也可以利用社交媒体渠道实现病毒式传播。

短视频营销是指基于短视频传播而产生的营销方式。它具有以下特点。

1. 病毒式的传播速度

短视频将互联网的速度、内容优势发挥得淋漓尽致,短视频营销比传统的营销模式传播速度更快,更重要的是短视频"短"的特点,在快节奏、碎片化的生活以及学习方式下,尤其受到网络用户的青睐。无论是快手、抖音还是梨视频等平台,只要视频的内容足够精彩,就能在很大程度上引起大量用户的转发狂潮,达到大规模、快速传播的效果。不仅如此,各类短视频平台还积极和新浪、知乎、头条等具有超大用户量的内容平台合作,实现强强联合,实现更大规模的引流,进一步推动短视频传播,达到高质量的营销推广效果。

2. 难以复制的原创优势

短视频的制作核心是内容,必须具有高质量的内容创意、新意,才能制作出高质量的短视频,吸引用户的注意。短视频还更有利于实现原创知识产权的保护。在传统营销中,图片、文章等容易被复制、抄袭,短视频可以通过添加原创作者信息、水印、防转载说明等,有效保护原创作者的合法权益。

3. 营销成本较低

在传统的广告营销中,企业需要投入大量的人力和物力,短视频营销的进入门槛较低,成本也相对降低,这是短视频营销的优势之一。短视频内容的创作者可以是公司或个人,在内容发布后,其他用户可以自发传播,同时粉丝维护的管理成本也相对较低。

4. 数据效果可视化

短视频营销与传统营销相比，一个明显的特点就是视频的传播效果可以通过数据分析可视化。视频传播过程中有多少用户关注、浏览、点赞、评论、转发，这些数据都可以在短视频管理平台查看。通过数据分析，不仅可以了解视频传播效果，还可以了解目标客户的喜好、行业竞争对手的发展状况并掌握行业发展趋势，及时调整和优化短视频内容，从而达到更好的营销效果。

5. 高互动性

短视频的一个特点是高互动性，几乎所有的短视频都可以进行单向、双向甚至多向的互动交流，这种营销模式的优势主要在于可以同步得到用户的反馈，商家可以及时采取措施，有针对性地进行分析调整。

6. 指向明确

在短视频营销推广中，可以根据账户的垂直定位设置视频内容，从而实现对目标用户的精准营销，方向性清晰明确，营销效果更好。

5.1.2 短视频营销的平台

国外比较有代表性的短视频发布平台有 Instagram、Vine、Snapchat 等。国内短视频行业的发展稍晚于国外，目前市场上的抖音、快手、梨视频、西瓜视频等短视频平台的发展，使短视频迅速普及开来。短视频娱乐、短视频社交等形式受到了广大公众的喜爱，短视频用户覆盖了各个年龄阶段。

不同的短视频平台在视频的内容、视频发布条件上都有差异，而且随着各大短视频平台在初期都做到了快速的增长和扩张，平台定位也在发生变化。抖音更加具有娱乐性，而快手以及抖音火山版(原火山小视频)内容更偏向于生活化，哔哩哔哩(Bilibili)集中于二次元文化，梨视频更偏向于新闻信息、资讯媒体，如表 5－1－1 所示。

表 5－1－1　不同短视频平台比较(截至 2020 年 1 月)

平台	日活	用户属性	平台特色
抖音	4 亿	年轻、时尚、颜值	网红打卡、多元化
快手	3 亿	真实、低线人群、老铁文化	正能量、好物、生活、温暖、欢乐
抖音火山版	5000 万	热爱生活、低线人群、多才多艺	正能量、知识性、生活化、创造力
西瓜视频	5000 万	互联网原住民、新知青年、低线人群	原创综艺、影视内容

（续表）

平台	日活	用户属性	平台特色
哔哩哔哩（Bilibili）	3 760 万	Z 世代、二次元、独立、个性	弹幕文化
梨视频	1 175 万	有态度、中高收入	真实资讯、热点事件
皮皮虾	627 万	潮新人类，超强创造活力	社区化、轻幽默、神评论、年轻态

1. 抖音平台营销

目前，抖音的商业化程度非常高，抖音平台还开发了多种营销工具用于平台短视频营销。在营销中可以通过硬广、热点 IP、企业号、达人、全民共创等五种方式共同营销。从流量到内容，全面布局，如图 5－1－1 所示。

图 5－1－1　抖音平台营销

最简单的营销方法是投放硬广。付费推广比免费推广更为准确，抖音会根据用户浏览视频的内容，通过算法推荐把广告投放给潜在的目标客户。例如，光大银行联合抖音推出联名信用卡，在抖音平台通过开屏广告、达人内容创作、信息流广告、热点话题、挑战赛等多种方式全面推广，最终推广达到了 7 天页面浏览量 25 亿＋、互动量超 6 400 万的效果。

2. 快手平台营销

2020 年，快手为了扩大用户量赞助了春晚，并且联合春晚举办抢红包活动，使快手的日均活跃用户量达到 3 亿。除此之外，快手还大量投资娱乐项目，打造多项 IP 节目、综艺节目，这样又给很多企业创造了合作的机会，如图 5－1－2 所示。快手的短视频发展模式吸引了不少知名品牌。

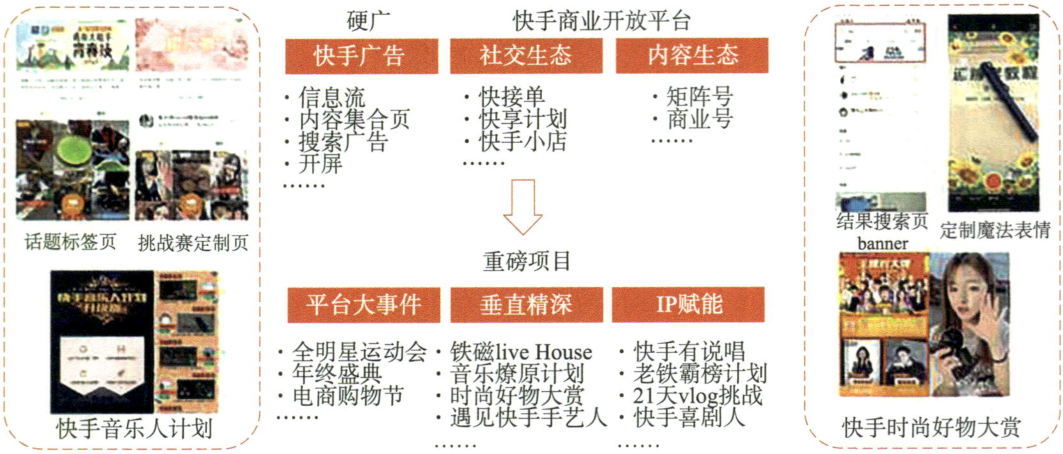

图 5-1-2　快手营销

例如，麦当劳在快手上举办#给我一杯 YE#的挑战赛，活动特色是每日更新挑战列表和排名，让挑战者参与后转发一位好友来传递。挑战赛最终获得了近 300 万用户参与、近 50 万 UGC 作品、3 600 万视频播放量、1 亿+曝光量。

3. 抖音火山版营销

抖音火山版原型为“火山小视频”，用户平均年龄大于抖音用户平均年龄，视频创造内容更接地气，适合大众品牌营销。

抖音火山版给企业提供的营销工具分为曝光、精细化流量、定制服务内容三种，如图 5-1-3 所示。例如，某汽车品牌的“远景的春节挑战赛”营销活动，集中发布达人创作的视频，

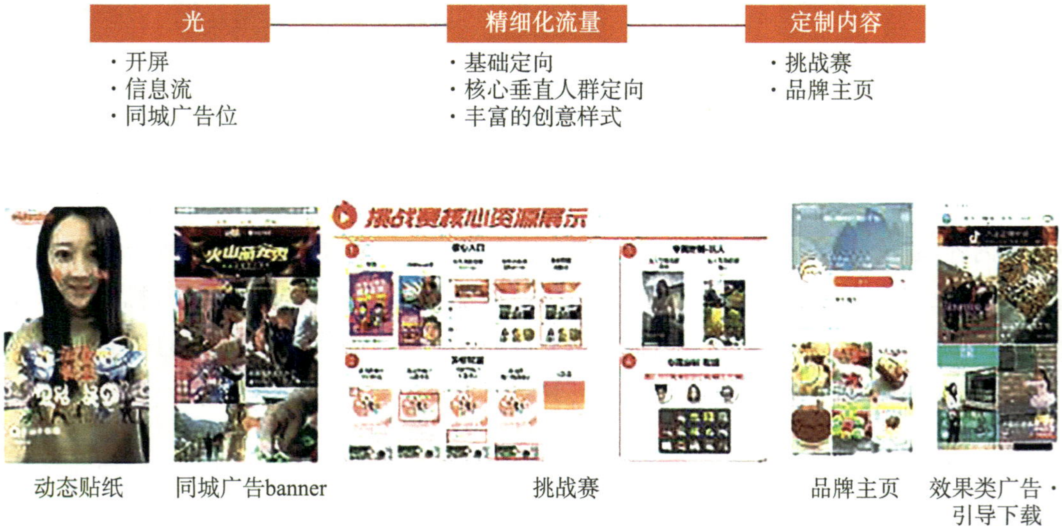

图 5-1-3　抖音火山版营销

达人参与挑战赛可以引导更多的普通用户跟进，进一步扩大话题热度，增加企业流量，当然，品牌推广需要在多个平台进行，统筹规划才能获得最好的传播效果。

4. 西瓜视频营销

西瓜视频与抖音、火山不同，主要视频内容为长视频。西瓜视频购买了大量经典影视系列的版权，也在不断引进新创作者，让西瓜视频得到更多曝光。

西瓜视频营销模式与传统视频网站相似，主要是通过植入广告来实现营销，具体形式包括硬广曝光、原生大 IP、定制营销，如图 5－1－4 所示。近年来，西瓜视频在自制短剧、自制综艺方面有较大的投入，其次，还有大量的短视频个体创作者入驻。视频类型主要集中于影视、综艺、喜剧类，面向的人群也总体偏向于下沉市场。

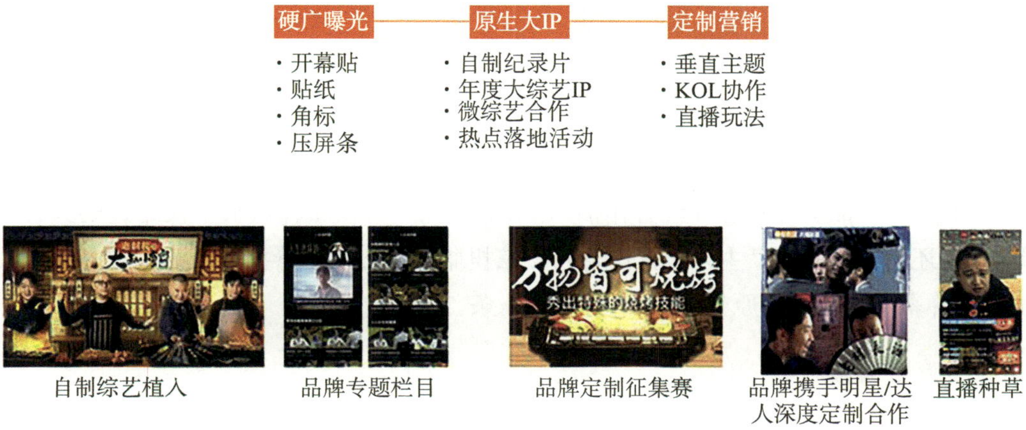

图 5－1－4　西瓜视频营销

例如，西瓜视频每年都会举办一次金秒奖颁奖活动，是中国平安和金秒奖之间的合作，更多的是关于品牌的曝光。创作者帮助品牌定制纪录片，通过参赛作品的收集实现价值输出。随后，通过颁奖活动和品牌联动传播，在传播过程中，平安品牌的知名度达到了新的高峰。

5. 哔哩哔哩视频营销

2020 年初，哔哩哔哩（Bilibili）通过举办一场二次元春晚晚会，实现了流量暴涨。

哔哩哔哩的用户以“95 后”为主，更加偏向年轻化和多元化，再加上钉钉等品牌在哔哩哔哩的一系列企业营销活动，让哔哩哔哩成为备受社会关注的营销信息传播和短视频发展平台。哔哩哔哩深耕二次元，开创互动营销新模式，哔哩哔哩营销包括曝光、大项目、核心创作者，如图 5－1－5 所示。

哔哩哔哩发布的短视频内容会在很大程度上受到平台推荐的影响，但哔哩哔哩也有大量活跃用户主动搜索的流量，给企业品牌营销更多的空间。总体来说，哔哩哔哩有三种大类合作方式：曝光、大项目、核心创作者。二次元文化成为哔哩哔哩的主打特色，很多跟二次元

曝光
- 开机
- 信息流
- 巨幕
- Banner
- 互选广告
- ……

大项目
- BML
- BW
- 自制番剧
- IP、番剧跨界合作
- ……

核心创作者
- 内容定制
- 专题征集
- Up主直播
- 业专车号运营

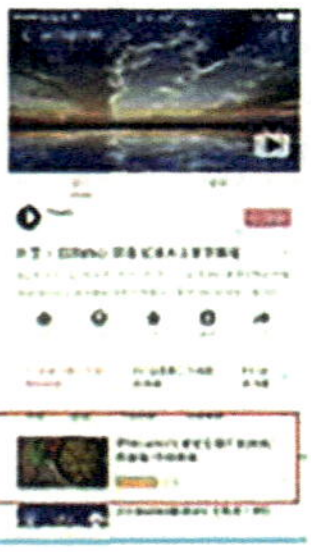
互选广告-视频播放页面推荐位

内容定制-UP主联合创作主题歌曲

番剧植入

定制品牌活动

图 5-1-5 哔哩哔哩

相关的企业可以借助哔哩哔哩进行曝光及引流。

例如，某饮料品牌与哔哩哔哩合作推广“炫扭瓶”活动，该品牌饮料不仅通过购买首页活动页广告，还与舞蹈区 UP 主合作推广，传达“炫扭瓶”的概念，尽管推广规模不大，但是最后，原生视频弹幕 4 500＋条、原生视频评论 2 000＋条。

6. 皮皮虾短视频营销

皮皮虾视频诞生于“内涵段子”，整体视频风格更具有幽默感，社区互动性很强，在青少年群体和下沉市场上深受欢迎。

皮皮虾视频平台的营销方式分为两种：流量产品合作和内容合作，如图 5-1-6 所示。

流量产品
- 开票
- 信息流
- 创新非标

内容合作
- 形象共建
- 节庆热点
- 创新营销

开屏

分享页banner

IP形象延展

专题活动

爆款H5

定制线下互动活动

图 5-1-6 皮皮虾短视频营销

流量产品合作主要是开屏广告、算法推荐等，而内容合作更多是 IP 联合定制创新营销。

例如，在魔域与皮皮虾的合作中，品牌与平台打造了一场“真皮大会”，通过大 V 入驻、奖品赞助、广告 banner 等各种活动形式，为 App 下载引流，最终获得了超亿级曝光。

7. 梨视频平台营销

梨视频的发展定位是新闻资讯短视频平台，梨视频不仅有自己专业的媒体技术团队，也囊括了全球范围内的拍客网络，从视频内容上来看主打社会热点事件资讯，适合与生活、学习方式相关的品牌企业进行市场营销战略合作。

在营销策划上，梨视频与一般短视频平台最大的区别和亮点是，它可以通过现场采访的方式进行拍摄合作，共同创造话题热点，有更多的可玩性和乐趣，其营销包括流量产品、内容合作、事件打造，如图 5-1-7 所示。

流量产品
- 视频贴片
- 信息流
- 频道banner

内容合作
- 自媒体矩阵推广
- 企业项目发声
- 品牌活动推广
- 原生广告

事件打造
- 拍客调查
- 拍客纪实
- 拍客活动
- 话题营销
- 公益合作

社交平台矩阵　公关内容营销　视频贴片　街坊植入　主题定制视频　用户体验视频

图 5-1-7　梨视频营销

例如，在舒肤佳与梨视频的合作中，通过舒肤佳自己定制采访一个话题，由主播上街随机采访“暑假生活怎么过”，采访视频最终被剪辑成片段，在社交媒体上传播，推动 # 童言无忌 # 话题的流行，吸引各短视频创客和用户的积极参与，提升话题热度。最终全网总曝光量 1 612 万（梨视频 App 曝光 358 万、微博视频曝光 1 254 万），街拍视频的总播放量达 591 万、点击量 570 万。

5.1.3　短视频营销定位

要做好短视频营销，第一步也是最重要的一步就是定位。

短视频定位，就是短视频制作和推广目标的明确，定位包括内容定位和用户定位两个方面。接下来将分别讲解这两方面的内容。

1. 短视频内容定位

顾名思义，是“短视频做什么内容”，即短视频中展现的领域或行业风格。内容定位将决定视频类型的选择方向。当前网络上的短视频内容大致有以下几种。

(1)“搞笑类”

搞笑类视频是短视频中最广泛、最流行的短视频内容类型,搞笑类视频的形式多种多样,包括恶搞、讲笑话、情景喜剧、失误画面剪辑等。搞笑视频不仅仅局限于一个人的表演,还可以邀请朋友和家人参与,表演的地点没有限制。总之,搞笑的形式兼收并蓄,只要能让人发笑,自然会收到一定数量点赞和关注。

(2)“颜值类”

颜值类视频是展现主播颜值的视频类型,对颜值类视频的关注是人们对于美好的憧憬和追求。因此高颜值的主播往往更容易赢得人们的好感,短视频的评论区经常可以看到粉丝的评价“小姐姐,好漂亮啊!”“小哥哥,太帅了!”

当然,长相的吸引力只是暂时的,要保持长久,必须提升自身的内在素质,徒有其表的视频随着时间的推移,对粉丝的吸引力会逐渐下降。

(3)“化妆类”

化妆一直是女性关注的话题。因此,化妆教学视频也是一种受欢迎的视频类型。除了中国传统的化妆之外,短视频平台上还出现了很多新颖的内容,比如仿妆,化妆师根据某个热门网络人物、电视剧角色、卡通人物或某明星的照片,进行学习化妆模仿。化妆师倾向于模仿脸的一侧,同时保持另一侧完好无损增强对比度,同时拿出原始照片加强对比效果。有些视频内容为变装,也就是男扮女装或女扮男装,这类视频有的侧重于化妆教学,有的侧重于趣味性,引发观看者的猎奇心理。

(4)“特殊才艺类”

“特殊才艺类”也是较受欢迎的视频类型之一。值得注意的是,这里的特殊才能并不仅限于唱歌跳舞,而是更多地表现出一些普通人无法达到的独特技能。其中,比较注重的是一些生活中的冷门工匠技巧,通常这类短视频更容易得到用户的青睐。

(5)“治愈类”

与颜值类相似,这一类视频也主要靠美景、生活中的温暖场景等赢得观众的好感。不同之处在于,这些视频的主人公不一定是靠颜值的,甚至可以是可爱的动物或植物。这类视频主题大多是传递一种温馨的氛围,能够感染观看者,引发他们的共鸣,吸引人点赞和反复观看。

(6)“正能量类”

正能量类视频也很受短视频用户的喜欢。通常,这类视频会有大段的文字,有时候也会有一些图片和动画向观众传播一些正能量。和那些大量活跃在朋友圈的“鸡汤文”一样,这些正能量短视频之所以有广大关注群体,受到大众的喜爱,最主要的原因在于它所展示的一些价值观很容易引起很多人的共鸣,能激发人们积极向上的心态,这符合我国社会主义核心价值观的要求。而此类短视频则是一种非常简单的内容拍摄形式，通常是基于某个人的生活经验，在日常生活的某些场景中用富有感染力的一些哲学语言。比如，“我的惨痛经历让我更强大”，观看者从这种视频中学到一些重要的教训、经验，从而思考和调整自己的生活方向。

以上 6 种是短视频平台上常见的内容形式，企业要通过短视频进行营销，需要根据自己的发展方法、营销目的、主营业务等多个因素进行视频内容定位。

2. 用户定位

所谓短视频的用户定位，简单一点说就是视频的受众。这个“受众”包含两层意思：第一层是观看视频的观众，第二层是潜在的观众。

观看视频的观众是目前已经使用短视频软件，观看短视频内容的客户，这部分客户可以通过其观看内容和频次，了解其短视频内容偏好。

潜在观众是指目前没有观看短视频内容的客户，但是这些客户对短视频内容具备需求，是有待被开发的客户。潜在观众的开发是短视频营销的重点，短视频创作者通过数据分析，进行精准挖掘和推广，促使这些潜在客户转化为现实客户。

不同的短视频账号针对的用户是不一样的。男性、女性、上班族、美食、宠物、旅游等各个主题都有它们的受众群体，分析出自己品牌或者 IP 的受众群体，快速确定目标用户后可以围绕目标用户打造短视频。

受众信息可以借助数据收集软件查看，以“飞瓜数据”为例。登录“飞瓜数据”页面，可以查看不同类型视频 KOL 排名前列的账户信息。

例如，在下列抖音达人账号中，该账号内容标签为“好物推荐”，从粉丝数据统计中得到以下结论：

(1) 粉丝属性分析

图 5－1－8 显示，该账号粉丝中：

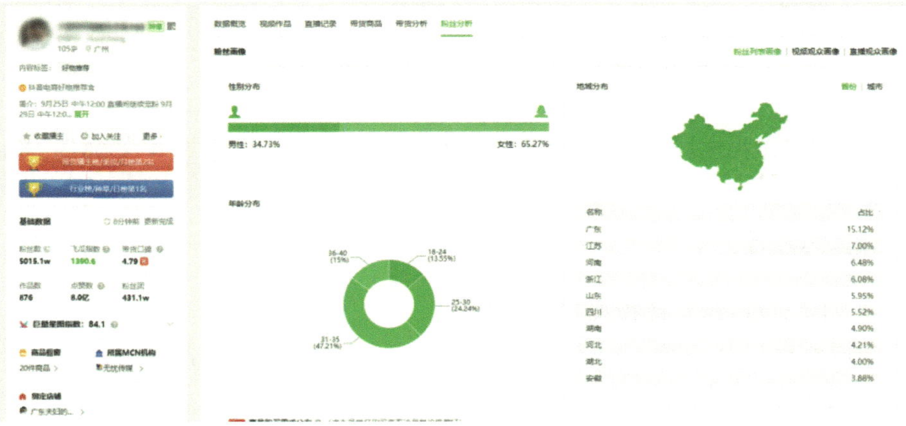

图 5－1－8　粉丝属性分析

① 性别比例男性为 34.73%,女性为 65.27%。

② 年龄分布为 18—24 岁 13.55%,25—30 岁 24.24%,31—35 岁 47.21%,36—40 岁 14%。

③ 地域分布为广东 15.12%,江苏 7%,河南 6.48%,浙江 6.08%,山东 5.95%,四川 5.52%,湖南 4.90%,河北 4.21%,湖北 4.00%,安徽 3.89%。

由以上数据可以得出,该短视频账号的粉丝主要为广东地区 31—35 岁的女性。

(2) 购买分析

图 5-1-9 显示,粉丝购买需求中:

① TOP1 为女装占比 18.10%,其中连衣裙 5.09%,T 恤 1.99%,毛针织衫 1.57%。

② TOP2 为厨房电器 5.90%,其中电热水壶 1.81%,空气炸锅 0.48%,电饭煲 0.48%。

③ TOP3 为首饰 5.51%,其中吊坠 1.18%,手饰 1.7%,项链 0.73%。

④ 单价区间 0—10 元 5.79%,10—20 元 7.38%,20—50 元 23.61%,50—100 元 26.47%,100—300 元 27.14%,300—500 元 5.06%,500—1 000 元 2.29%,1 000—2 000 元 0.86%,2 000—3 000 元 0.51%,>3 000 元 0.89%。

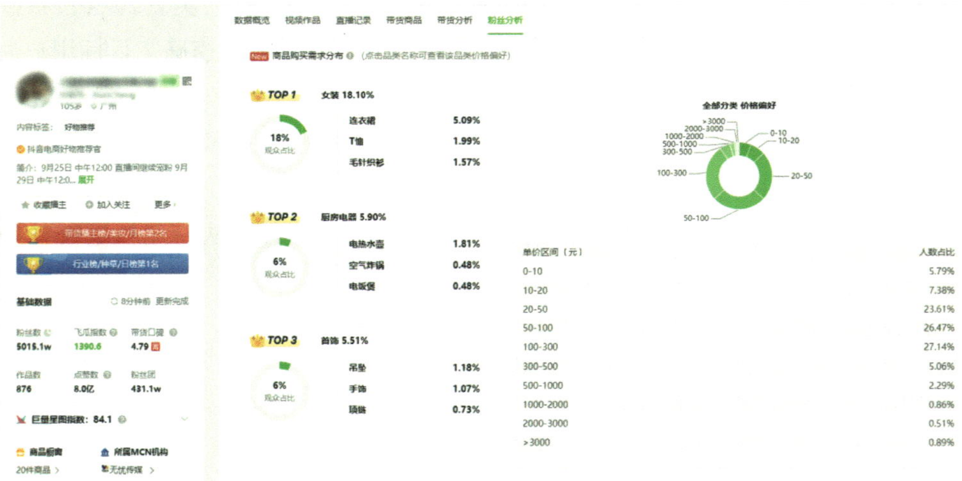

图 5-1-9　粉丝购买偏好分析

由以上数据可以得出,该短视频账号粉丝的购买需求以价格在 100—300 元之间的女装为主。

(3) 视频观看偏好

图 5-1-10 显示,粉丝视频观看偏好中:

① 视频标签喜好分布前 5 分别为母婴 15.36%,饮食美食 9.74%,教育 9.36%,运动 7.87%,商务服务 7.49%。

② 粉丝活跃时间分布前 5 分别为 22 点 11.83%,21 点 10.08%,23 点 9.38%,20 点

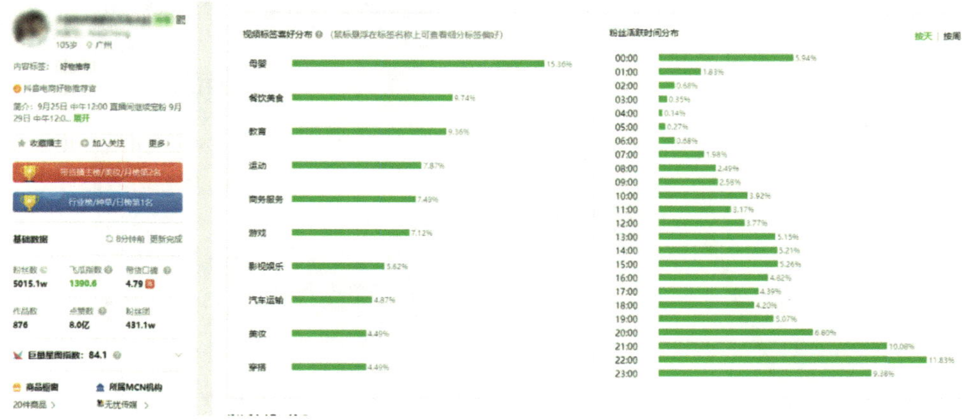

图 5－1－10　粉丝视频观看偏好分析

6.80%，0 点 5.94%。

由以上数据可以得出，该短视频账号粉丝的观看偏好以母婴标签类视频为主，粉丝活跃时间集中在 21 点—23 点。

综合上述 3 点分析，对于该视频账号分析的定位为：

年龄在 31—35 之间的女性消费者，消费需求为 100—300 元价格区间的母婴类服饰。

实训专区

任务背景

假如你是一家时尚女装类电商企业的运营人员，公司计划开展短视频营销，请你完成企业抖音账号的注册任务。

任务分析

1. 准备注册材料。
2. 注册企业抖音号。
3. 完成企业认证。

任务实操

1. 下载抖音 App，输入手机号，使用验证码登录，如图 5－1－11 所示。
2. 登录后开始认证企业号，点击右下角的“我”，如图 5－1－12 所示。

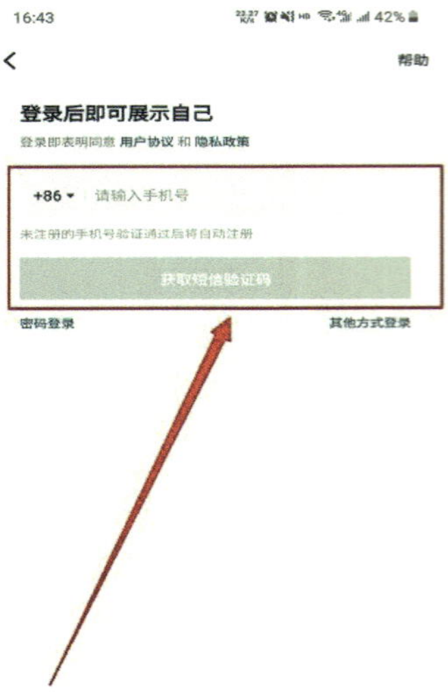

图 5－1－11

图 5－1－12

3. 点击右上方“三”，如图 5－1－13 所示。
4. 点击“设置”，如图 5－1－14 所示。

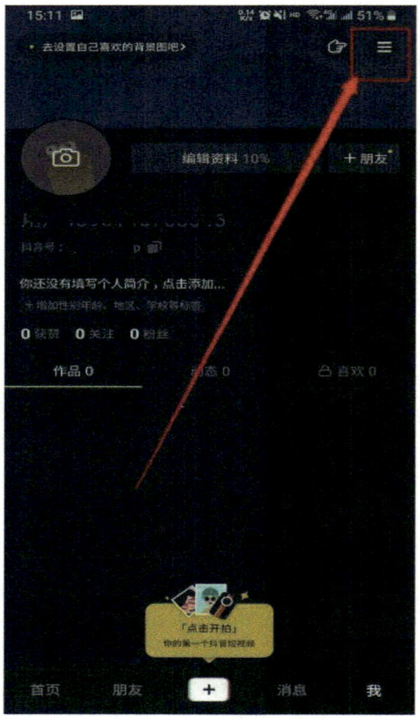

图 5－1－13

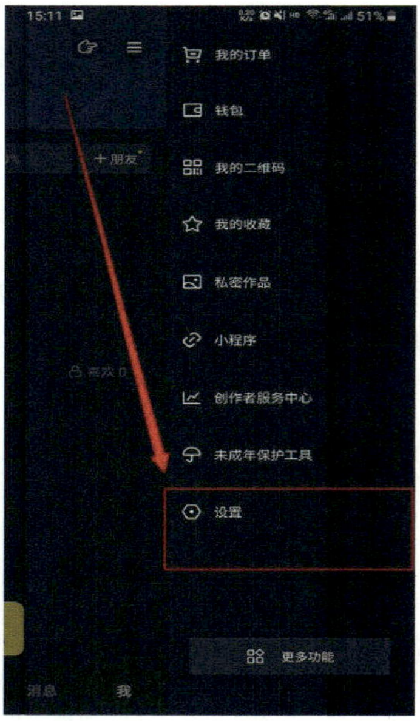

图 5－1－14

5. 点击“账号与安全”，如图 5－1－15 所示。
6. 点击“申请官方认证”，如图 5－1－16 所示。

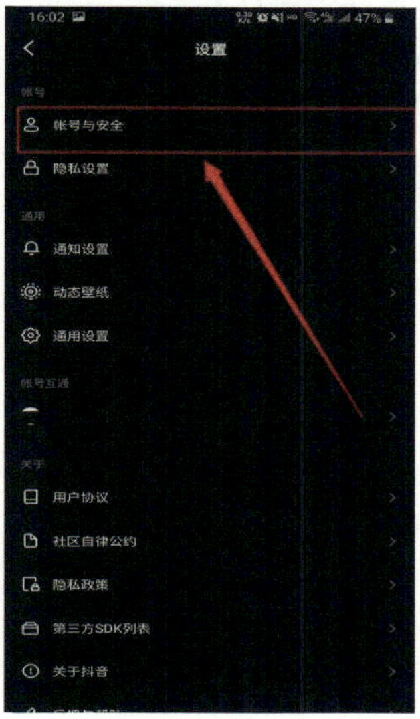

图 5 - 1 - 15

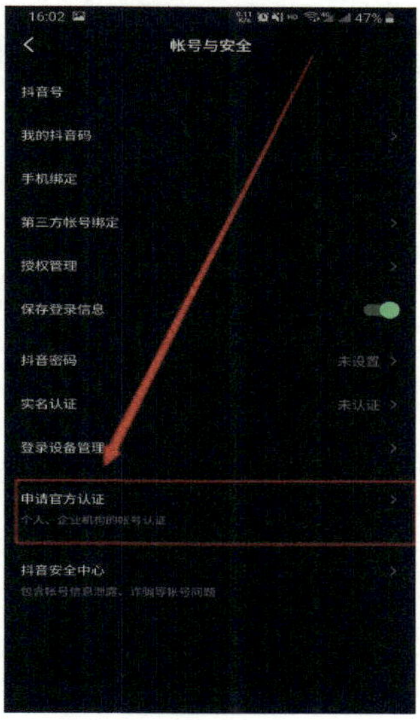

图 5 - 1 - 16

7. 点击“企业认证”后面的“极速审核”，如图 5 - 1 - 17 所示。

8. 点击“0 元试用企业号”，如图 5 - 1 - 18 所示。

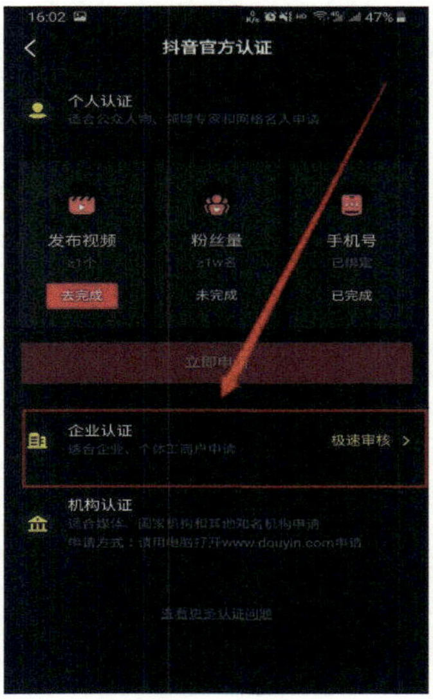

图 5 - 1 - 17

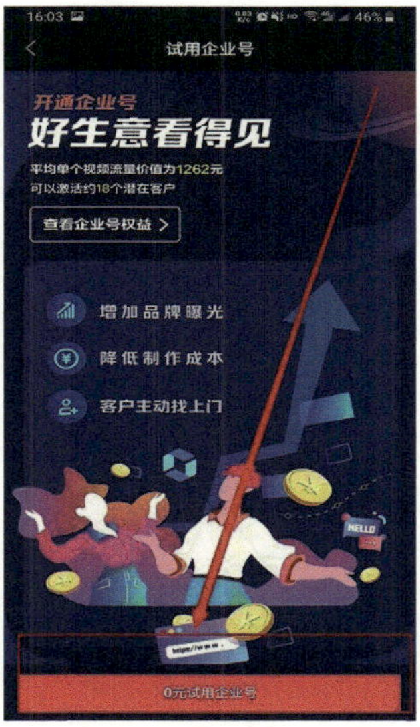

图 5 - 1 - 18

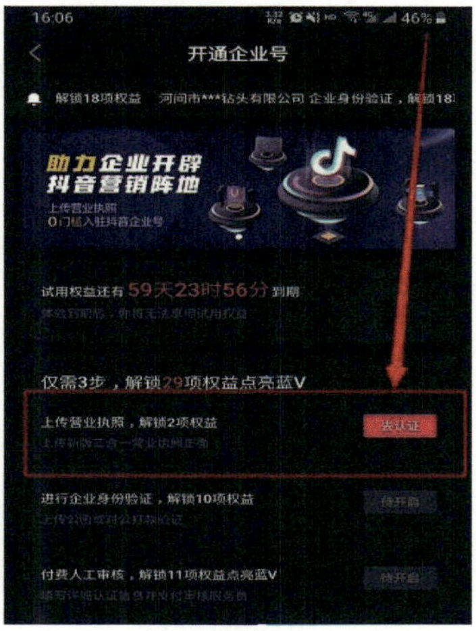

图 5 - 1 - 19

9. 然后点击“认证”把企业的营业执照上传，就有企业蓝 V 认证了，如图 5 - 1 - 19 所示。

任务评价

序号	评价项目	评价标准	分值	评分
1	能准备好注册资料	符合实训任务背景	30	
2	能注册企业抖音账号	注册步骤正确	40	
3	能挖出企业认证	能提交材料完成认证	30	

情景训练

下载抖音 App,准备注册资料,申请注册一个抖音个人账号。

任务 5.2 策划短视频内容

随着抖音、快手等短视频 App 的爆火，越来越多的创作者加入了短视频创作的行列，对于视频内容的“优质”要求越来越高。什么样的短视频才能算优质呢？怎么做才能创造出优质的短视频呢？在本任务中，将学习短视频内容策划的方法和短视频内容策划的步骤，从而学会策划优质短视频。

5.2.1 短视频内容策划的方法

短视频内容策划的方法多种多样，以下列举的四种方法，主要涉及整体策划、结构策划、节奏策划和细节策划等几大方面。

1. 头脑风暴法

头脑风暴法是指创意策划工作人员在正常融洽和不受任何限制的气氛中，以会议形式进行讨论、座谈，打破常规，积极思考，畅所欲言，充分发表看法的方法。头脑风暴的精髓在于允许各种天马行空的想法不断涌现并集合众人智慧将之完善。与团队、同学或者朋友一起，通过头脑风暴的方式策划想要创建的短视频内容。

2. 故事模型法

故事模型法指通过固定的故事结构模型进行内容策划的方法，短视频产品策划的主要任务是内容策划，内容策划的主要形态是故事，故事策划的主要部分是结构，因此掌握合理的故事结构模型至关重要。无论是一部时长 120 分钟的影片故事，还是时长只有 15 秒的短视频故事，其故事的基本结构模型是类似的。大致可分为两类结构。

一类是三幕剧结构，即“开头—危机—高潮”，三个部分相互连贯形成一个完整的小故事，短视频恰恰就因为其时间短而可以用这种模式，将短视频的策划分为开场策划、高潮策划和收尾策划；另一类是四步走结构，就是通常说的起承转合，它又可以有“目标→阻碍→努力→结果”或“目标→意外→转折→结局”等不同类型。

3. 节奏掌控法

节奏掌控法指通过策划短视频的节奏来吸引用户注意的方法，可以参考“1－3－5－9”注意力吸引策略。“1”的意思是短视频的第 1 秒，给用户一个点开或驻足观看的理由；“3”的意思是短视频要在 3 秒内完成开篇点题任务；“5”的意思是要将劲爆的内容在前 5 秒时间内进行集中放送;“9”的意思是在第 9 秒的时候开始引导用户留言、关注、转发、点击下一个、购买链接中的产品等。

这种“1－3－5－9”的策划方法主要是针对时长在 15 秒以内的短视频而言的,对于 30 秒、60 秒乃至数分钟的短视频内容,也可以大致按照类似的方式进行策划,只不过要根据整体视频时长适当调整各个动作的时间节点推进节奏。

4. 场景分解法

这一方法就是要将每个场景和每个画面详细分解开来,对其中要呈现的画面、音乐、趣味和文案进行充分策划。场景分解是强调针对每一个具体场景乃至具体场景下的某一个具体画面的策划。大体而言,15 秒的短视频可以划分为 7 个以内的场景,每个场景包含 20—30 个画面,将它们以蒙太奇的方式组合在一起就构成了推进短视频节奏的故事情节。

5.2.2 短视频内容策划的步骤

1. 确定选题

对于短视频创作者而言,根据研究内容设计选题的方向与创作形式,是建立账号品牌非常关键的一步。如果主题不够引人入胜,接下来的大部分工作都将是徒劳。确定选题可以从以下几点入手。

(1) 围绕核心用户的本质需求

如今,短视频内容创作者越来越多,短视频的类型越来越多样化,受众对短视频的需求也越来越高。在这种发展情况下,要想脱颖而出,就必须对粉丝表现出应有的重视,深度挖掘核心目标用户的本质需求,必须明确视频内容能给用户带来什么实际的好处,是否能解决用户的实际需求和痛点。如果企业想找到核心用户的基本需求,就需要能够站在他们的角度,把自己置身于用户的生活中,实现全面、深度的用户画像。针对不同用户画像可以进行分析思考:在这个场景中用户最有可能遇到什么困难?我们能解决哪些问题?

(2) 借助时事热点

大多数短视频用户都对热点事件较为关注,利用热点进行短视频创作可以有效汇聚流量。但并非所有的热点都可以借用,涉及粗俗、敏感、带有负面社会影响的热点是不能使用的。同时,企业也要注意潜在的热点问题,考虑话题是否与企业定位相符合,要注意短视频的内容定位和用户定位是否与热点相匹配。

(3) 创作正面积极的内容

“内容要正面,远离敏感词”,这是所有平台都提倡的一项原则,抵制对社会产生不良影响的负面能量行为。因此,在研究内容进行选题时,一定要注意内容的价值观导向。此外,应该远离非法、低俗和暴力的内容。对于许多敏感词,各大短视频平台都有相应的规则限制，如果违反会使视频被平台屏蔽，严重的还会造成封号。因此，视频创作者在研究内容选题之前，一定要关注网络平台的规则，并对目标平台现有视频内容进行调查和分析。

(4) 提升互动交流

作为一种社交视频有效方式，在制作短视频时不能忽视与观众的互动。任何话题的选择都应该以受众为中心，交互性强的短视频更容易被用户认可和推荐。因此，创作者可以选择一些较为新颖的话题，尤其是适合与观看者进行互动的话题。另外，也可以选择在设计短片中引出讨论要点，或者加入一些互动话题。

在短视频行业不断发展的今天，如果想从短视频引流，就必须学会创新选题。在探索用户核心需求的同时，还要注意热点话题的使用，避开敏感词汇，设计一些具有互动性和参与性的话题。

2. 内容设计

(1) 短视频的开头设计

短视频开头前的3—8秒至关重要，良好的开头能在最短的时间内吸引观众的眼球，观众才会有进一步观看的欲望，否则用户就会离开去看其他视频。

开头的设计中用户的痛点永远是第一位的，不要先输出信息，要先分析了解对方的问题和痛点，这时候粉丝立刻就能产生共鸣，然后他们就会因为这个短视频对自己有观看价值而选择继续观看。

(2) 清晰的逻辑框架

清晰的逻辑框架很重要，只有用户理解了视频传达的信息，短视频才有价值。如果没有一个清晰的逻辑框架，用户观看时就会觉得视频传递的信息很混乱，视频质量不高，会失去继续观看的兴趣。所以，创作者必须把视频进行逻辑化、列表化、步骤化，让用户能容易地学习与理解。短视频内容规划可以将主题分解成几个小步骤，然后根据每个小步骤来规划相应内容。

(3) 短视频的互动和号召能力

企业想要达到营销目的，就需要用户看完短视频之后产生一定的行为，比如关注、点赞、购买等。

用户更关心企业能为他们解决什么问题，能提供什么价值。短视频的内容决定了用户的互动性，用户的互动性越高，视频的号召力就越强，这些都会为企业后续的营销做好铺垫。

任务 5.3　制作短视频

5.3.1　拍摄准备

1. 拍摄设备

拍摄设备可以是专业的相机，也可以是手机，相对相机而言，手机更适合个人创作者。如果使用智能手机拍摄，手机的像素建议在 800 W 及以上，手机分辨率设置为 1 080 P 及以上。

2. 稳定器

用手拍摄的话屏幕会很抖，为了提高视频拍摄的质量，提高稳定性，需要用到一些辅助的设备，比如：

① 手机拍摄三脚架。

② 手机拍摄手持云台。

③ 蓝牙控制器。

3. 麦克风

麦克风的主要作用是：增强音效，便于收音，让声音效果听起来更好。

4. 补光灯

视频的拍摄需要光线，使用补光灯可以使视频的视觉效果更好。

5.3.2　拍摄要求

1. 远程控制暂停更方便

在拍摄时，如果拍摄设备摆放位置比较远，此时创作者可以通过设备的“倒计时”功能来远程管理控制、暂停录制。比如，在拍摄界面点击“倒计时”按钮，设置拍摄 10 s 就暂停，可以将暂停拉杆拖到 10 s 的位置处即可。

2. 调整合适的快慢速度

很多短视频平台会给用户提供滤镜、美颜、快慢调整等功能。拍摄者自动调整拍摄速度。其中，速度调整和分段拍摄是抖音最大的特点，可以用来拍出很多很酷的短视频效果。

3. 防止抖动保证对焦清晰

视频拍摄时出现抖动是很多网络视频拍摄者的致命伤，在拍摄视频时，要时刻保持正确的对焦，不能出现抖动，这样才能使拍摄出的视频比较清晰。为了防止抖动，拍摄者需要使用支架把摄像机或手机固定住。

4. 注意光线增强画面美感

在拍摄短视频时，光线非常重要，良好的光线布局可以有效地提高图像质量。尤其是在拍摄人像时要多用柔光，这样会增强画面的美感，拍摄时还要避免出现明显的暗影和曝光。拍摄时如果没有光线或者视线不清晰，可以通过手动打光，或用反光板调节光线。

5. 配置曝光和聚焦

使用具备曝光和聚焦功能的拍摄设备时，AE（Automatic Exposure 自动曝光控制装置）锁定很重要，这会减少画面曝光，尤其是在进行围绕拍摄时，更要注意锁定 AE。

6. 选择合适的视频拍摄分辨率

在使用其他相机应用拍摄视频时，要选择合适的文件格式，将分辨率调到最高水平。一般建议设置成 1 080 P，60 fps；录制慢动作时选择 1 080 P，120 fps。

7. 使用网格功能辅助构图

能够给用户留下深刻印象的照片和视频通常使用特殊的构图方法，让观众的眼睛聚焦在特定的场景上。

相机或者手机中的网格线功能，更利于拍摄者判断所拍摄景物垂直和水平的位置，尤其在拍摄风景和建筑题材时，网格线功能能够作为参照来观察地平线是否水平，运用好网格线构图会让照片的视觉效果看起来更加美观。

8. 切换场景和添加时间特效

在拍摄视频之前，拍摄者应该考虑好视频的主题，然后再考虑可以拍摄的场景。即使是同一个场景，拍摄者也可以适时地切换背景，使用推、拉、移等拍摄手法，使视频进行画面变得更加具有生动。

拍摄中可以使用时间特效，让拍摄的内容加快或者变慢，时间特效的添加可以让视频更具特色。

5.3.3 拍摄技巧

1. 构图

画面构图是表现短视频内容的重要因素，想要拍出理想的视频素材，首先要熟悉一些常用的短视频构图方式。常见的构图方式有黄金分割、九宫格构图、三角形构图、三分法构图、对角线构图、横线构图、竖线构图、十字形构图等。

① 中心构图法是将拍摄主体放到画面中心进行构图，突出主体，达到左右平衡的效果，如图 5 - 3 - 1 所示。

图 5 - 3 - 1　中心构图法

② 对称构图法是将拍摄画面按照对称轴或对称中心进行，使画面的景物形成对称，如图 5 - 3 - 2 所示。

图 5 - 3 - 2　对称构图法

③ 三分构图法是在横向、纵向上将画面划分成三等份，将被摄体安排在三分线上，如图 5 - 3 - 3 所示。

图 5-3-3　三分构图法

2. 声音

视频的配乐和声音能够给观看者传递一定的信息，并且对视频的内容起到烘托作用。在拍摄视频时，如果需要讲话，要注意声音不要出现抖动，减少其他的噪声，话语要富有情感。后期的视频配乐也需要跟视频的内容相符合，起到锦上添花的效果。

图 5-3-4　声音

3. 调色

良好的调色可以优化视频的视觉效果。视频制作者还需要掌握基本的色彩知识，例如相邻色、互补色、色温、色相等，在视频拍摄后对视频进行颜色校正，进行风格化处理，添加蒙版等。

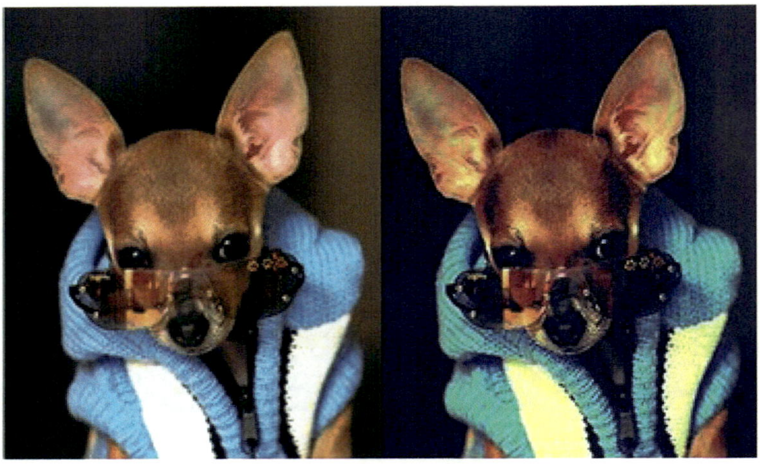

图 5-3-5　调色

4. 景别

景别是指拍摄对象呈现出来的范围。一般可分为五种：特写、近景、中景、全景、远景。

在视频拍摄中，设置不同的景别，可以使内容情节的表达、人物感情的呈现、人物关系的处理更具有表现力，从而增强视频的感染力。

5. 拍摄的手法

拍摄的手法分为推、拉、摇、移、跟五种。

① 推：推镜头，指拍摄人物或物体不动，由拍摄机器作自后向前推动，取景范围由大变小，突出主体人物，突出重点。

② 拉：拉镜头，与推镜头相反，由拍摄机器自前向后的拉动，取景范围由小变大，拍摄对象由局部引向整体，使观看者获得一个较为全面的印象。

③ 摇：指机器位置不动，机身依托于三脚架上的底盘做上下、左右、旋转等运动，摇能更好地表现空间中人和物之间的关系，可以把环境中的事物连接起来。

④ 移：一种移动拍摄手法，把拍摄设备在运载工具上沿水平面、圆圈移动，在移动中进行拍摄。

⑤ 跟：摄像机跟随运动中的物体拍摄，跟能更好地表现运动中的人物或事物。

5.3.4　视频剪辑

1. 剪辑前准备工作

(1) 熟悉素材及本期拍摄主题

只有明确主题，才能更好地完成拍摄和剪辑任务。同时，对素材的管理也更加方便。这将大大节省视频的编辑时间。

(2) 准备视频剪辑设备

剪辑需要使用硬件设备和软件设备。当前,有很多可供选择的视频剪辑软件,例如爱剪辑、爱拍剪辑、PR 等专门的视频剪辑软件,除此之外,抖音、快手等短视频社交 App 也提供视频剪辑功能。

(3) 整理视频素材

整理制作视频需要的所有素材。可将素材按照视频进展的时间重新命名、整理材料,方便进行分析。

2. 剪辑工作

(1) 编辑设想

整理剪辑思路,考虑整部视频用什么样的剪辑方法,哪些要素要整合进去,哪里要用什么样的剪辑技巧。

(2) 初剪(粗剪)

这个工作主要是把需要用到的所有镜头都剪下来,放到视频的轨道上进行整体预览,确保整个镜头的顺序没有问题。

(3) 精剪

精剪是对视频每一个画面的剪辑,确保不同画面切换得顺利流畅,视频内容能够衔接。精剪对于短视频的剪辑很重要,因为每一帧都会影响着画面,影响着观众对视频信息的理解和掌握。

(4) 加视频特效

添加视频特效可以使视频在画面、动作、光影等方面变得更加丰富多彩,提升视频的质量,从而吸引用户观看。

(5) 配字幕及花字

给视频添加字幕,还可以渲染不同风格的字幕特效,不仅可以方便用户观看,还可以提升视频的质量。

3. 检查

检查画面。主要查看画面与文字、配乐搭配是否合适,是否有重复的片段。检查视频末尾是否有空白,视频是否丢失帧,配文是否有拼写错误等。

检查声音。从观众的角度分析,检查声音的音量是否过大或过小,检查是否存在杂音。

实训专区

任务背景

假如你是童装类电商企业的短视频运营人员，请为企业进行一次关于品牌宣传的短视频内容营销策划工作。

任务分析

1. 确定视频主题。
2. 明确视频定位。
3. 策划视频内容。

任务实操

短视频策划方案

1. 主题定位：企业宣传片。
2. 片长设置：15 秒。
3. 整体定位。

介绍企业的服务宗旨、社会责任；重点突出企业取得的成绩，体现企业所做出的突出贡献和品牌特色。通过此专题片的拍摄与制作，突出企业的特色亮点和骄人的业绩。从侧面展示企业的人文情怀，突出顾客、员工在工作中的重要地位，触动观众的内心感受，并产生共鸣。

4. 表现内容

(1) 企业荣誉、成就。

(2) 品牌优势。

5. 影片基本架构及表现形式

(1) 品牌与成就：品牌获奖情况，彰显行业影响力。

(2) 顾客与员工。

① 用户感受，体现企业诚信、负责的形象。

② 基层工作人员感受，体现企业的人文关怀。

6. 视频内容

(1) 视频逻辑：以社会热点“新疆棉”为突破口，借助热点展现企业宗旨和形象，最后落脚点在企业责任和发展愿景，引发观众共鸣。

(2) 视频创意：通过增加视频特效使产品形象代表“小宝”拟人化地介绍品牌和企业，吸引用户关注。

(3) 视频开头:介绍品牌特色借助社会热点“新疆棉”事件,突出企业的人文关怀和爱国情怀。

(4) 视频拍摄:综合运用推、拉、摇、移、跟五种拍摄手法。

(5) 视频剪辑:后期剪辑增加视频特效、使画面更具美感,并且完成配音和配乐。

● 任务评价

序号	评价项目	评价标准	分值	评分
1	能确定视频主题和定位	主题定位合理	30	
2	能明确视频框架	架构设定合理	40	
3	能策划表现内容	内容策划合理	30	

● 情景训练

请为所在的童装店策划一个新品推介视频方案。

任务 5.4 实施短视频营销

在社会化媒体时代，内容生产平台往往以社交关系为依托。如果生产了内容，但又不去推广内容，那就很难实现内容的价值。在打造优质视频内容后，还需要通过多个渠道对视频进行推广，这样才能让更多的人看到，从而达到引流、销售等传播价值。

5.4.1 优化短视频发布内容

优化短视频究竟应该怎么做，将从以下几个方面讲述。

1. 确定标题

企业制作短视频要想吸引人，第一步就是拟定一个吸引人的标题，用户们一看短视频的标题就会被它牢牢吸引，这样才会选择打开并观看短视频。

在短视频标题和说明的设置上，还要注意关键词的放置，如此一来，用户在短视频平台上搜索时，就会有一个较高的排名。比如一些商家销售护肤美白产品，可以把美白这个热搜关键词放在标题内，引起用户的关注。

2. 优化内容

要想做一个好的账号，要持续输出与定位相关的垂直、优质化视频内容，尤其是账号前期积累粉丝阶段，大量地输出作品，有利于增加粉丝看到、关注的机会，而一旦有一定的粉丝基础，就意味着账号发展到了中后期，这是粉丝留存阶段，优化内容就更为重要，甚至要不断地在原有作品的水平上优化、优化再优化。

内容优化与获得播放量从而获得推荐量息息相关，也是较为重要的因素，积累内容和素材可以从以下几点出发。

(1) 互联网信息

互联网把世界变成了地球村，也方便了人们的信息获取，可以从互联网上了解一些热点事件，或者是自媒体平台的一些热搜视频，包括做同一类型账号的用户，这些都可以获取。

(2) 生活中的人和事

要想获得关注，所输出的东西得是别人感兴趣的，多留心观察身边的人和事，结合自己的体验和想法，以短视频的方式展现出来。企业在制作短视频时，需要注意布局内容。因为短视频主要靠内容取胜，如果没有好的内容，就得不到粉丝的肯定。优质的视频内容可以快速提升用户浏览量，因此必须合理设置内容布局。

企业在做内容选材时，可以多寻找一些社会关注的热点信息或迎合大众口味的内容。另外，还需要寻求用户的认同感，共鸣越强，用户就会越关注企业。

(3) 细化呈现方式

所谓的呈现方式可以简单地概括为人和物。首先，启用具有辨识度的人做主角，能迅速地让用户在最短的时间内记住，引发用户的兴趣。

其次，包括摄影道具、特效、拍摄器材、选景等都会影响一个短视频的质量，随着短视频的普及程度越来越高，用户的体验要求也会越来越高，所以，只有不断地优化、完善自身，才能通过短视频达到引流、推广、营销的目的。

(4) 不断创新

短视频创作需要不断尝试，不断创新。短视频是一个极具创造性的媒体方式，抄袭、重复、模仿的视频难以获得用户好感。当下的短视频行业正在如火如荼地进行着，竞争也越来越激烈，企业想要在这场竞争中取胜，要不断优化、不断创新，通过创造更多具有创意的视频获得用户的关注。

5.4.2 短视频精准推广

短视频营销推广是将品牌或者产品融入视频中，能将产品在用户不知不觉看视频的过程中推荐出去，使用户产生共鸣并主动下单和传播分享，从而达到裂变引流的目的。除了内容要有创意，精准引流也必不可少，这样才能实现短视频营销的目的。

1. 关键词优化

在推广引流的过程中，搜索引擎无疑是最不能忽视的，靠关键词就能获得精准的长尾客流，比如：国内最大的搜索引擎——百度，主要就是靠搜索竞价、优化来排名。

因此，在策划视频的拍摄时，可以找一些视频推广渠道，搜索排行榜的关键词作为参考内容，取名时也务必带上关键词。有时也许只需要带上一两个关键词，就能收获一波数量不少的粉丝，同时后续还会有不断的长尾流量。

通过关键词进行搜索的用户很大程度上就是目标用户，因此优化视频关键词，可以使视频更多地呈现给那些符合营销内容的目标用户，带来更为精准的流量。

例如，喜欢汽车的小明在抖音搜索栏中搜索关键词“新能源汽车”，可以看到搜索栏中有很多和这一关键词相关的词，点击“搜索”进入搜索结果页面，可以看到某汽车品牌的视频。此时，搜索“新能源汽车”关键词的小明就是该汽车企业短视频营销的目标用户，小明观看该视频对该企业来说就是有效流量，如图 5－4－1 所示。

图 5－4－1　抖音关键词搜索

2. 热点营销

在视频的策划过程中，可以结合当下最热门的事件，这样在短时间内就能迅速吸引关注，这是一种最常见也是最快速获得关注和流量的推广模式。

例如，小丽是一位喜欢宠物的大学生，她看到一个热门话题“二豆妈终于想起抖音密码”，这条话题引发了小丽的观看兴趣，因为这个话题与小丽喜欢的猫相关。小丽点击该话题就会看到很多跟这一话题相关的视频，此时的小丽对这些视频来说，就是有效流量，如图 5－4－2 所示。

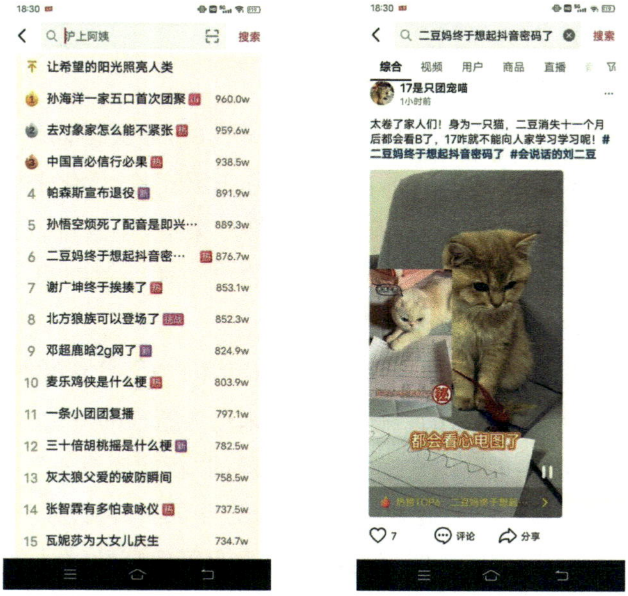

图 5－4－2　抖音热门话题

3. 用户互动

用户互动分为两种,第一种是在下方评论区与用户进行互动,视频运营的时候,下方有留言,我们要对用户进行回复,让他们感觉到自己是被重视的,而且自己的想法观点甚至建议被看到了,这样就会让用户养成习惯,慢慢留住用户。甚至用户还会进行转发,从而吸引新用户关注。

第二种就是引导互动,比如在视频里面提出问题,发起讨论,如果用户对讨论很感兴趣,便会进行吐槽、评论,这样是为留住用户做了一个引导,引导用户进行互动,进而把观看用户转化为粉丝。

无论是评论互动还是引导互动,能够参与互动,本身就说明用户对视频具有兴趣,这些用户也就是有效的流量用户。例如,王阿姨很喜欢关注介绍可爱宝宝的短视频,经常与短视频发布者在评论区展开讨论,此时的王阿姨就是该视频发布者的有效流量用户,如图 5-4-3 所示。

图 5-4-3 用户评论

一个优质的短视频也许会在短时间内收获到大批的流量,但是如何将流量转变成传播量,同时吸引更多的客流,这时精准推广就显得尤为重要了。通过以上几种方法,使短视频的推广更具精准度,能够为企业的短视频营销带来更多的有效流量。

实训专区

任务背景

假如你是童装类电商企业的一名短视频运营人员,计划进行投放抖音广告进行引流,达到品牌宣传和下单转化的目的。

任务分析

1. 了解抖音广告模式。
2. 选择广告投放。

任务实操

1. 明确抖音广告包括以下几种模式:

(1) 抖音开屏广告

广告样式:静态 3 秒、动态 4 秒、视频 5 秒。

(2) 抖音信息流广告

素材类型：横版视频、竖版视频。

(3) 抖音贴纸产品

激发用户主动参与和传播，分享传播后，触发二次使用。

(4) 抖音达人合作

借助达人影响力和创意能力实现品牌营销内容传播。

2. 根据企业营销目标选择广告模式

本次推广旨在提升品牌知名度，实现短视频引流。小明选择与某知名网红合作，策划发布短视频，通过网红的粉丝影响力实现品牌的传播。

● 任务评价

序号	评价项目	评价标准	分值	评分
1	能确定抖音的广告模式	符合实训任务背景	30	
2	能掌握不同广告模式的特点	具有创新	40	
3	能策划视频框架和表现内容	框架设定合理	30	

● 情景训练

请你为童装企业策划一个新品推介视频方案。

单元练习

一、选择题

1. 下列哪一个不是短视频平台？(　　)

A. 抖音　　B. 火山

C. 快手　　D. 知乎

2. 短视频营销定位包括哪几项？(　　)

A. 内容定位　　B. 用户定位

C. 市场定位　　D. 目标定位

3. 下列哪项内容不可以发布到短视频平台上？(　　)

A. 搞笑类视频　　B. 正能量类视频

C. 暴力、低俗类视频　　D. 化妆类视频

二、案例题

假如你是一家美妆企业的短视频运营人员，请设计一个关于美妆产品的短视频拍摄方案。

项目六
直播营销

思维导图

- 直播营销
  - 认识直播营销
    - 直播营销的价值
    - 直播营销的模式
    - 直播平台
  - 搭建直播环境
    - 直播设备的准备
    - 直播场地的选择
    - 直播场景的搭建
  - 策划直播活动
    - 策划直播预热
    - 编写直播脚本
  - 提升直播内容
    - 直播间互动
    - 直播间引流
    - 直播间销售

学习目标

知识目标

- 说出直播营销的价值
- 列举直播营销的模式及平台
- 列举直播营销的三要素

技能目标

- 能根据活动目标编写直播脚本

- 能策划直播间的互动方式
- 能进行直播间的引流
- 能进行直播间的销售

思政目标

- 培养注重精神文化传播和高尚情感的传达的意识
- 增强树理想、厚人文、爱专业、精技能的信心
- 培养良性竞争意识、团队协作能力和开拓创新精神

引导案例

随着互联网的发展，营销宣传的形式也变得愈发多种多样。从传统通过电视和媒体进行营销宣传，到后来各电商品牌开始进入互联网进行营销推广，营销宣传的方式越来越趋于碎片化。进入5G时代，视频营销的出现带来了更大的传播优势，视频的传播比起文字、图片可以产生更大的传播能量，直播作为视频营销中具有强转化的一种营销方式，已经成为行业关注的焦点。

某主营服装的电商品牌，多次针对受众投放了营销宣传，却由于宣传媒介本身的条件限制，无法达到很好的宣传效果。同类品牌的策划宣传都开始进行直播营销并因此获得了销量的增长，品牌方计划通过直播营销宣传公司产品，以达到提升销量的目的。

结合案例，思考并回答以下问题：

1. 直播营销活动与其他种类的新媒体营销活动有什么区别？
2. 作为公司活动策划人员，你会如何进行直播营销策划？

任务 6.1　认识直播营销

直播营销是指在现场随着事件的发生、发展进程同时制作和播出节目的营销方式，该营销活动以直播平台为载体，达到企业获得品牌的提升或是销量增长的目的。直播营销是一种营销形式上的重要创新，也是非常能体现出互联网视频特色的板块。

“直播”一词，本意是指以电视或广播为媒介，录制、配音、播出同时进行的播出方式。例如体育比赛直播、新闻直播、晚会直播等。但随着互联网的发展和普及，直播的制作成本和观看门槛也逐渐降低，于是直播这种表现形式也在互联网平台上流行起来，人们开始将直播逐渐运用于各个领域中，成为一种新型的娱乐方式，受到越来越多人的追捧。

营销本质上是对人们的注意力进行争夺，营销推广的特点就是紧随时代潮流。因此，随着直播营销形式的发展，越来越多的品牌方将直播与营销相结合，创造出了一种新兴的营销宣传方式。品牌方会通过直播发放优惠券等奖品，以此来带动营销宣传，吸引越来越多的人参与到直播观看中，形成良性循环，带动了直播营销的发展。

6.1.1　直播营销的价值

1. 门槛低

互联网直播相比于电视媒体上的传统直播，门槛大大地降低了。要进行传统的电视媒体或广播媒体的直播，需要向有关部门提出申请，为保证直播质量，前期在直播设备和场景搭建中的投入是巨大的，并且电视媒体对于直播的内容相比于今天也有着很大的限制。而当今互联网的普及，让普通人发声的难度大大降低，使得几乎人人都是创作者，人人都能发表自己的声音。互联网让直播不再受限于电视台或广播电台，只要有手机，能够联网和拍摄，即可随时随地开始直播。申请流程简化，并无需投入大量财力购买昂贵的录制设备。观众能够随时随地通过手机或电脑等一切联网的设备进行直播观看，而不仅仅局限于在家中的电视机前，而这也是直播能够广为传播成为潮流的重要原因。

2. 成本低

互联网营销的兴起，越来越多的用户和品牌方都涌入其中，各种互联网宣传渠道的价格也随之水涨船高，如电商首页宣传、搜索引擎广告等，都需要品牌方付出不少的宣传成本。

而直播营销由于场地搭建的成本较低，对道具的需求较少，故而是目前性价比较高的营销形式。

3. 覆盖范围广

由于直播建立在互联网之上，因此脱离了时间和空间的限制。传统的导购通常只能一对一地进行介绍，能够影响的人数非常有限，人力成本也较大。而通过直播进行产品介绍，一位主播就能够直接覆盖不同地区的消费者，极大地扩大了宣传范围，并且节省了人力成本。

4. 内容多样

在互联网时代，每一个直播间都相当于电视媒体中的电视台，相较于传统媒体直播，互联网直播内容的创作空间有了很大的拓展。除了传统媒体直播的体育赛事、新闻、访谈、晚会等形式，人们可以通过互联网观看更多的直播形式，如网络游戏直播、发布会直播、购物直播等。

5. 直达受众

直播营销需要用户在特定的时间进入特定的网络环境中去，与其他新媒体营销的“营销找人”不同，而直播营销强调“人找营销”。这在无形中提高了人们接收营销信息的门槛，无法拥有像其他新媒体营销形式一样的宣传范围，但却对受众进行了筛选，真正识别并吸引了对产品感兴趣或对品牌有忠诚度的消费者参与到直播宣传中。

6. 实时互动

直播之所以能够迅速发展，主要原因在于让用户拥有更多的参与感。营销方式逐渐去中心化，从集中式传播到零散式传播发展，让用户成为营销的一部分，已经成为未来营销的趋势。在直播营销中用户不再是单一地接收信息，而是参与到直播中，成为直播的一部分。比如常见的有发弹幕吐槽、为喜欢的主播打赏、提出问题等。主播与观众聊天互动也是直播的重要组成部分。

7. 场景化营销

直播可以让用户直观地感受到产品的外观、材质、大小、使用方法等。相比于用户在商品详情页中浏览图片、参数或是精心制作的广告视频，直播营销能够更好地将用户带入使用场景。在直播中，主播常常通过试吃、试用等方式，让用户身临其境地感受产品的使用体验，进而勾起用户的购买欲望。

8. 群体情绪感染

由于直播营销带有对消费者的筛选机制，因此，来参与直播的人常常是拥有相同兴趣爱好的人群。他们聚在一起通过弹幕表达需求、感情，情绪上的共鸣得到加强，这时直播方根据氛围进行合适的引导，达到营销效果。

9. 提升品牌亲和力

通过直播，人们可以看见品牌 CEO、代言人的真实呈现，让品牌更具有亲和力，提升人们对品牌的好感度。当品牌以一种真实的形象出现，用真心实意的态度与粉丝建立起情感联结时，便可易于得到观众发自内心的认可和好感。

10. 精准营销

直播营销后台能够对数据进行精准的实时监控，比如观看人数、消费时间、观众画像等。有助于品牌方了解消费者的需求，从而改进自己的营销模式，提供个性化的服务，以此来增加消费者的忠诚度。

6.1.2 直播营销的模式

随着直播的火热发展，直播营销的模式也得到了很大扩充。好的直播模式极大程度上满足消费者的猎奇心理，快速抓住消费者关注，从而在有限的时间里成功争取到客户的时间，最终获得有效的宣传效果。

1. 主播身份

(1) 大 V 直播

在直播行业中的头部大 V 是主播中拥有粉丝量较多的人群，也是最受关注的一批人。当他们在直播中推销产品，为产品背书，其影响力是巨大的，会为产品带来非常高的可信度。头部大 V 的推荐常常会影响消费者的购买决策。并且由于其自带的庞大的粉丝群体，能够使直播营销的宣传覆盖范围呈几何增长，常常能促成几千万的销售额。

(2) 明星直播

同大 V 一样，明星的粉丝流量巨大，在直播过程中，明星能够与粉丝互动，成为吸引粉丝的最大特点。与直播大 V 不同的是，明星的风格更加明确，粉丝群体也因此更有特点，品牌方通常会给予明星更深度的合作。除此之外，将产品使用植入明星的工作日常也是非常有效的一种营销手段。不仅搭建了产品的使用场景，还直接展现了产品的使用效果，使得产品更具有可信度。

(3) CEO 直播

许多品牌为突破同质化困境，纷纷尝试邀请品牌 CEO 前来进行直播。CEO 特有的神秘感本身就是对用户的吸引，参与直播能极大地满足公众的好奇心，尤其是以直播这样能与观众直接进行互动的形式，这将大幅提升品牌的亲和力和用户对品牌的好感度。利用 CEO 的身份为自身的产品做背书也可以提升可信度的，同时为品牌、产品进行了宣传。

此外，通过直播的形式使消费者能够直接与 CEO 沟通，CEO 也能通过直播互动对市场和消费者进行了解，促使公司的决策更加贴近消费者。

2. 直播内容

(1) 线上发布会

近年来，线上的发布会也逐渐成为直播的趋势之一。线上发布会除了参与人数和宣传范围的优势，还有三点优势。第一，线上发布会不再需要搭建大规模的场地以及承担交通、住宿费用等，一定程度上节省了成本。第二，人们可以通过科技手段聚焦于产品的本身，视角相比于线下发布会更加灵活，能更准确地将信息传达到消费者。第三，信息的价值被放大，传播的途径更广，速度更快。人们可以通过弹幕进行实时互动，介绍者能即时回应消费者的问题，实现云互动。

(2) 企业日常

企业平时的工作也可以作为直播的内容。比如产品的研发过程、影片的制作花絮、幕后的工作区域、对员工的采访等等。一方面，将企业内部的情况呈现在大众面前，让人们对企业的运作机制有一些了解，进而提升用户对企业的信赖度。另一方面，品牌能够借这个机会展现自己人性化的一面，拉近与用户之间的距离，与公众建立更紧密的社交关系。选择的直播内容应尽量生动有趣，才能使这类直播更加有吸引力。

(3) 尾货甩卖

一些品牌因为产品过季而将其降价出售，这时常常会通过直播进行售卖。尾货因为过季而不会出现在品牌自身的销售渠道进行售卖，囤积或销毁都会造成大量损失，于是就会进行降价出售。又因为品牌本身质量有保证，过季的产品也不例外，于是用户就会因为经济实惠、性价比高而购买这些产品。将这类产品通过直播的形式向人们进行展示，打消了人们心中对质量问题的顾虑，进而促成消费。

3. 其他直播模式

(1) 品牌店铺直播

这类模式是电商中最为常见的模式，主播在直播中就像现实中的导购，为客户提供服务，帮助客户了解产品，解答疑惑。通常用户会通过评论或弹幕告知主播要求，比如查看款式、询问质量、适合季节等。客户能够直观地通过直播展示的内容对产品有一个更加深入的了解，进而进行消费。

(2) 实地采购模式

拥有地域优势的主播可以通过直播，在当地为客户进行代购。客户能够直接通过直播的场景，确认代购所在的地区，提高了代购的可信度，并且会跟随代购主播的镜头进行商品的选购。相比于传统代购的图文宣传形式，采用直播形式来进行的代购能让消费者更加真实地了解商品。

(3) 产地直播

这类直播通常有着不确定的外部环境，比如如果需要在外景进行直播，则需要注意直播时的音质效果，尽量避免外界杂音。这类直播通常适用于当地特产、水果、农产品等类型的产品，强调产品的天然属性。同时，这类直播还有强调产地直销的作用，突出产品的高性价比。

6.1.3 直播平台

直播平台是内容生产和消费的平台，直播平台最核心最具价值的部分就是内容。有好的内容，才有消费的人群。各类直播平台为打造独特的平台特色，纷纷选择不同的直播品类进行深入发展，避免激烈的竞争。对于品牌方来说，根据自身品牌风格或产品特性选择合适的直播平台进行直播，能够更有效地抓住目标消费者的关注，提高营销宣传的传播效果。

1. 电商类直播平台

电商类直播平台的主要内容围绕商品进行展开，主播除了与观众互动，最主要的任务就是介绍产品。2019 年，李佳琦等电商平台主播进入公众视线的焦点，引来许多关注，让许多人了解到了电商直播这一行业。2020 年，淘宝直播数高达 2 589 万场。这类直播通常在淘宝平台上进行，平台粉丝多为购物爱好者，其中女性居多。

2. 内容类直播平台

除了主打产品推广的电商直播平台，市场中更多的是以内容为主导的直播平台。

(1) 游戏直播平台

这类直播平台的主播主要在平台上进行游戏实况直播，靠电竞游戏吸引用户关注，平台粉丝多为游戏爱好者，其中男性居多。

图 6-1-1 斗鱼平台

(2) 泛娱乐直播平台

泛娱乐直播平台中具有代表性的是微博。这类平台通常在直播之外有专属于自己的优势,比如,新浪微博通过信息的实时共享、传播互动而为用户形成一个社交平台;哔哩哔哩除直播之外还为创作者提供了视频创作平台,用户不仅能在这个平台上看见创作者自制的视频,还能观看电影、动漫等产业化的视频形式;爱奇艺则为用户提供了电视剧、电影进行观看。因此,在这类平台上参与直播的用户多是平台前期积累的忠实用户。

(3) 短视频直播平台

这类直播平台最具代表性的是抖音和快手。抖音以直播内容为主、电商为辅,通过在短视频和直播中共同发力来打造爆款商品,进而提升品牌知名度。在这类直播平台中进行直播,要注意平台推送的算法是根据用户偏好和浏览习惯进行匹配的,因此前期的直播选题和宣传曝光,是吸引流量的重要条件。而快手则更偏向于主推关注页推荐内容,加深主播和粉丝之间的联系,因此,在快手上进行直播,首先需要主播吸引足够的粉丝。

(4) 音乐直播平台

这类平台中,酷狗繁星直播和全民 k 歌直播是做得最为出色的。直播内容主要靠主播本身的才艺作为支撑,加之与粉丝具有亲和力的交流,这类直播的观看人数和主播收到的礼物都非常多,是用户黏性较强的一类直播平台。

(5) 秀场直播平台

这类直播平台体量最大的当数映客,除了其他直播中常见的才艺展示和粉丝互动,还可以和其他主播进行 PK 来获得粉丝打赏。这类平台主打全民直播,极大程度降低了直播的门槛,吸引众多粉丝和观众成为内容创作者,因此该平台的用户月活跃度较高,并且主要针对一二线城市的年轻用户。

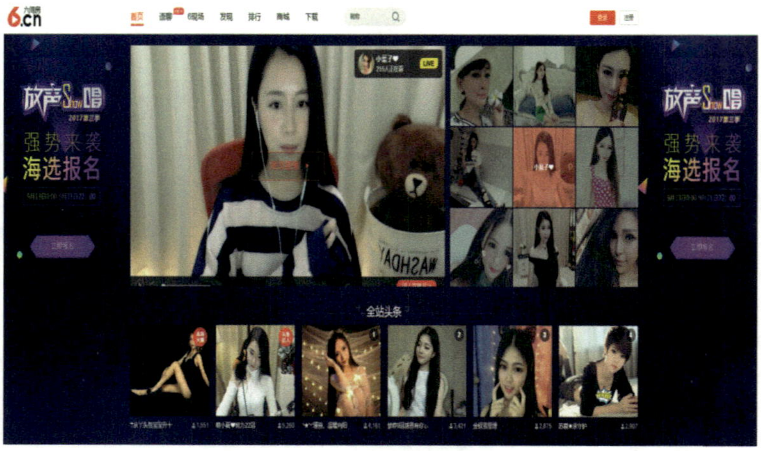

图 6-1-2 映客直播

(6) 社交直播平台

这类直播以陌陌、探探主导,通常这类 App 的用户目的明确指向社交,因此直播的内容也围绕满足用户的社交需求展开。

(7) 综合类直播平台

YY 是最早推出直播功能的平台,早期是针对用户设计的多人语音群聊工具,是供玩家在游戏中进行交流的通信类软件。在直播发展后期,逐渐发展成拥有较为全面的直播内容的平台,包括旅游、美食、脱口秀、音乐、体育等各种内容。

实训专区

任务背景

近年来,经营者们纷纷将目光投向不受空间限制的线上营销,经营宠物美容及宠物用品的企业也不例外。某企业计划进行宠物用品的直播营销。假如你是该企业的营销策划人员,请进行一次直播营销策划。

任务分析

分析品牌风格和目标受众,结合直播营销的优势和因素,写出可以在直播营销中利用到的优势。根据品牌风格、目标受众和场地特点选择合适的直播模式。结合宠物类品牌的特点选择适合直播的平台。

任务实操

步骤 1: 宠物用品的品牌风格:以宠物为吸引点的宠物用品通常风格较为可爱,同时还要传达出健康的品牌特点,加深消费者的信任。受众画像:喜欢宠物的人群以年轻人居多,大多数年轻人对于直播营销的方式接受度较高。通常养宠物的人拥有较好的经济条件,是市场中较具备消费力的人群。场地特点:线下宠物店的特点是能够参与到直播中进行互动的宠物较多,通过这些宠物与观众建立联系,会增加观众对品牌的好感和信任度。

步骤 2: 主播分析:在宠物店内店员就是最好的主播,他们熟悉宠物产品、了解宠物,能够带领观众看到更多宠物生活的方方面面。从投入成本来看,直播投入准备周期短,投入较少,利用手机即可进行直播,并且直播宣传范围广,能够有效地为线上营销带来流量。利用目前的线下店铺和员工就可以进行直播,无须投入更多的人力成本。

步骤 3: 产品分析:在直播中展现宠物的现实生活,能够更生动地展现出宠物可爱的一面,吸引观众加入直播互动、下单。在直播中,加入创意元素,可以设计与观众互动的环节,增加观众的体验感。

步骤4: 由于宠物类产品可以很好地借助宠物可爱的外貌条件得到宣传,并且宠物用品也更容易融入直播时和宠物的互动中,因此通过宠物直播来进行宠物用品类的营销宣传会获得不错的效果。

步骤5: 根据宠物食品类产品容易留存尾货的特性,可以进行尾货甩卖类的直播,在提前告知消费者的前提下,将快要过期的宠物食品进行低价处理,尽可能收回成本。

步骤6: 电商直播平台、泛娱乐直播平台和综合类直播平台是很好的选择。

● 任务评价

序号	评价项目	评价标准	分值	评分
1	能够根据直播营销的特点进行分析	至少包含5个特点	25	
2	能够根据直播营销的要素进行分析	场景、主播、产品、创意	35	
3	能够选择合适的直播模式	至少3种模式	25	
4	能够选择合适的直播平台	选择的平台符合产品推广特点	25	

● 情景训练

请结合上述步骤,为某服装品牌方写出前期的直播策划。

任务 6.2　搭建直播环境

在直播时，用户一眼就看到直播间环境，从而产生对直播间的第一印象。因此直播环境的好坏直接影响着用户观看直播的体验，关系着直播营销的效果。所以在开播之前，直播团队需要营造出一个符合直播间主题、产品调性以及主播人设的直播环境。直播间环境最基础的要求是：光感清晰，灯光明亮，环境敞亮，背景干净，所有观众视野范围内物品整洁且无杂物。

6.2.1　直播设备的准备

现在，一部智能手机即可随时随地开启一场直播，直播团队应该如何保障用户舒适的购物体验呢？“工欲善其事必先利其器”，清晰、稳定的直播画面离不开专业的直播设备。

一个成熟的直播间，主要包含以下两个方面的设备配置。

1. 主设备

目前，直播团队主要通过手机和电脑相结合的方式进行直播，在选择手机/电脑时，应该参考表 6－2－1。

表 6－2－1　主设备选择

设备	说　明
手机	内存充足，摄像头清晰，性能良好
电脑	建议主板不低于 Intel i5 系列，最好是 Intel i7

2. 辅助设备

在手机/电脑设备的基础上，直播团队可根据自身的需求和预算，添置相应的辅助设备。

(1) 摄像头

视频摄像头是直播的基础设备，目前既有固定支架摄像头，也有软管式摄像头，还有拆卸式摄像头。分辨率在 1 080 dpi 以上，最好能支持 4 K。

图 6-2-1 带有固定支架的摄像头

图 6-2-2 软管式摄像头

6-2-3 可拆卸式摄像头

(2) 支架

支架是用来放置摄像头、手机或话筒的，它既能解放主播的双手，也能增加摄像头、手机、话筒的稳定性。下图所示为摄像头三脚支架。

图 6-2-4 摄像头三脚支架

(3) 麦克风

① 动圈麦克风，适用于大型直播现场或户外直播等场地较大的环境，如图 6-2-5 所示。

② 电容麦克风，适用于室内直播间，如图 6-2-6 所示。

图 6-2-5 动圈麦克风

图 6-2-6 电容麦克风

(4) 声卡

声卡是直播时使用的专业收音和声音增强设备,能提供丰富的伴奏和特效声音,活跃直播间气氛。一套声卡可以连接 4 个设备,分别是电容话筒、放伴奏用的手机或平板、直播用的手机和耳机,如图 6－2－7 所示。

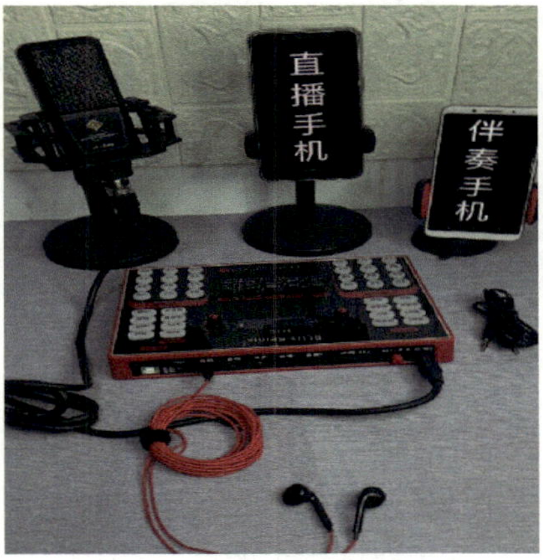

图 6－2－7　声卡

(5) 灯光

一个好的直播间除了适当的装饰和合理的布局外,最重要的就是灯光。灯光主要有补光灯和灯箱,弥补直播间光照效果差的缺陷。

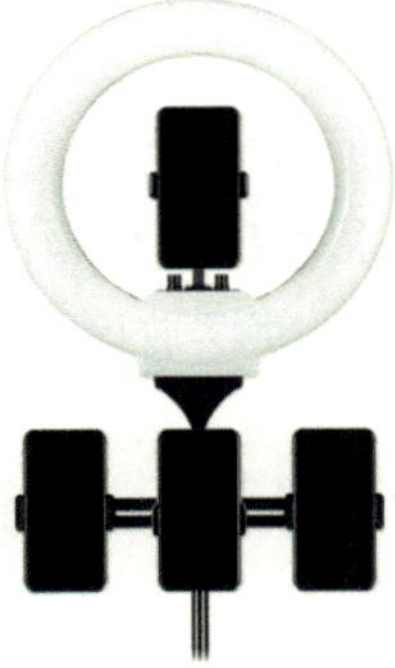

图 6－2－8　环形补光灯

图 6－2－9　八角补光灯

(6) 网络

建议尽量使用网速 100 M 及以上的网络,保证直播时网速的流畅性。

6.2.2　直播场地的选择

1. 选择直播场地

直播场地分为室内直播场地和室外直播场地。

图 6-2-10　室内直播场地

图 6-2-11　室外直播场地

不同直播场地的搭建要求不同，如果是室内直播场地，应该要有良好的隔音和吸音效果，另外光线要好，空间要充足，面积一般为 10—40 平方米。

室外直播场地一般比较适合直播规格较大的商品，或需要展示货源采购现场的商品，如现场采摘农产品、渔场码头现场挑选海鲜等。室外场地直播应该做好下雨、刮风等天气的防范措施，并且场地不能出现杂乱的车流、人流等。

2. 布置直播场地

直播场地的布置主要包括直播间的整体布局、直播间的背景布置和直播间的灯光布置。

(1) 直播间的整体布局

直播间的整体布局就是不同功能区的布置分配，分配的原则就是让主播和需要展示的商品出现在直播画面中，其他的工作人员及不需要展示的商品不出现在画面中。一般来说，就空间布局而言，直播间主要可以分为背景区、主播活动区、硬件摆放区及其他工作人员活动区，可参考表 6-2-2。

表 6-2-2　直播间的整体布局

待讲解商品	背景区	待讲解商品
	主播活动区和商品展示区	
提示区	摄像机摆放区	监视器摆放区
	其他工作人员活动区	

(2) 直播间的背景布置

直播间背景是指主播身后的背景，可以是墙，可以是窗户或窗帘，也可以是置物架等。直播背景怎么布置，才能体现直播间的风格，具体可以从以下几个方面考虑。

① 背景色。

背景墙的颜色不要过于花哨，一般选择浅色或纯色，比如浅灰色，米色。但不建议使用大面积的白色，容易反光。

② 背景内容呈现方式。

直播背景的呈现方式有很多种，具体可分为以下三种：虚拟背景、货架背景和具体场景。

(3) 直播间的灯光布置

主灯：在主播的正面，与视频摄像头上的镜头光轴形成 0—15°夹角，使主播脸部均匀受光，磨皮美白。

辅灯：在主播左/右前方 45°照射，增强主播面部/产品立体感，突出侧面轮廓。

轮廓灯/逆灯：在主播身后照射，将主播从直播背景中分离，勾勒出主播轮廓。

顶灯：在直播间顶部，给背景和地面增加照明。

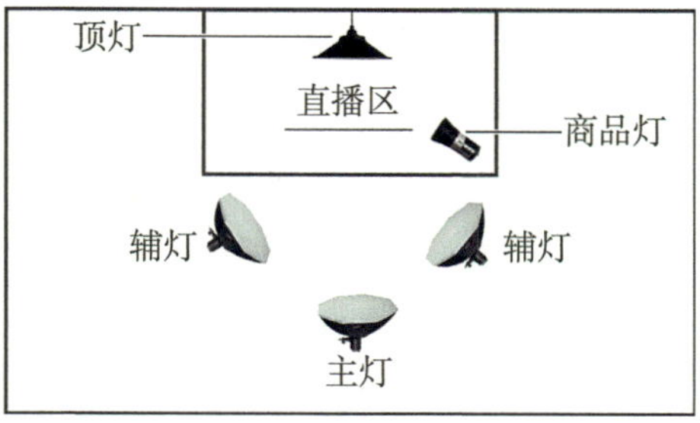

图 6-2-12　灯光布置

6.2.3　直播场景的搭建

一个良好的场景能够延长用户的停留时间。直播间的搭建样式是留住用户的重要环节，直播间的环境就如同我们和别人见面时的第一印象，对后续的营销效果有着非常大的影响，一个舒适的直播环境可以极大地提升转化率。由此可知，搭建一个良好的场景对一场直播的重要性不言而喻。

1. 搭建直播室外场景

(1) 背景、声音

室外直播环境类直播间的共同点都是在户外进行。户外场景要根据博主呈现的主题来选择，例如图 6-2-13 这类旅行主播就会选择一些热门景点，但缺点是室外无法控制杂音。外景环境声音相对嘈杂，特别是热门景点。对于旅游博主来说，如何处理外界环境的杂音是一个绕不开的问题，拍摄外景时可使用指向性话筒或无线麦克风等设备进行外景收音。室外直播相较于室内直播不可控因素更多，当然也有它的优势，对于旅游型博主来说，外景直播可以让用户感觉更加真实，给用户身临其境的感觉；有的农村、山区直播卖农产品就会选择自家的产品基地，也相对增加了用户对这类博主的信任感。

图 6-2-13　直播环境

(2) 设备、灯光、陈列

相对于室内场景来说，户外不需要有太多的设备、灯光等，但是由于一些不可控因素可能会对户外场景有一定的影响。比如风景这些场景，如若遇到不适合的天气可能导致无法直播。

户外有时候也会用到一些灯光、陈列。比如户外做饭、手工这些场景就需要一些陈列物品，如若光线不均匀时，就需利用灯光和反光板将光线均匀分布。另外，在主播出镜逆光的情况下，就要利用反光板将需要的地方打亮。

2. 搭建直播室内场景

(1) 背景

室内直播环境最好是独立、安静的空间，个人直播间大致在 8—15 平方米，团队直播间控制在 20—40 平方米即可。地方选择上可以是演播厅、办公室或者家里。

背景的选择最好以浅色、纯色为主，风格以简洁、大方、明亮为主，切勿出现脏乱杂的背景，容易让人产生反感情绪。当然，也可以选择绿幕，后期可以让美工贴图，这样就可以任意调节背景了。不过，建议尽量以真实场景呈现打造，相对而言绿幕搭建的场景不够协调，会有突兀感，效果会相对较差。

而室内直播间多以灰色系为主，灰色较为简约也不易曝光。同时灰色是一个中立色，任何色彩都可以搭配。灰色也是摄像头最适合的背景颜色，不会过度曝光，视觉舒适，有利于突出主播的妆容、服饰或者产品的颜色。

(2) 隔音

房间的隔音效果同样重要，因此要提前测试一下房间的隔音效果，隔音如果不好或者回声过重，都会影响直播的正常进行。有些直播是在家里进行的，如若声音过大会影响到邻居，但若是周遭音量过大也会影响直播的质量。一般我们的房间都会在十平方米左右，这个空间如果不大声喧哗的话，不会出现回音状况，具体还需要主播根据自己实际所处的情况来定。

(3) 灯光

灯光设备对于打造一个直播间是非常重要的因素，一个好的灯光布局可以提高直播的画面质量。室内直播间的灯光布置有以下几个点需要注意。

① 灯光需与背景色色调适配；

② 灯光不能直接照射墙面，否则会让人产生视觉疲劳；

③ 如果主播脸上光线不均，切勿将灯光直接打到脸上；

④ 直播间的灯光主要为落地环形灯、桌架环形灯、移动环形灯等，可以根据主播的具体需要进行选择。

(4) 设备

直播最基本的要素是保持高清稳定不卡顿的画面。大多数人使用的直播设备是手机，直播时最好准备两部，一部用于直播，一部用来发布相关信息。还有其他辅助设备，比如手机支架、产品展示台等。

(5) 陈列

其他辅助直播的一些陈列物品可根据直播类型来选择。比如穿搭博主一般都会摆放一些衣物衣架，而美妆类博主则会陈列一些化妆柜等。如图 6 - 2 - 14 是教育类的直播，根据直播的需要，放置了一个电子屏幕来辅助讲解。但需注意的是这些陈列要摆放整齐，若是需要切换镜头一定要注意周遭环境是否整洁。

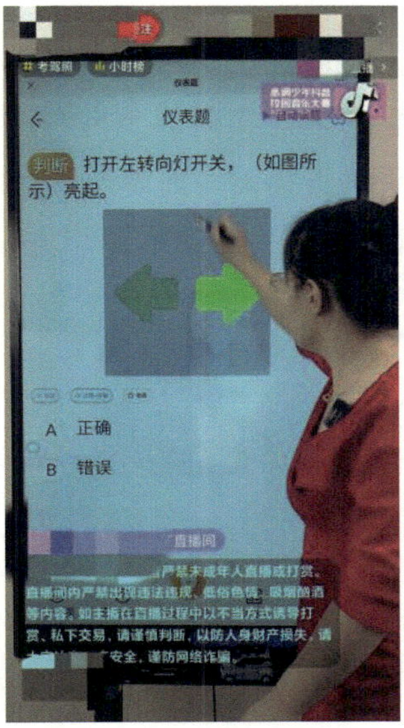

图 6 - 2 - 14　直播间陈列

任务 6.3　策划直播活动

6.3.1　策划直播预热

直播营销的最终目的是销售商品，要想实现这个目的，第一步要做的事情就是进行直播预热。通过直播预热，可以让直播活动在开播前得到最大限度的曝光，提升开播后的直播效果。

直播预热的执行主要包括两部分，第一是选择预热渠道；第二是结合不同的渠道特点准备预热形式及物料。

1. 直播预热渠道

直播预热可以利用直播平台自带的渠道进行引流，也可以利用各种传播渠道进行预热宣传。

(1) 直播平台

以淘宝直播平台为例，主播可以利用的流量来源包括直播预告、粉丝推送、店铺首页、商品详情页、逛逛、淘宝群等。

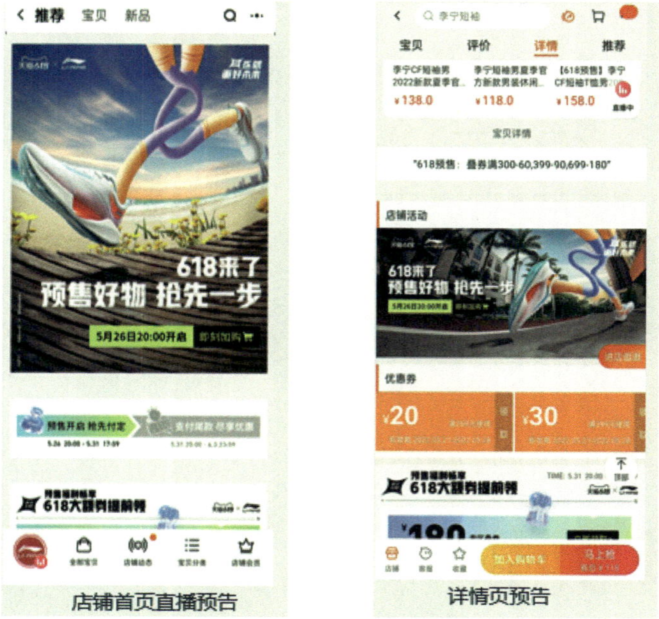

图 6-3-1　淘宝直播预告

如果选择抖音、快手等短视频平台来进行直播的话，主播可以利用个人主页中的账号名、账号简介等来进行预热，主播在直播前可以更新账号名和账号简介信息，如图 6－3－2。在账号名中加括号备注“今晚＊＊点＊＊＊品牌专场”，也可以在账号简介中以文案的形式说明自己的直播时间，如“直播时间：每周一至周五 19:00”。

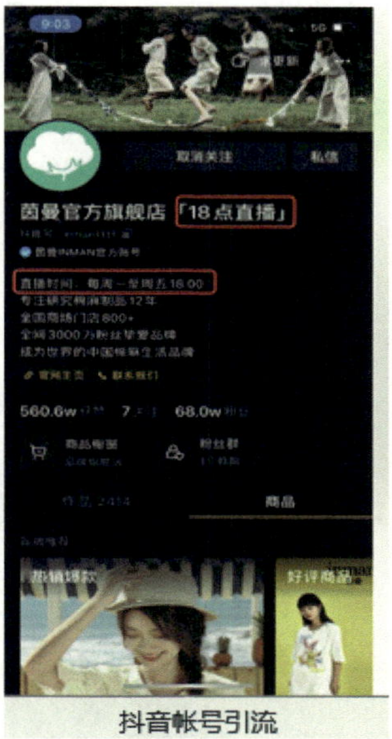

图 6－3－2　抖音直播预告

(2) 短视频平台

目前，主流的短视频平台有抖音、快手等，主播一般在开播前发布短视频进行直播预热，预热时间建议不超过 3 天，一般直播当天发送。例如，某些主播虽然直播的主战场是在淘宝直播，但是其本人也在抖音、快手等开通了账号，在直播前可利用抖音、快手等发布预热视频，将粉丝从抖音引导到淘宝直播平台。

短视频平台的直播预热宣传有多重形式，如图 6－3－3 所示。

图 6－3－3　直播预热形式

(3) 微博

微博平台上，预热宣传的形式一般有“文字＋图片”“文字＋视频”这两种。很多主播通过微博进行直播预热宣传，不仅可以告诉粉丝直播时间及直播主题，还可以利用微博的高互

图 6－3－4　微博直播预热

动性特征，开展粉丝互动活动，例如转发有礼、评论抽奖等。

(4) 微信公众号

主播可以在微信公众号上以长文案的形式进行直播预热，同时添加贴片或海报，更清楚地说明直播的时间和主题。例如，小米家装节直播前在公众号发布相关预热图文及产品剧透，以此进行预热引流。

图 6-3-5　微信公众号直播预热

图 6-3-6　社群直播预热

(5) 社群

社群是直播流量的主要来源，有些主播会创建自己的社群，例如微信群、淘宝群、抖音群等。社群作为粉丝的聚集地，用户精准性及忠诚度往往比其他渠道的更高，所以在开播前通过在社群里发布预热信息，可以实现精准传播，高效引流。社群预热的内容形式通常以文案＋图片＋链接等为主，如图 6-3-6 所示。

2. 直播预热文案

直播需要提前预热，不管是哪一种预热方式，都需要有吸引人的文案，让用户看到第一眼就对直播内容产生兴趣，从而进入直播间。

直播预热文案怎么写才能更加吸引人呢？下面是几种比较具有吸引力的写作方法。

(1) 借势型直播预热文案

目前，很多直播间会邀请当红明星来直播间做客，直接借“名人”的势来宣传造势，可以吸引大量明星粉丝关注，自然可以提高直播间关注度。

预热文案

图 6-3-7　预热型文案

直播预热

图 6-3-8　抽奖型预热文案

(2) 抽奖型直播预热文案

大部分人无论是物质上或者是精神上，或多或少都会有“占便宜”的心理。所以借助一些平台的互动抽奖方式，可以让文案传播得更快。如图 6-3-8 就是利用了用户的这种心理，策划了“三棵树×冬奥冠军”的专场直播。

(3) 价值包装型直播预热文案

给直播预热文案做一次价值包装。如果用户从你的文案中看到了“价值”，自然就会进入你的直播间。例如，下图中的助农直播预热文案。

助力查干湖公益直播预告

图 6-3-9　助农直播预热文案

(4) 设置悬念型直播预热文案

设置悬念,能够勾起用户的好奇心。这一点在某主播首次直播宣传海报文案中用得非常好。

图 6-3-10 设置悬念型直播预热文案

6.3.2 编写直播脚本

随着直播行业的日渐成熟,直播也逐渐专业化,如今,不管是什么类型的直播,都会在开播之前针对即将到来的直播进行各种准备工作,比如编写直播脚本。一个好的直播脚本,能让直播的流程更加顺畅。主播能够借用直播脚本中的话术,更加得心应手地应对突发的状况。随着直播次数的增多,主播逐渐了解用户的喜好,并且能针对不同的产品采用不同的风格,这些在脚本中进行呈现后,会在直播过程中提醒主播,从而让直播更加有趣,进而从众多直播中脱颖而出。除此之外,脚本还能提醒主播产品的要点和直播的重点等,从而让内容更加完整有节奏。

1. 直播脚本的定义

(1) 单品脚本

单品脚本是指产品的作用、卖点、品牌的介绍、品牌的折扣福利等,这些能帮助主播更加完整全面地对产品进行介绍和推荐,让消费者对产品的基本属性有一个全面的认知,并且提高品牌的认知度,增强消费者对于品牌的记忆。除此之外,单品脚本中还有产品卖点所对应的消费者需求、产品的使用场景、产品特点的展现形式等,让主播精准抓住消费者痛点进行产品宣传,并且通过产品试用和不同的展现方式让宣传更加场景化,增加产品的可信度,勾起消费者的购买欲望。

(2) 整体脚本

整体脚本是指整个直播的流程。由于用户在直播时不同时间段中有不同的状态,因此,主播需要根据用户的习惯进行直播内容的安排,以达到最好的宣传效果,同时使用户保持兴趣和热情,在直播间中停留或参与互动。整体脚本中应有商品融入直播的方式,直播内容向商品介绍的过渡,还有直播中游戏的规则,以便活跃气氛。此外,应对突发事件的措施和话术也收录于整体脚本中,保证直播的顺畅进行。

2. 直播脚本的作用

(1) 梳理流程

在直播的准备阶段开始首要思考的是直播的目的，是为了吸引粉丝，创造销量，还是客户回馈。再围绕这个目的进行流程上的梳理，安排产品的引出介绍和活动宣传等时间的安排。主播需要在直播开始前熟悉流程的时间，以保证直播顺利流畅地进行，尽可能准时地开始和结束。

(2) 整理内容

脚本将直播中将要进行推荐的产品进行要点提炼，这能帮助主播快速了解产品。此外，产品的特点所针对的消费者需求和使用场景也应在脚本中有所体现，以便主播快速抓住消费者的痛点对产品进行生动的讲解，这样不仅能唤起消费者的共鸣避免冷场，还能给予消费者充分的理由促进他们进行消费。

(3) 指导主播

在脚本中提供应对直播突发状况的方案和话术，能够帮助主播更好地控场。脚本能够有效地针对主播的动作行为语言进行指导，让整场直播更加热闹有趣。

(4) 便于总结和运用

直播脚本是针对直播进行复盘的重要依据之一，结合直播流程和粉丝反馈进行复盘，能够更快速准确地抓住观众喜好和适合自己的直播风格，并将复盘的经验写在下一次直播的脚本中。

3. 脚本流程策划

(1) 整体流程

直播在正式开始之前，直播间就要打开供提前到来的粉丝进入。这个时候主播可以以语音的形式出现，进行设备的调试和网络的测试。

直播正式开始后，粉丝陆续进入直播间，由于进入直播的人数太多可能会造成粉丝网络卡顿，主播就需要预留一些时间给粉丝重新进入。这个时候主播可以和粉丝进行互动，和最先来的粉丝打招呼，提醒他们签到打卡参加抽奖，提前透露本场直播的一个爆款，后台采集粉丝反馈和需求，快速找到合适的介绍方式和对应的话术。最重要的是，不断强调直播的开播时间，促进粉丝养成观看直播的习惯。

开播后的半个小时中，前十分钟先提一下今日的上新款和主推款商品，然后将今日所有的商品都简单介绍一遍，爆点稍次于主推款的商品可以进行着重推荐。这个过程中可以不与粉丝进行互动，主播自己完全把握节奏，因此需要道具和助理的积极配合，保证介绍流程顺畅快速地进行。这个过程中后台工作人员需记录下粉丝的反馈和需求，以便正式介绍时能够有针对性地针对粉丝需求进行推荐。

产品过完一遍结束后，开始进入正式的介绍推荐环节。除了介绍单品脚本上的要点之外，重点是根据之前收集的粉丝的反馈和需求进行有针对性的介绍，抓住消费者痛点。通过试用商品来进行场景化营销，展现商品的外观、质地、口感、使用方法等提高商品的可信度。在进行单品推荐的环节中，可以穿插优惠福利发放和游戏来活跃气氛，避免观众因倦怠而离开直播间。

介绍完商品后，直播的进行也已经接近尾声，这时可根据后台的观众评论数据和销售数据选择受欢迎度较高的商品进行再次推荐。在直播结束前的十分钟，主播提前透露下一次直播的上新款和主推款商品并宣传下一次直播的优惠福利，在观众心中留下悬念，吸引观众期待下一次直播。主播最后再次强调开播时间，培养观众观看直播的习惯。

(2) 明确目标

在进行直播的准备工作之前，最重要的是要明确此次直播的目标，是清仓进行尾货销售，是为上新商品制造热度，是为了回馈客户，还是为了打造爆款提高品牌知名度等。之后才能根据这个目的进行环节的设置和时间的安排。在直播过程中要强调本次直播的目的，让整个直播更有整体感，否则，没有明确目的和主题的直播会让观众感到混乱，从而失去继续看下去的耐心。此外，在直播主题确定之后，还要明确本次直播需要达到的效果，给出具体的观看量、点赞量、进店率、转化率、销售额的数据，方便之后依次为目标制定直播策划。

(3) 人员分工

在脚本中进行人员分工能保证直播有条不紊地进行下去，避免出现因人员不足而造成环节卡壳或直播冷场的事故。比如主播负责产品介绍、与观众互动、引导观众、流程推进和规则介绍等；助理负责解答问题、配合主播互动、提供推荐商品等；后台人员负责实时监控直播数据、对数据进行总结、收集观众反馈；客服人员负责转化订单等。

(4) 直播时间

将直播流程具体到分钟，能够保证直播准时结束，达到完美的直播效果。在直播开始前对直播的宣传进行规划，比如在直播结束后调研粉丝对本场直播的评价，将后续的改进方案记录在脚本中，有利于下一次的直播宣传。

(5) 促销活动

在直播过程中穿插优惠和活动能够很好地调动观众的积极性和兴趣，让观众在直播间中停留。一场只有商品推荐的直播是乏味的，由于直播是实时进行的，对当前介绍的商品不感兴趣的观众无法通过进度条跳过，因此被耗尽耐心的观众极有可能退出直播间，而能留住他们的最好秘诀就是商品介绍之后的游戏或优惠活动。提前告知观众之后会进行的活动，观众就会为了参加之后的活动而在直播间中停留，主播就有机会抓住观众的注意力推荐商品，勾起观众的购买欲望从而转化成销量。

促销活动分为基础活动、通用活动和周期性活动。

基础活动是直播中固定的项目，目的是养成观众的观看习惯。这类活动力度中等，时间固定，通常是由满减、抽奖和赠礼组成。

通用活动用于培养种子消费者，增加观众对品牌的黏度，通常会与加入品牌的粉丝群和关注店铺相结合。因此这类活动的时间间隔周期相对较长，并不会出现在每一次的直播中，通常以一周一次的频率出现，目的是提高观众对品牌的关注度。

周期性活动的力度大，通常由秒杀、拍卖、免费送等活动组成。这类活动的目的是回馈粉丝，增加粉丝的黏度。

此外，直播中的游戏也是吸引观众和提高留存度的关键。直播间中的游戏都要尽可能与优惠福利相关，这样才能唤起消费者参与游戏的欲望。游戏与单纯的优惠活动相比更加有趣，并且借助人们对未知性的渴望和参与感造成的控制感，让人们对游戏上瘾，极大程度地提升了用户对直播的忠诚度。

除了常见的抽奖活动外，还有一些游戏可以活跃气氛。比如，主播出一道没有绝对正确答案的选择题，如"你会选择甜粽还是咸粽?""和女友出去约会，哪一个选择会更讨对方欢心？游乐场还是海边?"等等。在一定时间内让观众进行投票选择，投票人数多的一方则判定为胜利，将获得优惠福利，输的一方则没有任何优惠。

(6) 多渠道宣传

在直播开始前将直播消息分享到直播粉丝群、品牌粉丝群、微信公众号、微博平台等进行引流，吸引粉丝入场。在直播开始前和直播进行时都可以进行这样的宣传。

(7) 强调重点

在直播的过程中有几点是需要反复强调的：一是强调主播对产品相关的专业知识的了解，以此增强主播的可信度；二是强调产品的特殊性和适用性，在此强调产品的卖点并回答观众问题，同时介绍与产品相关的搭配，为消费者提供了完整的痛点解决方案，能有效带动销量的上涨；三是进行品牌营销，增加观众对品牌的好感度，造成对品牌有利的舆论。

(8) 脚本更新

定期根据收集到的粉丝反馈进行脚本更新和优化。比如，根据商品的转化率选择适合主播进行营销推荐的商品类别，根据后台的监控数据选择适合进行的游戏和优惠活动，根据直播间中粉丝的流动状态对直播流程进行调整等。

实训专区

● 任务背景

假如你是某农村小伙，你家的农产品一直滞留在家里，并且迟迟找不到销售渠道。为缓解困境，你把目光转向农产品销售新渠道，决定通过快手平台拓展线上网店的业务，并且每天开设家里农产品直播，可以让优质的农产品以直播的方式呈现在大众的视野里。请你策划直播营销的活动。

任务分析

1. 直播场景搭建策划。
2. 直播内容策划。

任务实操

步骤 1: 准备直播设备,支架、话筒、补光灯,两部手机,一部用于直播(建议配置较高的,画质清晰,画面稳定),另一部用来观看直播的效果以及留言互动。

步骤 2: 寻找农村一个相对安静的场地,有着原生态、四面环山背靠小溪的清幽环境,也可以是田间、传统民居这样的场景。或者是农产品的生长地,让消费者直接看到果农作业,人工除草,产品生长环境,农民劳动的镜头,让用户身临其境,增添真实感,感受在城市里看不到的鸟语花香清净自然。

步骤 3: 搭建一个简洁的户外厨房,排列整齐,将产品展示到视觉中心,突出产品的新鲜无污染,构图适应消费者审美。再根据应季农产品适合制作的成品,准备相应道具,如果逆光以及光线不均时就要调试好灯光、反光板。

步骤 4: 根据平台特点选择直播模式。快手平台:受众多分布于北方的二三线城市,因此主推商品最好选择性价比较高的商品。

步骤 5: 列出商品的卖点和对应的消费者需求、场景化展示过程等,根据上述知识点中的单品脚本的编写方式对单品脚本进行编写。

步骤 6: 在网上收集活动的规则和脚本,选择效果较好且规则简单的活动应用在直播中。

步骤 7: 根据前文提到的内容对整体直播的时间安排进行规划,除开主要活动外,最好半小时或一小时进行一次小型的抽奖活动,让用户保持兴趣。

任务评价

序号	评价项目	评价标准	分值	评分
1	能进行直播场景搭建策划	包含设备、场地、环境、产品要素	40	
2	能选择合适的直播平台	直播平台适合产品定位	20	
3	能对直播活动形式进行策划	包含产品要素、活动要素、时间规划要素	40	

情景训练

假如你多年在某电商销售辣白菜,在家里人的帮助下,通过直播的方式展示辣白菜制作方法,请你进行直播营销的活动策划。

任务 6.4　提升直播内容

直播内容的丰富能有效吸引人们进入直播间，并且提高人们在直播间的停留时间。这一模块在之前的基础上丰富了直播的内容，介绍了直播间中的互动模式和直播中可以进行的活动，还列举了引导其他平台的用户进入直播间的方法，让本次直播获得更大的曝光度。此外，为了引导直播间的观众进行消费，了解适合直播进行的销售模式也是必要的。

6.4.1　直播间互动

1. 互动方式

(1) 话术互动

直播间最大的优势就是可以实时互动，主播作为直播间的核心人物，会在很大程度上影响直播间的节奏和范围，因此主播一定要学会主动制造话题，把控直播间节奏。

① 发问式话术。

“刚刚给大家分享的小技巧大家学会了吗？”“你们能听到我的声音吗？”“这款口红大家以前用过吗？”等这样的问题。

这类发问式直播话术，答案只能是肯定或者否定，观众打 1 个或 2 个字就能发言了，主播也能快速得到粉丝的答案，不至于在等答复时冷场。

② 选择性话术。

“想听×××的刷 1，想听××的刷 2。”“换左手这一套衣服的刷 1，右手这一套的刷 2。”

选择性直播话术，就是给观众抛一个选择题，答案 ABCD 都可以，发言成本很低，能够迅速让观众参与到直播互动里。

③ 节奏型话术。

“觉得主播跳得好看/唱得好听的刷波 666”“刷波 520 让我感受一下你们的热情”等一类话术。这类型的直播话术就是要观众灌水发言而已，让新进来的观众看到直播间很活跃，很好奇为什么那么多人刷 666，主播到底表演了什么？这就是带节奏。

(2) 游戏互动

直播间的各种互动小游戏最能提升直播间活跃度，在直播间冷场的时候使用，可以提高直播间的互动和热度。

图 6-4-1　直播间连麦

① 连麦。

连麦是直播间互动的有效技巧之一，特别是和铁杆粉丝连麦，可以调动粉丝的积极性。粉丝会帮助你塑造权威和专业度，会增加直播间粉丝的活跃性。

另外，两个人连麦以后，还可以表演剧本，促进产品销售。

② 才艺秀。

直播间要想和粉丝互动起来，除了产品，你的才艺也可以感染他们。有些主播本身会唱歌、会弹唱乐器，有的会玩塔罗牌，这些都会吸引大家的注意力。

有的主播甚至会通过点歌来促使粉丝下单，进行成交。

③ 直播抽奖。

看直播的用户，一方面是想购买到更实惠的商品，另一方面是想体验直播的乐趣，抽奖就是最好的方法，能大幅度调动观众的积极性。

图 6-4-2　直播间才艺表演

图 6-4-3　直播间抽奖

在直播中，主播可以反复强调告诉大家有这个环节，并说明规则，让用户在你的直播间驻留更久。

④ 秒杀活动。

秒杀就是通过发布一些超低价格的商品，是吸引人气的杀手锏，往往秒杀产品一上架就会被一抢而空。这是很多主播喜欢用的一个玩法，刚开始做直播带货的时候，相对频繁的秒杀，可以促进直播间的转化。

但秒杀产品也不是随意定的，一般选择一些比较热门、比较受欢迎的产品，时间上也要做分段规划，隔一段时间秒杀一次，引导用户分享、转发。

图 6-4-4　直播间秒杀

2. 互动技巧

主播在一场直播中的作用是强大的，一个好的主播能够迅速带动直播气氛，提高观众的留存率，扩大直播的宣传范围。但大多数新手主播在一开始都很难适应直播间中的状态，无法以一种活泼开朗的姿态应对直播间中的观众，非常容易因为互动不够造成冷场。一方面是心理压力，这需要慢慢调节；另一方面则是技巧不足，这就需要去刻意训练。快速掌握互动方法和话术能帮助主播尽早适应直播，以真诚开朗的态度打动观众。

(1) 及时答谢

一场直播的点赞、评论决定了主播的影响力，不少观众会因为对主播发自内心的喜爱而给主播点赞。当直播间有人发弹幕与主播互动或对主播进行夸赞时，主播应该表达对对方的感谢，通过说出对方的 ID 表达对对方的重视，如果是熟悉的观众，还可以带一些亲昵的后缀或是朋友一样的问候。

(2) 动作丰富

视频直播最重要的还是视觉方面的呈现，丰富的动作和表情能增添直播的趣味，并且能够更生动地向观众进行反馈，加深观众的参与感。

(3) 分享生活

除了在直播过程中分享自己生活中的趣事，适当地分享自己的生活经历也能够迅速拉近主播和粉丝之间的距离。不需要对自己的人生累牍连篇地诉说，人们来看直播是为了获得快乐的，过度倾诉很有可能会引起粉丝的反感。此外，适当运用好自己的生活经历这个素材，可以引导喜欢你的粉丝为你刷礼物或者购买商品。

(4) 互动游戏

在直播中进行互动游戏也能迅速拉近主播与粉丝的距离。主播还可以通过真心话大冒险来让观众对你产生兴趣，顺便借此机会引出许多话题。在进行真心话大冒险时，主播可以通过让观众在一套写好了真心话大冒险的卡牌中进行选择来把控问题的方向，避免出现问题难以回答的尴尬情况。

(5) 连麦 PK

通过和其他直播间的主播进行连麦聊天也能迅速炒热气氛，双方主播通过连麦让对方的粉丝认识自己，从而提高自己的知名度。因此在进行 PK 时，即便是输了也获得了知名度。同时，新人主播还能在这个过程中学习到对方的直播技巧，获得成长。

(6) 个性化风格

主播找到适合自己的方向和擅长的风格，用自己独特的风格为观众留下深刻的印象，在这个过程中吸引到的粉丝通常黏性较高，更利于提升后期的转化率。

6.4.2 直播间引流

直播时代，流量为王。直播间获取流量是直播运营的重点。在直播前对每个环节进行充分的准备，拉动直播间人气，以保证直播间的效果。

1. 内容引流

(1) 制作有吸引力的标题和封面

进入直播广场，有很多直播间的封面图和标题显示。所以直播封面和标题一定要先声夺人，激起用户进入直播间并专注直播间的欲望。

直播间封面图一定要高清，不得带有营销性质的文字提示。同时，封面要有视觉冲击，色彩要明亮。

直播标题尽量控制在5—15个字之间，一句话概括直播的核心内容，尽量从用户最感兴趣的角度入手。

① 拟一个吸引人的标题。

如果说封面是直播间的头面，标题就是其中的重要组成部分，具有先声夺人的作用，能激起用户的观看欲望。"标题党"可以适度使用，以吸睛标题将用户吸引入直播间，直播就成功了第一步。

② 捕捉热点。

平淡无奇的引流视频、标题、封面，难以激起波澜，这时候捕捉热点的能力就很重要，主播可以联系当下的热点把热搜词嵌入介绍中，在合适的时机发布会达到事半功倍的效果。

(2) 直播预热

① 开播前、开播中发布视频。

很多大主播在开播前都会先在平台发布预告短视频，甚至有时候会连发好几个视频，这样做一是为了介绍本次直播的主要内容或是产品，二就是想通过这个视频为直播间引流，吸引更多对直播内容感兴趣的人进到直播间，所以这类视频必须主题明确、重点突出。

可以提前1—3小时发布直播预告视频，这个时间段系统会把我们的视频推荐给不同的用户，把观众引到直播间。所以，视频中可以提前预告为观众准备了哪些惊喜。

还可以在直播过程中，利用直播切片，发布视频，告诉观众你正在直播。

另外，在账号的主页上添加直播时间，提醒粉丝即将开播，吸引感兴趣的粉丝和路人进入直播间。

据数据显示，一场直播的流量，有70%—80%来自直播当天发布的预热视频。因此，在开播前一定要做好预热。

② 站外分享和宣传。

可在其他社区平台分享直播时间和内容，包括微博、朋友圈、QQ空间、微信公众号、微信群、QQ群、社群等，尽可能地吸引观众进入直播间。

(3) 提升抖音主播形象

这里的形象包括外在形象和内在形象。如果主播的外在形象一般，那么就提升内在形象，例如唱歌很好听，跳舞很好看，又或者手艺很巧，等等，都是能够吸引粉丝的内在形象点。

另外，出镜的主播一定要保持妆容干净自然，穿着大方，口齿伶俐，思维清晰，精神饱满。形象好的主播更能吸引粉丝停留，提升直播间粉丝数量。

(4) 直播间互动引流

通过连麦、PK 互动引流，可以积极到大主播直播间留言，混脸熟，占据优势评论位。毕竟与大主播互动可以为自己增加曝光度，如果在互动中有出彩的表现，还能为自己吸引一波粉丝。

在直播时主播应该及时回答粉丝问题，引导关注是基础操作。抛出话题，让粉丝多讨论，提高直播间互动氛围。既能让新用户感受到直播间的热情，也能为直播间增加平台权重，获取优势推荐。直播间讨论切忌加过多的营销元素，否则积累的人气会毁于一旦。

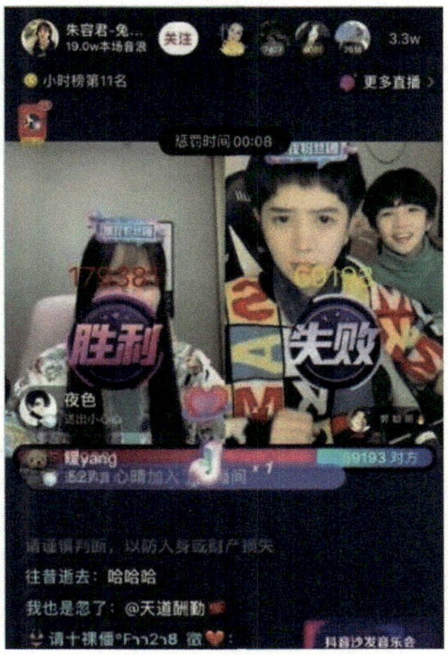

图 6-4-5　直播间互动

2. 外部引流

外部引流其实就是运用各个平台为直播引流打造粉丝聚集地。一般来说很多主播会通过微博、微信群、贴吧等搭建社群，转化私域流量。

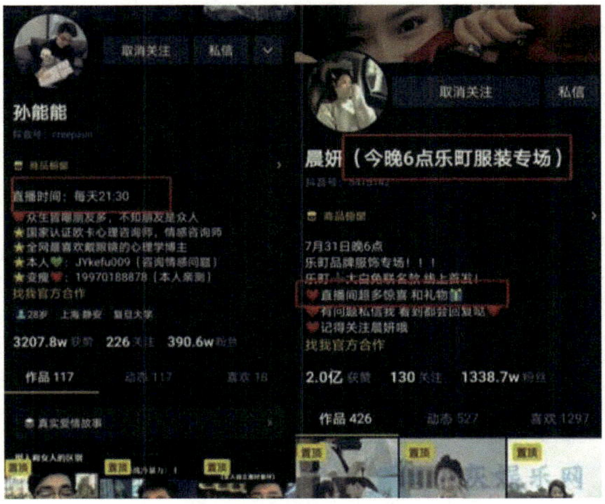

图 6-4-6　外部引流

(1) 微信引流

营销推广的三个渠道：朋友圈、微信群和群发。

在直播前、直播中发布直播信息，发送两次及以上一般能够收获较好的宣传效果，如下图所示。

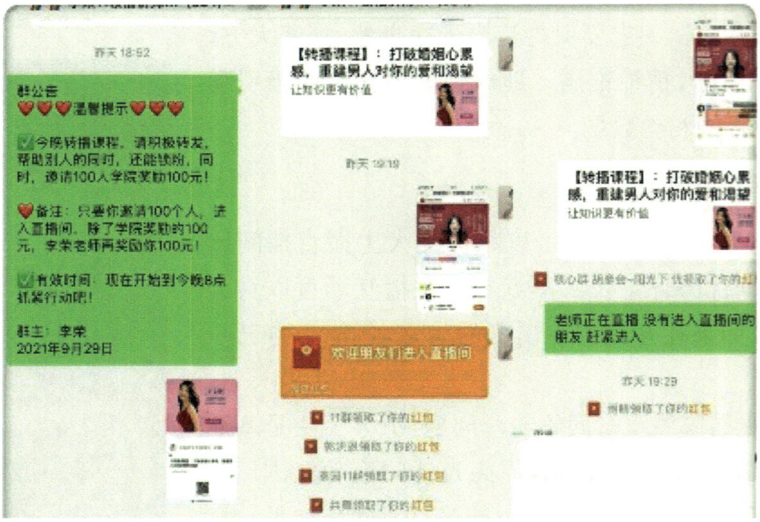

图 6-4-7　微信体验群话术

① 群发消息。

群发的接受主体应该是目标粉丝，无差别的群发效果较差，不同的人群需要不同话术。群发消息应有针对性，需要注意的是群发话术一定不要带命令口气，否则容易事与愿违，起相反的效果，还可能降低用户好感度，可以用求支持的语气去发，礼貌很重要。

② 发布时间。

在用户活跃度高的时段发布朋友圈文案，例如：早 6:30—9:00；午 12:00 左右；晚 18:30—20:30。

(2) 其他平台引流

微博、小红书等其他平台，也可以同步更新视频内容，引导用户进入直播间。直播前在微博、小红书等平台发布直播时间、直播主题和优惠信息进行推广预热，吸引更多粉丝的注意力，将这些平台中的粉丝引入直播间，以便开始直播时快速热场进入状态，避免冷清尴尬的情况。在开播前发布信息，提醒粉丝准备入场，在直播进行时，也可以在这些平台进行一次宣传，强调直播中最吸引人的活动与优惠，进一步扩大宣传范围，达到引流的效果。

6.4.3　直播间销售

在直播销售中，严谨的专业知识和逻辑紧密的销售策略是提升销量的关键。一个好的主播往往懂得如何在直播中推出商品而不引起观众反感，同时，在他们进行商品销售的时候也擅长唤起消费者的购买欲，此外，主播与观众的互动也能在很大程度上促成消费者进行消费，因此一场好的直播常常能带动销量的提升。而这不仅需要主播拥有很强的语言组织和表达能力，直播团队的前期策划和后期的复盘也是必不可少的。

1. 直播前的准备

在直播前，我们需要提前撰写这场直播的脚本。团队需要了解产品的需求点和消费的痛点，并结合这些特点选择合适的活动在直播中进行呈现。脚本的内容则围绕产品的特点和消费者的需求编写活动流程，通过直播过程中主播的指引，带领消费者进行消费。此外，直播前还需准备直播中会用到的工具，比如计算器，来呈现此次活动的优惠力度。还需要两部手机，一部用于直播，一部用于实际用户反馈和直播数据。

2. 直播间销售策划

现在我们的消费现象是从主动变为被动。主动消费是消费者先有了消费需求，再去进行购买行为。被动消费则是消费者被各种营销宣传唤起了消费动机，从而产生了购买行为。而进入直播的观众之所以产生了购买行为，大多是被动消费，即进入直播间时并无明确的消费需求，却被直播团队的销售策略打动，从而产生了消费行为。而销售策略的核心是给这些消费者被动消费的理由，给消费者一个“不能不买”的理由。

(1) 引出商品的流程

首先，营造消费场景并引出产品的消费痛点，给买家消费的理由。最好从主播本身经历来引起观众的共鸣，更能将观众代入其中，用真挚的态度渲染气氛，从场景中的困扰将产品对应的消费者的痛点逐渐引出。只有强化了观众的需求，才能让观众对产品感兴趣，而后期引出产品后的产品介绍，只对这些对产品感兴趣的观众才有效。

其次，通过一些专业知识和情境故事将问题放大，强调解决问题的重要性，进一步强化消费者的需求。这一步是为了通过提出问题的方式引出解决办法。引起共鸣之后观众就在直播间刷起评论，这时候你就需要锁定一些消费者，他们将成为你此次直播的重点客户。根据他们的评论来谈论问题，继而将这些问题放大，但是切记不要夸大其词，点到为止即可。

将问题渲染到一定程度时，向观众推荐解决办法，从而引出产品。但要注意目的性不能太强，用自身的经验和专业性的知识来针对上述问题进行分析，并提供解决办法。这一步能提高主播在观众心中的可信度，方便之后主播进行产品推荐时促成观众消费。

再次，解决办法提出后则逐步向商品过渡。这时可对产品进行介绍。注意不要详细讲解，会显得目的性太强，可以先叙述这些产品能解决哪些问题，而哪些问题还需要其他方式。任何产品都有它的短板，不要一味夸大它的优点，避免过强的目的性。针对产品的短板可以提一下之前推荐的产品，加深观众对主播的信任。直播中切忌过快引入产品，重点是引起话题和共鸣，避免过于生硬地呈现产品，引起观众的不适。

最后来进行产品的详细介绍，通过渲染行业、产业、品牌、原料、过程增添产品除本身效用外的价值。这个阶段考验主播的专业水平，直播团队需要在直播开始前做好准备，营造出专业的形象和认真的态度，进一步加深观众的信任。这个过程中可以通过对比不同产品的使用感，详细阐述自己所推荐产品的亮点，提升消费者对这款产品的好感。

主播在进行价格公布之前最好介绍产品在直播间的独家优惠，降低消费者最后购买的心理防线。在正式宣布价格时再次强调优惠政策，包括折扣、礼品、抽奖免单等活动。在强调产品价格优惠的同时，通过品牌、售后、质量、使用效果等方面增加产品价值感，提升产品的性价比。

给出购买渠道后时刻提醒消费者优惠活动限时限量，营造出畅销局面。用倒计时的方式，催促消费者下单。

（2）销售技巧

① 商品选择。

在直播间进行介绍的商品最好有一定的特点，方便后期进行直播策划的时候围绕这个特点引发观众共鸣。比如在价格上占有一定优势的商品，主播在介绍时可以强调为粉丝争取到的优惠，建立观众对主播的信任和好感。产品也可以新奇有趣，吸引观众的注意力，让直播变得有趣，引起观众的兴趣。商品的选择也要根据时间条件进行筛选，最好选择应季的产品，满足观众可能存在的需求。

② 实验展示。

通过充满趣味的实验展示产品的独特卖点，打破直播因距离造成的局限性，让观众相信产品的质量，继而进行消费。对于无法及时见效的产品，可以通过主播自身的使用经验进行说明。此外，还可以通过主播使用产品的前后对比的数据和图片向观众呈现产品的优势和特点。

③ 比较产品。

将不同品牌的同类产品进行比较，将目标商品的优势具象化地呈现出来。测评类的内容常常吸引到很多人关注，原因在于人们货比三家的成本通常较高，而由直播代替观众对商品进行测评能有效减少观众的经济成本与时间成本，同时这也能有效呈现出目标商品的功能优势。此外，以此作为直播的主题通常也能吸引到人们的关注。

④ 比较价格。

能够进行对比的除了商品本身的质量外，还有商品的价格。性价比常常是人们最关心的。人们并不会一味追求最便宜的价格，但总是希望能够买到相对便宜的商品。通过介绍该商品在不同购物平台上的价格，利用锚定效应提高消费者的价格预期，再通过公布直播间远低于预期的商品价格，让观众感到自己捡到了便宜，这能有效吸引观众进行购买。在这个过程中，主播可以强调自己为粉丝争取到的优惠，这能加深粉丝对主播的好感，进而培养种子消费者。

⑤ 秒杀营销。

通过控制销售数量和销售时间营造出紧迫感。在这个过程中突出价格优惠，通过不断地强调前后价格的差距，唤起观众对商品的购买欲，并且调动观众的积极性。在进行秒杀营销活动时，第一批次的数量和时间尽量控制得较少，营造出一种刚开始就被抢光的火爆氛围，勾起观众的从众心理，让他们参与到之后的购买中去，进而促成消费。

⑥ 粉丝互动。

人都希望被关注，在直播的过程中，可以通过关注他们的下单流程与粉丝进行互动。这会加深被关注粉丝的好感，他们往往也会为了回报主播的善意而选择下单。而主播与粉丝互动的行为也会调动其他粉丝的积极性，让直播的氛围变得活跃。同时，主播善意的互动也会加深观众对主播的好感。

实训专区

任务背景

一家服装电商品牌计划进行一场直播，宣传新商品的同时回馈老用户，请你为他策划一场直播活动。

任务分析

在直播前期为一场直播引流，吸引用户进入直播间，达到提高销售额的目的。围绕回馈老用户这个主题选择合适的活动，根据不同的时间段进行不同的话术编写。在直播过程中我们要抓住产品的需求点和消费者的痛点进行销售。

任务实操

1. 直播前预热引流

步骤 1: 准备在微信朋友圈、QQ 空间同步发布直播信息，对目标用户有针对性地群发消息。

步骤 2: 拍摄高质量的短视频吸引用户，关注账号。

步骤 3: 为直播间提前拍摄预热视频。强调直播主题、直播时间、爆品推荐、福利活动等高吸引度的信息。

步骤 4: 开启同城定位，得到抖音第一波流量推送。

步骤 5: 设置好标题与封面。设置好达人主页。参与官方活动&带话题开播。

2. 直播中引流

步骤 1: 直播中引流，截取直播中高光时刻，二次加工再次进行宣传，吸引更多用户进入直播间。

步骤 2: 通过话术引导粉丝关注账号。话术举例：开场时和最先进场的粉丝打招呼并吸引他们关注："欢迎 xx(用户 ID)来到直播间，喜欢主播的点个关注喔，马上现场直播穿搭小知识，关注我解锁更多搭配技巧哦！"

在进行商品介绍的时候询问观众产品使用感受，借粉丝之口进行商品推荐："有人穿过这款吗？感觉如何？是不是很合身，很好搭配？”

强调品牌与观众在统一战线：“关注我的姐妹/哥哥都是很有品位的，想学习更多穿搭技巧变得美丽帅气的姐妹/哥哥一定要坚持来我的直播间，相信将来我们的朋友同事一定会惊艳于我们的改变。”

步骤3： 由于是回馈用户的直播，每半小时一次的小型抽奖活动是必不可少的，这也是留住观众的重要方式，中奖内容可以是店内的大额优惠券或品牌的商品等。

步骤4： 开播中，不断预热大型活动，引导粉丝参加活动。大型活动可以选择幸运大转盘、猜价格、福袋盲盒等。

3. 直播中促使下单

步骤1： 营造消费场景并引出产品的消费痛点，给买家消费的理由。

步骤2： 锁定引起共鸣的消费者，他们将成为你此次直播销售的重点客户。接着放大这些问题，但是不要夸大其词，点到为止即可。

步骤3： 以解决问题为出发点，引出产品，解决之前所提出的困扰，顺势引出产品，但要注意目的性不能太强，用你真诚的态度以自身的经验来讲。

步骤4： 具体讲解产品，渲染产品附加价值，通过对比不同产品的使用感，详细阐述自己所推荐产品的亮点。

步骤5： 正式宣布价格，再次强调独家优惠政策，让消费者觉得物超所值，感觉占到了便宜，降低消费者最后购买的心理防线。

步骤6： 时刻提醒消费者优惠活动限时限量，营造出畅销局面。用倒计时的方式，催促消费者下单。

相关话术：

催单：“这款是我们本场直播的爆款，之前预热的时候人气就非常高，想要的要抓紧时间购买了！”

下播：“最后送大家一首《xxx》，很高兴今天有这么多哥哥姐姐来参加直播，喜欢我的朋友记得点个关注，下周二还是晚上八点我们准时开播，到时候会有新的抽奖活动，大家一定要来哦！”

● 任务评价

序号	评价项目	评价标准	分值	评分
1	写出直播预热方式	至少2项	30	
2	写出直播中引流的方式	至少2项	30	
3	写出直播销售方式	至少2项	40	

情景训练

某护肤品牌为了提升销量，计划开展年终促销活动，请你结合直播销售的方式，为此次直播销售进行策划。

单元练习

一、选择题

1. 根据品牌风格、受众画像和直播营销宣传的产品进行场景搭建，属于直播营销的（　　）要素。

A. 场景　　B. 主播　　C. 产品　　D. 创意

2. 不属于主播身份的是？（　　）

A. CEO 直播　　B. 明星直播　　C. 大 V 直播　　D. 企业日常

3. 编写直播脚本的目的有哪些？（　　）（多选）

A. 梳理流程　　B. 整理内容

C. 知道主播　　D. 便于总结和运用

4. 直播脚本的类型有哪些？（　　）（多选）

A. 单品脚本　　B. 多品脚本　　C. 类别脚本　　D. 整体脚本

二、案例题

请你为美妆博主策划一个口红产品的直播方案。

....

....

....

....

....

....

....

....

项目七
新媒体营销技能

思维导图

- 新媒体营销技能
  - 新媒体文案创作技能
    - 新媒体文案的形式与特点
    - 新媒体文案写作技巧
    - 文案开头、中间及结尾的写法
  - 新媒体图文处理技能
    - 思维导图工具
    - 静态图片处理工具
    - gif图片制作工具
    - H5制作工具
  - 新媒体音频、视频处理技能
    - “剪映”视频制作工具
  - 新媒体数据分析技能
    - 新媒体数据分析
    - 撰写营销报告

学习目标

知识目标

- 说出新媒体文案的形式与特点
- 说出思维导图的概念
- 列举静态图文信息编辑工具的功能
- 列举动态图文信息编辑工具的功能
- 列举音视频工具的功能
- 列举新媒体数据分析的基本方法

技能目标

- 能制作思维导图
- 能进行图片处理
- 能制作 gif 图片
- 能制作音、视频短片
- 能进行新媒体数据的分析
- 能撰写营销报告

思政目标

- 培育社会责任感
- 培育新媒体的创意策划能力
- 培育法律意识、版权意识
- 培养数据思维，能合理合法收集、运用数据

引导案例

图 7-0-1 “月光宝盒”广告部分内容

百雀羚凭借母亲节定制礼盒“月光宝盒”的广告，成为年度优秀新媒体营销案例之一。它在媒体平台上推送了一镜到底的长图广告，主题是：百雀羚·母亲节——“与时间作对”。广告图片长度 427 厘米，将产品与曲折的故事相结合，提高了用户关注度，收获了很好的营销效果，以至于此次图文广告被频频模仿。

这次营销的成功，离不开图文信息的内容编排与创意。

结合本案例，进行思考：

1. 本次百雀羚的广告采用了何种图文编辑方式？

2. 图文信息处理对新媒体营销活动会产生哪些影响？

任务7.1 新媒体文案创作技能

7.1.1 新媒体文案的形式与特点

1. 新媒体文案的形式

文案按企业广告目的可分为销售文案和传播文案。按文案篇幅的长短可分为长文案和短文案。按广告植入方式划分则可分为软广告和硬广告。按文案的投放渠道的不同则可分为微信公众号软文、朋友圈营销文案、微博文案、App 文案等。按表现形式的不同又可分为纯文字文案、广告图文案、视频文案等。

(1) 按广告目的分类:销售文案和传播文案

企业的所有广告文案都是为销售服务的。但为了更好地区分文案类型,可根据企业广告的主要目的分为销售文案和传播文案。

销售文案:能够立刻带来销售的文案。如商品销售页介绍商品信息的文案、为了提升销售而制作的引流广告图等。

传播文案:为了达到扩大品牌影响力的文案。如企业形象广告、企业节假日情怀营销文案等。

不同的文案类型,写作创意方法也有不同。如销售文案需能够立即打动人,并促使立即行动,而品牌传播文案则侧重于是否能够引起人们的共鸣,引发受众自主自发传播。

(2) 按篇幅长短分类:长文案和短文案

按照文案的篇幅长短,可分为长文案和短文案。长文案为 1 000 字以上的文案,短文案则为低于 1 000 字的文案。通常来说,长文案需构建强大的情感场景;而短文案则在于快速触动,表现核心信息。

另外,行业属性不同,文案的运用也有不同。在价格昂贵、顾客的决策成本较高的行业通常要运用长文案,如珠宝、汽车行业;而在价格较低、顾客决策成本较低的行业,则一般运用短文案,如打火机、杯子行业等。

(3) 按广告植入方式分类:软广告和硬广告

软广告即不直接介绍商品、服务,而是通过其他的方式代入广告,如在案例分析中植入广告品牌、在故事情节中植入广告品牌。受众不容易直接觉察到广告的存在,它具有隐藏性。硬广告则相反,是以直白的内容发布在对应的渠道媒体上。

一般而言，企业会根据不同的情况进行选择。一般的品牌传播广告需要强度高的品牌曝光次数及直接带动销售，企业会选择硬广告。但企业在需要补充增加品牌曝光时则一般选择软广告。

(4) 按渠道及表现方式的不同分类

传播渠道不同，文案的表现形式也有不同。如微信公众号支持多种形式的文案表现：纯文字、语音、图片、图文（即图片＋文字）、视频等；微博的发布仅支持140字，也可附图，附视频。

2. 新媒体文案的特点

(1) 发布成本低

传统媒体广告成本动辄上百万，而随着新媒体的兴起，企业的广告信息发布成本逐步降低，并不断将品牌推广预算转移到新媒体上。很多企业已经将广告投放渠道转为新媒体方向。

(2) 传播渠道及形式多元化

传播渠道及传播形式均多元化。新媒体文案传播渠道包括但不局限于QQ空间、微信公众号、微博、支付宝服务窗口等，很多企业为了占据多渠道，会将同一信息根据渠道人群的不同而运用不同的文案进行发布。

传播形式的多元化，让广告不仅以文字的形式发布，更有图文、视频、游戏等多种形式，这让广告形式实现了多元化呈现。

(3) 互动性强

相较于传统媒体，新媒体文案传播不再是单向输出，消费者可借助微信、微博等社交平台，直接与企业品牌方沟通互动，从而达到品牌传播或销售的目的，如通过游戏互动赠送优惠券、通过新媒体提供更好的售后服务等。

(4) 目标人群更精准

一方面，新媒体各平台人群均有明显的特征，如“00后”常用社交媒体为QQ、QQ空间，他们常用的视频网站则为哔哩哔哩弹幕视频；而职场人群则更喜欢通过微信订阅号和朋友圈进行传播。

另一方面，由于用户在新媒体上的各种行为均被数据记录，企业可根据自己的目标人群有选择地进行相关信息的推送及广告投放，如针对刚怀孕的妈妈推送母婴用品。平台自身基于数据的处理，也能够对不同人群推送不一样的信息内容，例如今日头条新闻客户端根据用户往期浏览记录、往期购买服装的风格类型、所购买服装的价格段等推送对应的服装，以便更好地促成交易。企业也可运用对应平台与自身相关的数据对不同目标人群进行精准营销。

(5) 文案易被用户再创作

新媒体文案更在于让每一个目标人群都能够进行二次创造，并鼓励用户分享其再创作内容。

基于以上特点，新媒体对文案的要求较传统文案更为平民化，更短、平、快。

① 短：文案能短则短，这样能够快速吸引受众的注意力，并将最核心的信息表达出来。

② 平：平实，亲近。新媒体的特性决定了品牌不能再高高在上，而是要通过最平实亲近的语言与目标人群进行有效的沟通。

③ 快：因传播的快速，新媒体文案的反应也需要快速，如跟进网络热点快速产出。

7.1.2 新媒体文案写作技巧

1. 吸引注意力

吸引注意力一定是文章的开头。文案大师罗伯特·布莱提出了好开头的四大功能：吸引注意、筛选顾客、传达信息、吸引阅读下去。所以吸引注意是非常重要的，读标题的人比读内文的人多4倍。一篇文案的标题就是这篇文案的开头，开头的第一印象将引发接下来的一切行为。标题需要做到：与“我”相关、制造对比、满足好奇、启动情感，这样才能更好地吸引读者的注意力。

2. 增强代入感

制造代入感主要通过营造合适的营销或品牌场景来实现，这里有四种方法：讲故事、提问题、用情怀、造悬疑。

(1) 讲故事

人们在故事的情境里更能够感同身受、理解真理。文案也一样，通过讲故事，可以快速地让人有代入感，并且融入自己想要表达的诉求。

讲故事让人能够立刻有代入感，从而产生情感，这份情感促使人去行动，对于品牌而言，自然而然就带来了高销售以及品牌溢价。

讲故事的方式几乎适用于任何产品和品牌，更适用于同质化比较严重的商品，在卖点上找不到更大的突破点，用故事来加强情感联系，当然也可以在产品本身就很具有特色的基础上，用故事来深化这个特色。

(2) 提问题

对于问题，大部分人的本能反应就是去理解它，去回答它。

通过提问题，人自然而然地就进入了预先被设置的思考路径。提问题能使人付出思考，引起重视，做出反应，更容易让人有代入感，能直接进入广告文案要表达的主题中去。如国外的戴亚肥皂电视广告：“难道你不喜欢使用戴亚？难道你不希望每个人都使用它？”还有经典的文案：“你的头皮健康经得起指甲测试吗？”

提问题可以是选择题、填空题，反问式或只是陈述句加了一个问号，都能够带来代入的效果，一般适用于功能性比较强的商品或服务介绍，通过提问题将目标人群带到需求的困扰点上，然后通过品牌商的产品或服务获得解决。

(3) 用情怀

情怀是什么？它是一种高尚的心境、情趣和胸怀。在新媒体文案中，需要动用一切能用到的资源来营造这样的情怀氛围。如用具有情怀的文案，甚至图片、音乐等，将目标人群带入品牌所需要的氛围中去。

讲情怀尤其适用于文艺风格的品牌，也同样适用于非生活必需品，通过宣传一种生活方式，营造出具有情怀的氛围以达到让受众有代入感的目的。

(4) 造悬疑

造悬疑就是通过设置一个疑问，让人想不断地探究下去。这样的方式在新媒体文案中常常用在开头，也会散布在长广告文案中间，目的都是吸引受众继续看下去。

造悬疑和提问题有点类似，但造悬疑是为了刺激人继续探索，想要去了解最后的答案，从而继续看下去；而提问题的最直接的目的是引起人们对于相关问题的思考。

3. 产生信任感

德国社会学家尼克拉斯·卢曼认为，信任是对产生风险的外部条件的一种纯粹的内心估价，是针对风险问题的一种解决办法，并且信任总是和风险联系在一起的。

文案，尤其是销售类文案，最大的功能就是降低受众对应的风险，产生信任。增加信任感有 7 种方法：用权威、反权威、用细节、用数据、客户自证、示范效果、说愿景。

文案是否成功，还是需要用户的数据和产品的销量反馈来检验。所以文案其实是为销售做服务的。媒体文案需要让用户被标题、广告主题快速吸引注意力，且点开之后，能够在内容上有代入感，能够持续地读下去，同时，要让用户有信任感，从而实现品牌的传播和销售的转化。

7.1.3 文案开头、中间及结尾的写法

1. 标题的写法

一篇文章是否能成功，标题占重要作用。大量的数据研究显示，文章标题对于读者的影响是直接的，甚至可以说决定了他们是否会阅读文章。因此，写好标题至关重要。以下是常见的标题写作方法。

(1) 悬念式

悬念式标题要能引起人们的阅读兴趣，能开导、指点受众或者阐明事理，使受众产生联想，有所领悟，让受众根据作者提供的思路阅读文案内容。一般而言，悬念式标题会设置一个没有被解答的悬念或疑问，让受众忍不住想更深入地了解。例如，《王女士不过是化了个妆，却把我看哭了》。

(2) 目标指向式

目标指向式标题指在标题中直接向目标受众宣传，开门见山，让受众自动对号入座。例如，《要考四六级的小伙伴看过来了》《喜欢喝可乐的人注意》《敬那些正在默默减肥的人》。

(3) 数据式

数据式标题是一种概括性的标题，其写作技巧包括：从文案内容中提炼出数据标题，把想要重点突出的内容提炼成数据；通过数据对比，设置对比、冲突和悬念；按照文案的逻辑结构拟定数据标题；数据最好采用阿拉伯数字形式，要统一数字格式，而且尽量把数据放在标题靠前的位置。例如，《7 页 PPT 教你秒懂互联网文案》。

(4) 对比式

将当前事物的某种特性与其他性质相反或者截然不同的事物进行对比，制造反差效果，以强烈的对比冲突吸引受众的注意。例如，《月薪 3 000 元与月薪 30 000 元的区别》。

(5) 逆向思维式

逆向思维式标题通过制造隐性或显性的矛盾，使标题与受众的认知发生冲突和对峙，诱使受众点击阅读。例如，《90 后的父母应该怎么带》。

(6) 借势式

借势式标题指在文案标题上添加一些社会热点、新闻时事等关键词，借助热事件来为文案造势，吸引受众的眼球，从而增加点击量和阅读量。例如，《2022 年上海的冰雹告诉我们的 10 件事》。

(7) 利益诱导式

利益诱导式标题指文案标题中带有某种“利益”，向受众传递一种“阅读这篇文案就可以获得某种利益”的感觉，从而激发受众阅读文案的欲望。例如，《夏日优惠券薅羊毛，最高 500 元》。

2. 正文的写法

(1) 正文开头

一篇文案要留住用户的目光，还需要具备优秀的开头。优秀的文案开头一般具有引发好奇、引入场景两个特点。根据这两个特点，正文的开头常见的写法有以下几种。

① 故事式开头。通过讲述故事来设置一个导入情景，这样显得生动有趣，不会让受众产生阅读的压力。

② 悬念式。让受众读开头就会产生疑问，制造悬念。起到扣人心弦的作用，吸引受众继续读下去。

③ 提问思考式。在一开始就向受众发问，引导受众带着问题阅读文案。

④ 图片式开头。文案一开始就是一张图片，这张图片可以吸引受众的眼球，延长受众在文案中的停留时间，并提升其阅读欲望，而且图文编排的形式也会给受众留下深刻的印象，

增强文案的整体表现力。

⑤ 名言式开头。在文案开头引用短小精炼、意蕴丰厚的名人名言，既点明主旨，还可以引领内容。

⑥ 权威式开头。借助权威来支持自己的观点，可以是权威人物，或者权威机构、调查数据、分析报告、趋势研究等权威资料。

⑦ 内心独白式开头。指在文章开头就把自己的真实情感表达出来。

⑧ 热点式开头。在文案开头借助热点事件来吸引受众的注意力。

⑨ 修辞式开头。修辞手法有很多，包括比喻、夸张、排比、拟人、反问等。

(2) 正文内容

正文是新媒体文案的主体，是对标题的拓展，是对文案核心内容的详细阐述和展开说明，是向目标用户进行内容展示和说服目标用户的过程。

正文由文字、图片、视频等组成。用户在阅读正文的过程中了解资讯的全貌、作者的完整观点、产品的详细信息、活动的具体情况等，从而产生相应的心理、行为反应。

3. 结尾的写法

虽然与文案的标题和开头相比，结尾的设计相对要简单得多，因为核心内容已经基本完成，但切忌虎头蛇尾。新媒体文案创作者很有必要掌握一些优化文案结尾的技巧，让结尾成为整个文案的"画龙点睛"之笔，以引导受众产生相应的行为。

(1) 神转折结尾

神转折结尾往往采用出其不意的逻辑思维，让正文内容与结尾形成某种突破常理的奇怪逻辑关系，此时正文营造出来的某种气氛会立刻消失，使人在惊讶中发出赞叹。

(2) 融入场景式结尾

在文章的结尾设计一种场景，可以使受众受到场景氛围的影响而感同身受。例如，育儿产品的文案可以在结尾描述母亲和孩子在一起玩耍的场景。

(3) 金句式结尾

金句是指像金子般有价值、宝贵的话语，说者不一定有名，但话语富含哲理，足以发人深省。文案的结尾如果使用金句，可以起到画龙点睛的效果。

(4) 话题讨论式结尾

一般采用提问的方式来引导受众思考，激发其互动讨论的积极性，提升受众的参与感，增加留言的数量，进而增加文章的热度。

(5) 号召式结尾

在文案的结尾发起号召，例如邀请受众参与抽奖、集赞、留言和问答活动等，并给予受众一定的实际利益来促使其行动，或者用文字直白地说明优惠力度，以此来引导受众行动，促使其产生购买行为。

(6) 幽默式结尾

幽默能够给人带来愉悦的感受，如果在文章的结尾适当地加上幽默的语言，会让受众会心一笑，从而提升阅读体验。

实训专区

任务背景

你作为一家新媒体运营电商企业的运营人员，企业打算推出一款新产品，想要在微信公众号发布一篇文案，具体要求如下：

1. 介绍新产品“护手霜”。
2. 文案篇幅800字以内。
3. 借势“双十一”单身节。
4. 文案富有趣味性，能起到较好的传播效果。

任务分析

以“双十一光棍节，你想牵的手牵到了吗”为主题创作文案，并围绕主题合理编写内容。

1. 搜索和主题相关的素材、图片。
2. 对文案的开头、正文、结尾进行编写。
3. 掌握文案的编辑技巧等。

任务实操

1. 使用百度、谷歌等搜索引擎搜索相关素材。
2. 将素材合理应用到文案中。
3. 完成文案编写。

任务评价

序号	评价项目	评价标准	分值	评分
1	能自主搜集文案素材	素材符合文案主题	30	
2	能掌握文案编辑技巧	文案结构合理	50	
3	能完成文案的开头、正文、结尾的编写	文案内容有吸引力	20	

情景训练

某零食电商企业打算推出一款葡萄干产品。该产品的特点是：新疆吐鲁番新鲜葡萄晒制，采用循环烘烤工艺技术，安全、新鲜、即食，香气四溢。请结合本任务所学知识，为该产品撰写一篇推广文案。

任务 7.2　新媒体图文处理技能

7.2.1　思维导图工具

引导案例中百雀羚“月光宝盒”营销方案就是一种静态图文信息编辑处理的结果，主要是以图文相结合的形式向受众展示产品信息。一般来说，静态图文信息编辑的工具主要有两种，一种是思维导图，另一种是图片处理工具。下面让我们先来详细学习思维导图工具的应用场景和使用方法。

1. 思维导图软件介绍

目前比较常见的电脑客户端思维导图软件主要有亿图 MindMaster、XMind、MindManager 三种。

(1) 亿图 MindMaster

亿图 MindMaster 是目前市面上比较受欢迎的国内思维导图软件。它素材丰富，拥有各式各样的模板，同时拥有头脑风暴、甘特图、幻灯片等功能；支持多种格式导出，与 Office 兼容性好，可以导出 PPT 格式；内置个人云服务，用户可以实现一端储存、多端同步。

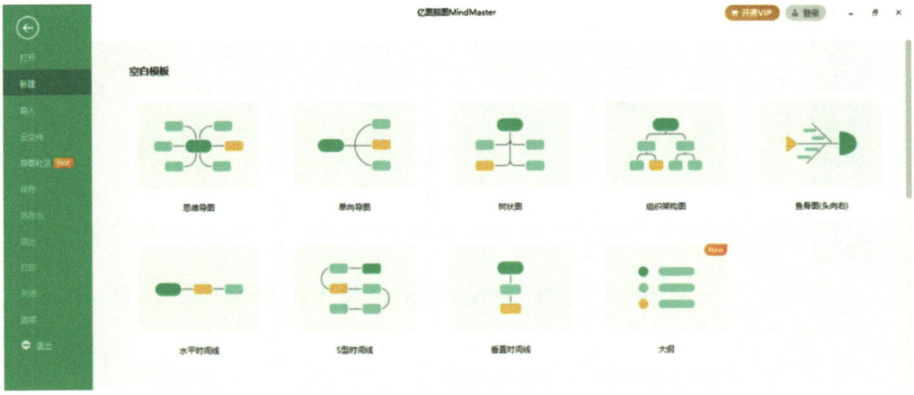

图 7-2-1　MindMaster 操作界面

(2) Xmind

Xmind 是一款国内开发较早、受众非常广的思维导图软件，页面设计合理，给用户带来的使用体验感较高。在模板数量上虽然不及亿图 MindMaster，但是整体模板质量要高于前者，并且 Xmind 还有一个广受好评的功能，即包含许多快捷键，大大提高了使用者的效率。

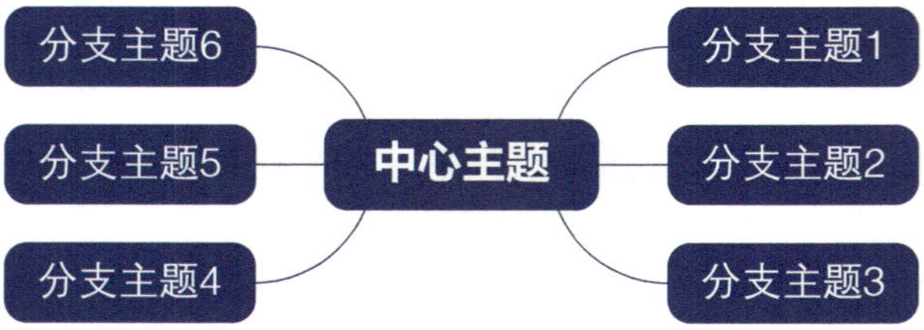

图 7-2-2　Xmind 中心主题

（3）MindManager

MindManager 是一款国外老牌的付费思维导图软件，模板数量较多，功能也比较强大，被许多公司所使用。但是，相对于前面两款软件，它支持的平台较少，目前只有 PC 版本，且仅支持 Windows 和 MacOS 两套系统，而且也不具有云同步服务。另外，这款软件专业性较强，上手操作可能会比较复杂。

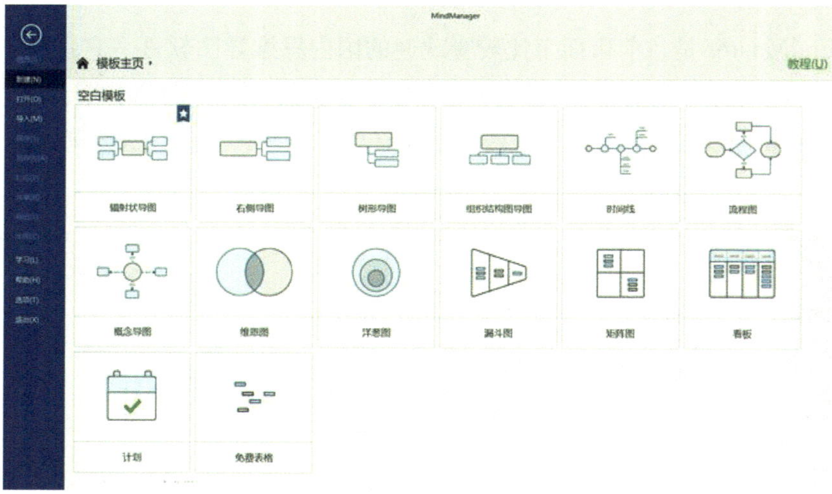

图 7-2-3　MindManager 操作界面

2. 软件功能操作

以亿图 MindMaster 为例，介绍一下常用型思维导图的制作过程。

(1) 基本功能介绍

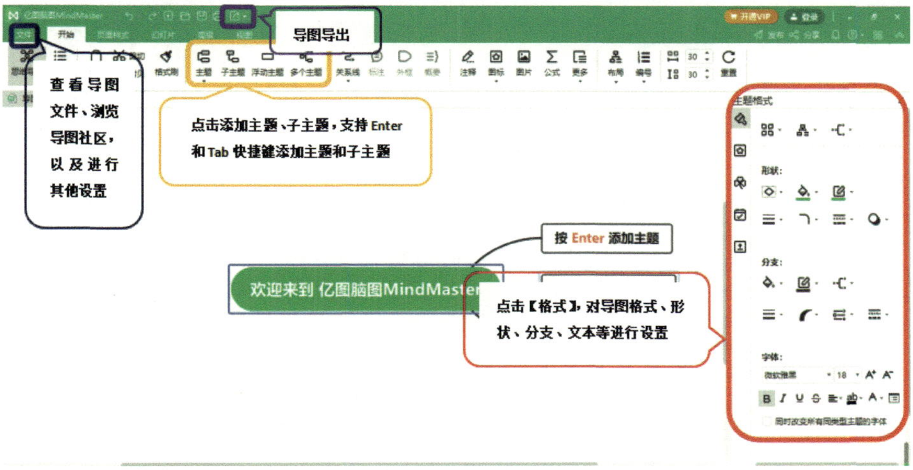

图 7-2-4　MindMaster 页面基本介绍

(2) 思维导图制作

操作步骤：

步骤 1: 新建导图模板：打开软件，在主界面的菜单栏点击“新建”，选择导图模板。

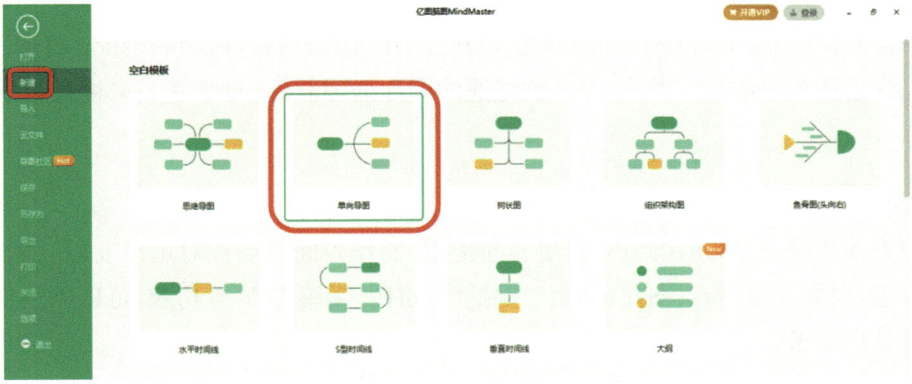

图 7-2-5　选择导图模板

步骤 2: 添加/删除主题框：在导图模式下，点击菜单栏里的“子主题”可以添加新的子主题；点击任意主题框，可以输入文字内容；点击主题框，单击鼠标右键，选择“删除”即可。

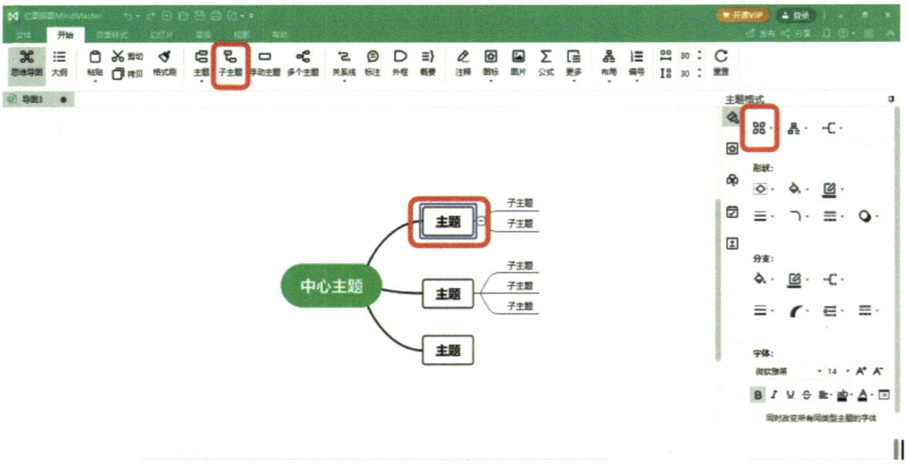

图 7-2-6 添加“子主题”

步骤 3: 导出思维导图:制作完思维导图后,点击“导出”图标,保存思维导图。

7.2.2 静态图片处理工具

目前市场上的图片处理工具有很多,功能也都各具特色,最常用的有 Adobe Photoshop、美图秀秀、光影魔术手等。

1. 图片处理工具介绍

(1) Photoshop

Photoshop 是由 Adobe Systems 开发和发行的图像处理软件,Photoshop 简称“PS”,主要处理以像素所构成的数字图像,是一款专业的图片处理软件,对于新手来说操作上会有一定难度。

(2) 美图秀秀

美图秀秀相对于 Photoshop 来说更容易使用,操作界面与流程对用户友好。同时,功能也非常丰富,例如人像美容、图片特效、一键抠图、拼图、动感 DIY 等功能,可以满足日常大部分的图片处理需求。

(3) 光影魔术手

光影魔术手是一个对图片画质及效果进行处理改善的软件,操作方法也非常简单易学。它的反转片效果、黑白效果、数码补光、冲版排版等功能都比较突出,不需要专业的图像处理技术,就能处理成专业胶片摄影的色彩效果。并且,它的批量处理功能非常强大,用户可批量调整图片的尺寸、加文字、水印、边框等参数,也可以批量添加或修改特效。

2. 软件功能操作

以美图秀秀软件操作为例,进行图片处理。

(1) 基本功能介绍

新款美图秀秀主要有美化图片、人像美容、拼图、抠图等功能，总体来说功能强大且简单易上手，操作界面如下。

图 7-2-7　美图秀秀操作界面

① 美化图片：主要用来修改图片的色调、亮度、局部色彩等，还可以对图片进行一些标注涂鸦和背景虚化等。

② 人像美容：主要对人物的面部、皮肤以及身高比例等进行调整。

③ 拼图：可以将处理好的几张图片拼在一起，组合成一张图，软件内部有很多模板可供选择。

④ 抠图：主要用来提取图片中想要的内容。具体操作如下：

步骤 1: 选择“自动抠图”，按照提示在需要抠到的区域画线，自动抠取图片，点击“应用效果”，保存抠取的图片。

图 7-2-8　自动抠图

步骤 2: 选择“手动抠图”,对于没有抠取或者多抠取的图片进行处理。如下图,花朵中间留有环境背景,这时可以手动画出该区域,值得注意的是系统默认画出的是我们想要留下的区域,点击“反选”,就可以去除画出的区域。最后点击“应用效果”,保存抠图。

图 7-2-9　手动抠图

步骤 3: 对于抠取的图片,可以选择为其更换背景,或者插到其他图片中。点击“美化图片”,再点击“换背景”,可以为图片更换系统自带背景,也可以点击“添加背景图”,选择想要插入的图片。

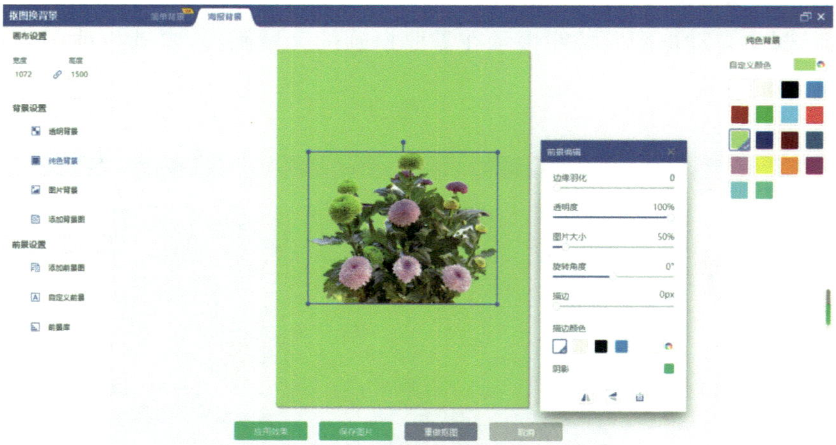

图 7-2-10　更换图片背景

步骤 4: 形状抠图。点击“形状抠图”,选择形状样式,抠取有形状的图片。来回拖动形状可以选取想要抠取的图片内容。抠取完成后,可以通过“换背景”插入其他图片中。

图 7－2－11　形状抠图

(2) 图片处理步骤

步骤 1: 点击“美化图片”进入图片操作界面，打开需要处理的图片，进行具体图片处理。

图 7－2－12　美化图片

步骤 2: “人像美容”“文字”“贴纸饰品”“边框”等功能操作步骤与“美化图片”基本类似，选择每一项便可以进行具体操作。每次选择完合理的处理效果后，点击下方“应用当前效果”，效果便会保存在图片上，反之，点击“取消本次调整”可以继续选择其他效果。

图 7-2-13　效果应用与取消

步骤 3: 图片处理完成后，点击右上角的“保存”，输出图片。

7.2.3　gif 图片制作工具

动态图文信息可以吸引更多的消费者，本任务将介绍三种动态图文信息编辑工具：gif 制作工具、H5 制作工具、视频剪辑工具，帮助大家提升工作效率，设计出更加精彩的营销内容。

企业在营销的过程中经常会使用图片，但是越来越多的效果仅仅依靠一张静态图片无法清楚进行描述。gif 可以用来制作动态图片，从而帮助展示操作步骤、预览页面内容，以更快速的方式浏览视频、优化公众号排版、做 gif 表情包等。

gif 制作方式也有多种，下面主要依托 Photoshop 工具介绍常见的 2 种。

1. 已有 gif 素材，加入文字或者二维码

操作步骤：

步骤 1: 准备好需要使用的 gif 素材，以及想要叠加的二维码图片(jpg 格式)。

步骤 2: 将准备好的 gif 素材图片和二维码导入 Photoshop 中，如图 7-2-14 所示。

图 7-2-14

此时，Potoshop 中会显示 gif 图片的图层，如图 7 - 2 - 15 所示。

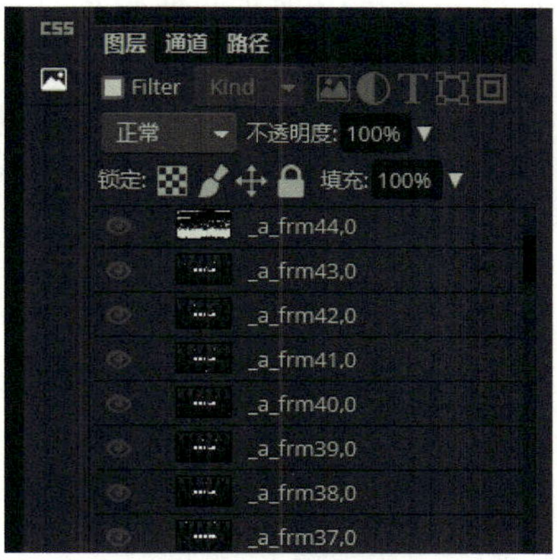

图 7 - 2 - 15

步骤 3: 依次单击上方菜单栏【窗口】-【时间轴】按钮，如图 7 - 2 - 16 所示，按时间轴呈现图片的每一帧页面。

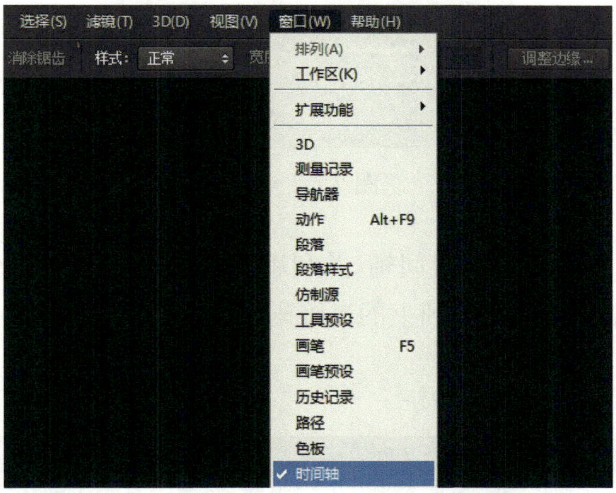

图 7 - 2 - 16

步骤 4: 利用 Ctrl+A 选择二维码图片页面、Ctrl+C 复制二维码图片页面，如图 7 - 2 - 17 所示。

图 7 - 2 - 17

步骤 5: 在 gif 素材时间轴状态下，选择第一帧，如图 7－2－18 所示。接下来，在图层界面，选择 gif 素材置顶的图层(如图 7－2－19 所示)，使用 Ctrl＋V 粘贴二维码。

图 7－2－18

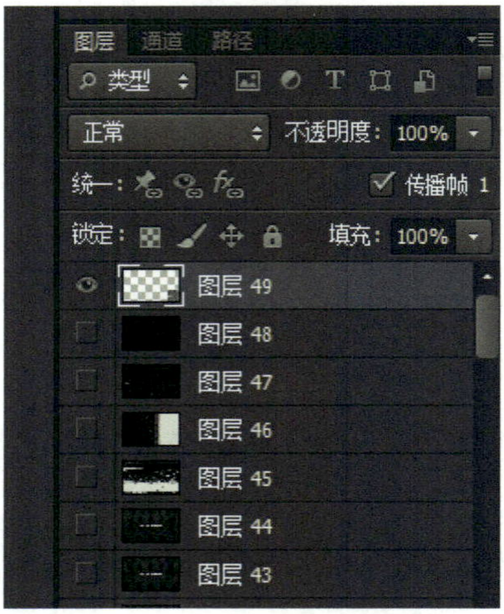

图 7－2－19

步骤 6: 全选 gif 素材下面的时间轴，并利用 Ctrl＋T 调整加入的二维码位置及大小。注意，这里全选时间轴，是确保每一帧上的二维码的位置和大小均为一致的，如图 7－2－20 所示。

图 7－2－20

步骤 7: 在图 7－2－20 时间轴上，单击运动方式，包括“永远、3 次、一次”，也可以自定义。选择结束后，点击播放(如红框所示)可以预览动态效果，如图 7－2－21 所示。

图 7-2-21

步骤 8： 依次单击上方菜单栏【文件】-【导出】-【web 版式】-【存储为 gif】，保存最终图片。

2. jpg 图片转换成 gif 图片

企业在一款成品上市的过程中，不同阶段都会使用大量的图片，这些图片往往是相互联系的。可以使用 gif 将这些相互联系的图片动态展示，更好地向消费者展示产品信息。可以采用以下步骤制作：

步骤 1： 准备好需要使用的 jpg 图片素材（如图 7-2-22 所示），并将图片导入 Photoshop 中（如图 7-2-23 所示）。

图 7-2-22

图 7-2-23

步骤 2： 选择一张图片作为 gif 图片的背景，然后依次利用 Ctrl+A 选择图片，Ctrl+C 复制，Ctrl+V 粘贴，将其余图片粘贴进所选背景图片的图层中。注意，使用 Ctrl+T 将三张图片的大小调整为一致，如图 7-2-24 所示。

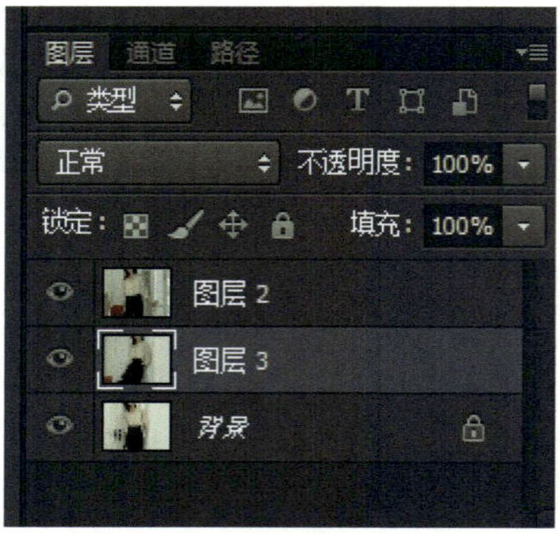

图 7-2-24

步骤 3: 依次单击上方菜单栏【窗口】-【时间轴】按钮，在下方点击选择创建帧动画，然后点击创建帧动画，如图 7-2-25 所示。

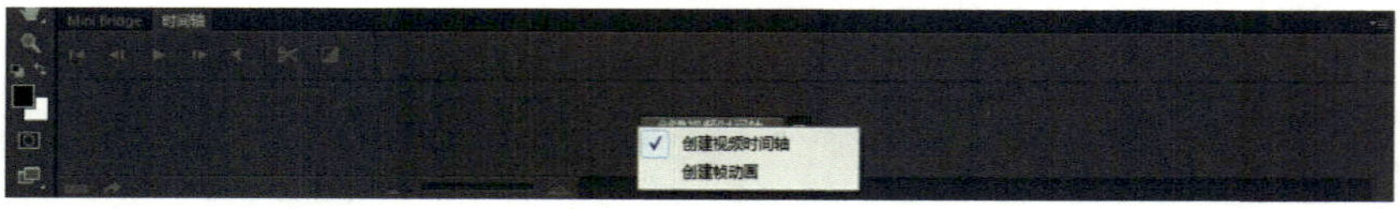

图 7-2-25

步骤 4: 点击时间轴下方复制所有帧按钮。由于图层一共有 3 张图片，所以需要复制 2 次，即时间轴上出现 3 张图片，如图 7-2-26 所示。但此时，要注意 3 帧图片是一样的。

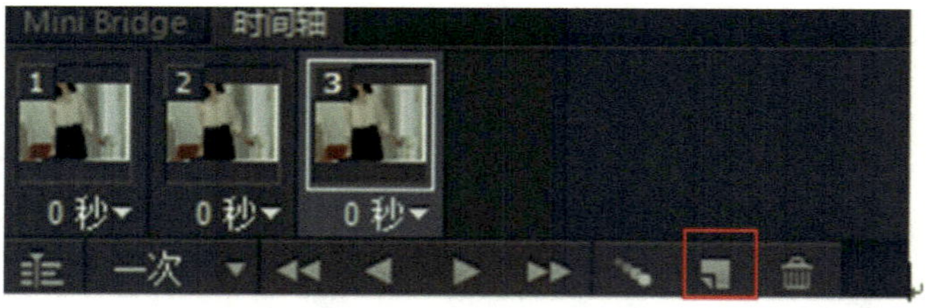

图 7-2-26

步骤 5: 选中时间轴上第 2 张图片，然后在图层面板部分选择相应图层，并点击红框区域，隐藏图层。以此类推，更换第 3 张图片。

图 7-2-27

步骤 6： 在时间轴下方设置图片运动时长和循环模式，并点击播放预览动态效果。如图 7-2-28 所示。

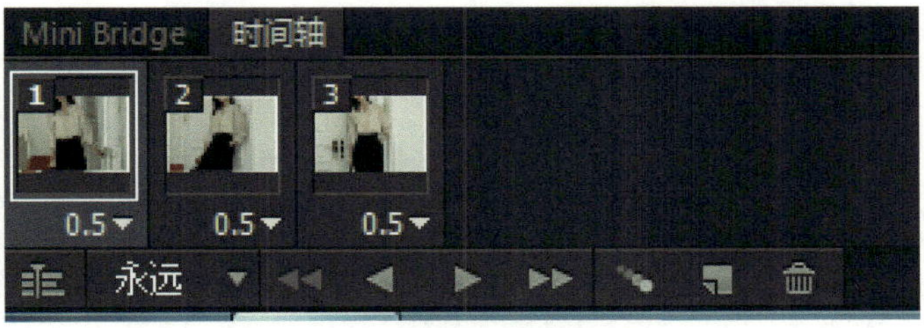

图 7-2-28

步骤 7： 依次单击上方菜单栏【文件】-【导出】-【web 版式】-【存储为 gif】，保存最终图片。

7.2.4 H5 制作工具

H5 是指用超文本标记语言制作的数字产品，也是一种创建网页的方式。H5 页面中可以以图片、动画、文字、声音等结合的形式出现，进而提高企业营销效果。H5 页面可以在微信互动营销、商业展示、会议活动、数字出版与教育、电子贺卡等方面使用。常用的免费 H5 页面制作工具有易企秀、腾讯风铃、兔展、搜狐快海报、初页、秀米 H5 秀制作、点点客海报等。

下面结合易企秀，介绍如何制作 H5：

1. 准备素材，包括设计创意、使用音乐、使用图片以及文字。如图 7-2-29 所示。

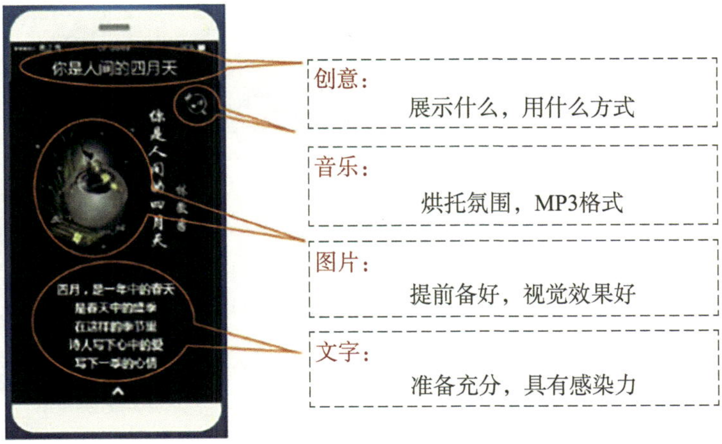

图 7-2-29

2. 点击登录易企秀，如图 7-2-30 所示。

图 7-2-30

3. 点击网页右侧【创建设计】,然后选择 H5 栏目下的【竖版创建/横版创建/模板】,进入创建,如图 7-2-31 所示。其中,在实际应用中竖版创建使用较多,后续步骤将主要介绍如何进行竖版创建。

图 7-2-31

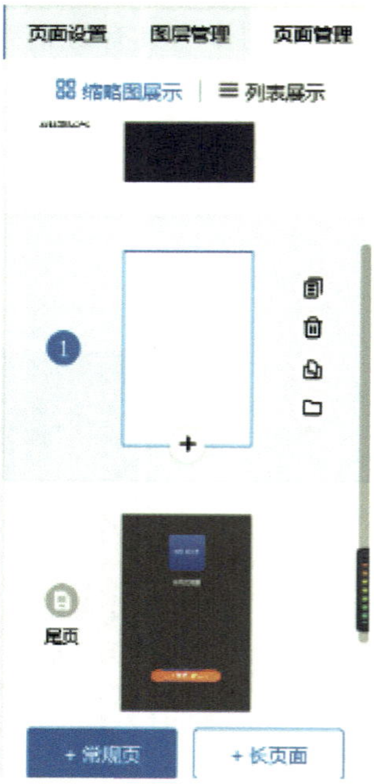

图 7-2-32

4. 点击右侧【页面管理】栏目设置常规页或长页面,如图 7-2-32 所示。

5. 选择页面,依次点击文本、图片、音乐等组件进行设置,如图 7-2-33 所示。

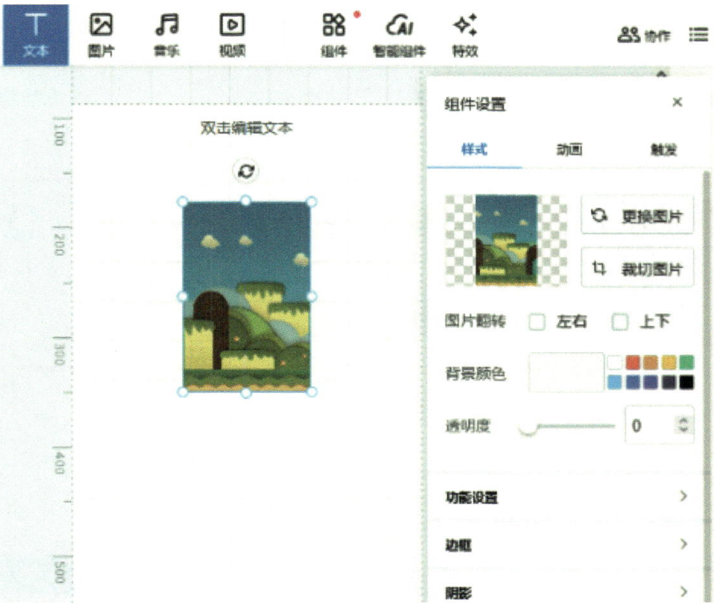

图 7－2－33

6. 全部设置结束后，点击上侧菜单的【预览和设置】，查看当前 H5 设计效果，如图 7－2－34 所示。同时，在分享设置菜单下填入标题、描述，进行互动设置、分享页面等，进行保存和发布。

图 7－2－34

7. 点击“发布”后，获得场景二维码、场景连接和更多一键分享方式，如图 7－2－35 所示。

图 7-2-35

实训专区

● 任务背景

某淘宝商家主营销售家禽类饲料添加剂，为了扩大线上产品销量，公司邀请营销策划公司的专业人士为其拟定了一份营销策划方案，主要包括营销环境分析、营销盈利模式、网站推广策略等方面的内容，请你根据下表中的具体内容，为营销策划方案编写一个思维导图。

下表为“营销策划方案”的大纲，每级标题下设有子标题。

类　别	主要内容	
行业网络营销环境分析		
行业网络营销盈利模式	营销目标	项目
		整体思路
		目标客户
		产品定位

（续表）

类　别	主要内容	
	渠道策略	业务流程
		网站资料策划
		400 电话
网站推广策略	百度	
	行业门户	
	新闻门户	
	B2B 平台	
	其他辅助	
网站推广效果评估		

任务分析

1. 明确大纲内容的层级数量。
2. 明确每个层级的对应关系。
3. 制作思维导图。

任务实操

1. 打开亿图 MindMaster，选择思维导图模板。
2. 将各层级标题输入导图模板。
3. 导出思维导图。

任务评价

序号	评价项目	评价标准	分值	评分
1	能明确大纲内容的层级数量	3 个层级	20	
2	能明确每个层级的对应关系	各层级关系分析正确	30	
3	能制作思维导图	思维导图层级与内容正确	50	

情景训练

某蛋糕店新推出了一款蛋糕（如下图），想要为其做个宣传卡片在店铺进行宣传，请使用美图秀秀软件，图文并茂地为该蛋糕设计一款图文，从而达到吸引客户的目的。

具体做到以下几点：

1. 处理图片色调与亮度；
2. 为图片更换更加合适的背景图；
3. 为图片添加装饰品；
4. 为图片加上宣传语或者产品介绍；
5. 修改图片的整体形状与大小。

任务 7.3　新媒体音频、视频处理技能

7.3.1　“剪映”视频制作工具

进入 5G 时代后，观看短视频成为更受公众欢迎的娱乐方式，为贴合高速率的网络特质，应用市场中衍生出一批视频剪辑软件。由抖音官方推出的一款手机视频编辑工具剪映就是其中一款，剪映因其强大丰富的功能和简便快捷的操作方式广受欢迎。下面以剪映工具为例，介绍如何制作短视频。

1. 剪映应用场景

自剪映问世以来，一直进行迭代升级，自 2021 年 2 月起，剪映支持在手机移动端、Pad 端、Mac 电脑、Windows 电脑等全终端使用。用户使用剪映完成视频制作后，可以直接分享到抖音平台进行发布，也可以保存到手机/电脑端，分享到微博、微信。

2. 剪映功能

剪映的功能主要分为海量曲库使用、视频创作学院、视频编辑剪辑三方面。

海量曲库使用是指用户可以使用抖音独家曲库，为视频配乐，提升视频的感染力。

视频创作学院是剪映软件自带的一些剪辑教程，内容覆盖脚本构思、拍摄、剪辑、调色、账号运营等多种主题。部分课程支持用户边学边剪，通过即时实操提升用户学习成效。不论是初学者抑或精通者，都可以在视频创作学院找到适合自己的课程，从而提升个人视频剪辑技能。

视频编辑剪辑是剪映的主打功能，主要有切割、变速、倒放、画布、转场等功能，具体如表 7-3-1 所示。

表 7-3-1　剪映视频编辑剪辑功能一览表

功能	简　介
切割	快速自由分割视频，一键剪切视频
变速	调节视频节奏快慢，从 0.2 倍—4 倍均可自由选择
倒放	倒放视频
画布	视频可以切换多种比例和颜色

（续表）

功能	简　　介
转场	支持交叉互溶、闪黑、擦除等多种效果
贴纸	为视频添加独特的贴纸
字体	多种风格字体，字幕，标题，根据视频主题进行挑选
滤镜	多种高级专业的风格滤镜，让视频不再单调
变声	可以根据视频需求变声“萝莉、大叔、怪物”
美颜	智能识别脸型，根据用户需求定制独家专属美颜方案
视频剪同款	用户选好模板后点击“剪同款”，上传对应照片/视频素材即可一键生成炫酷大片

3. 剪映使用方法

剪映分为手机端、PC 端两个版本，但使用方式和功能类似，只是 PC 端可供操作的空间变大，相较于剪映移动版，PC 端界面布局更加清晰，操作面板也更强大，可以适用更多专业剪辑场景，同时增加了鼠标键盘的操作。

（1）下载安装剪映

在官方网站或手机应用市场内搜索剪映，下载剪映到 PC 端/手机端。（由于视频剪辑需要较大的内存空间，下载前请确定手机/电脑有充足的空间。）

图 7－3－1

（2）导入视频素材

对准备剪辑的视频素材进行分类整理，保存到本地。打开剪映，手机版点击页面中间“＋”添加视频素材，选中需要剪辑的素材，选择完毕后，点击“添加到项目”，如图 7－3－1 所示。

PC 端可以将导入的视频文件拖拽到视频编辑区。

（3）了解剪映功能布局

① 时间轴：00:00，00:02，00:04 叫作时间轴，可以根据时间轴的变化精准把握视频进度；

② 暂停与播放：点击时间轴旁三角形按钮，可以控制视频的暂停与播放；

③ 关闭原声：如不需要素材原声，可选择关闭

原声，并选择“添加音频”，重新选择乐曲，重新对视频进行配乐；

④ 设置封面：为视频选择封面，可以拖动时间轴放置在合适的视频界面，也可以从手机/PC 端本地选择图片作为封面；

⑤ 文字：可以为视频添加字幕、标题等，剪映可以通过视频、音频文件识别人声，并且自动在时间轴上生成字幕文本；

⑥ 贴纸：为视频选择独特的贴纸；

⑦ 素材包：提供一些常用的视频素材；

⑧ 特效：提供视频转场特效、字幕特效等。

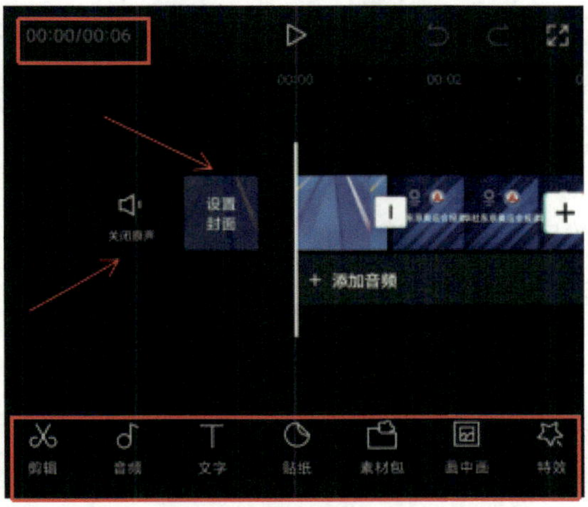

图 7-3-2

(4) 视频分割

点击上图中的“剪辑”可跳转到剪辑操作界面，点击“分割”，将视频按照需求进行分割，并将不需要的部分剪掉，如图 7-3-3 所示。

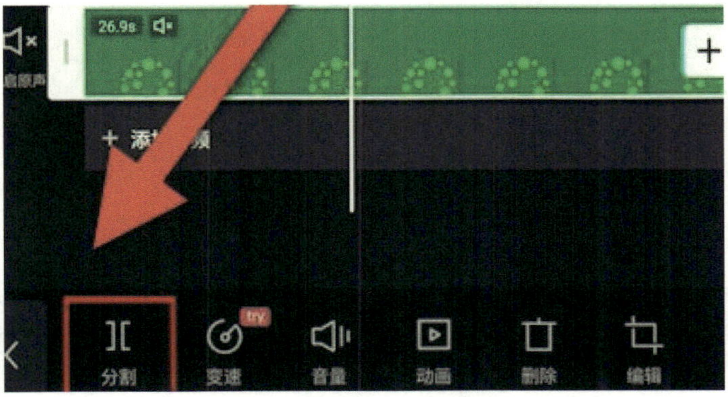

图 7-3-3

(5) 选择特效

进入特效编辑面板中，左右拖动可查找到不同类型的特效样式，如图 7-3-4 所示。

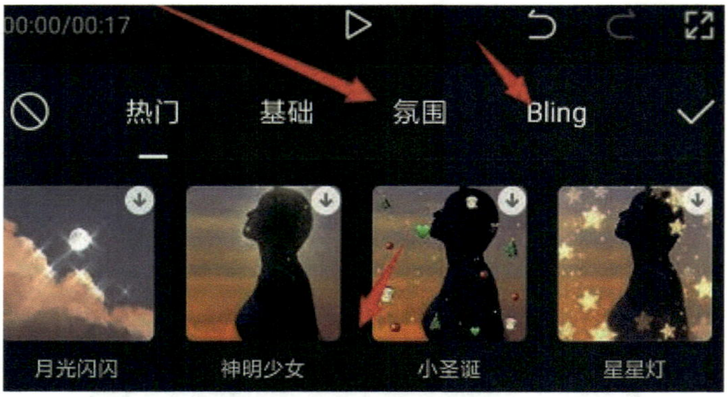

图 7-3-4

找到需要添加的特效后，点击下载然后应用到视频中，上方视频中可观看到添加后的效果。确定添加特效后，会在视频轴下方生成特效时间轴，选中特效时间轴可更改坐标位置以及时间长短，如图 7-3-5 所示。

图 7-3-5

(6) 选择音乐

点击音频，选择视频的 BGM。用户可以根据自己的需求添加音频文件，还可以登录自己的抖音账号，导入抖音收藏的音频文件，如图 7-3-6 所示。

图 7-3-6

（7）导出视频

视频制作完成后，选择导出即可保存视频。

图 7-3-7

知识拓展

1. 常用的视频名词知识

（1）帧：视频是由一幅幅静止的静态画面组成的图像序列，而组成视频的每一幅静态图像称为帧。

（2）像素：像素是组成图像的最小单位，分辨率是指屏幕上像素的数量，视频的画面分辨率越大，像素数量越多，视频的画面清晰度就越高。

（3）帧宽高比：视频画面的长宽比例，目前电视的长宽比通常为 4∶3，电影的宽高比为 16∶9。

2. 短视频剪辑六要素

短视频剪辑有六要素，分别为信息、动机、镜头构图、摄影机角度、连贯和声音。

（1）信息。信息就是通过镜头呈现给用户的内容，分为视觉信息和听觉信息。

（2）动机。镜头之间的切换、转场一定是有动机的。例如，画面中的被摄对象陷入了回忆，此时的镜头应该切换到回忆的画面。

（3）镜头构图。通过调整被摄主体、周边对象和背景的关系，来达到最佳的构图。

（4）摄影机角度。摄影师和剪辑师一定要考虑几个重要的问题：摄影机该放在什么位置，画面中有几个人物，拍摄的主要对象是谁，如何展现人物的特点。通过一系列的角度设置，获得最佳的效果。

（5）连贯。好的剪辑能够实现平稳连贯的效果，给观众提供行云流水的观感。

（6）声音。对声音的剪辑有两个重要概念：对接剪辑和拆分剪辑。对接剪辑就是画面和声音的剪辑点一致，拆分剪辑是指画面先于声音被撤换，保证画面切换更自然。

实训专区

任务背景

你作为一家视频制作公司的员工，因中秋节临近，公司想要在抖音平台制作推出精美的短视频以供传播，请你剪辑制作一则短视频，具体要求如下：

1. 使用剪映软件进行制作。
2. 视频时长控制在 45 秒之内。
3. 视频必须包含动态帧、音频、特效、文字等必备元素。
4. 视频主题鲜明，分辨率高，能起到较好的传播效果。

任务分析

以“中秋节”为主题制作短视频，并围绕主题合理剪辑。

1. 搜索和主题相关的素材。
2. 下载并安装短视频剪辑工具——剪映。
3. 掌握必备的剪辑技能，如添加配乐、字幕、转场特效等。

任务实操

1. 使用百度、谷歌等搜索引擎下载相关素材。
2. 将素材导入剪映，进行裁剪、添加背景音乐、字幕、转场等操作。
3. 导出短视频。

任务评价

序号	评价项目	评价标准	分值	评分
1	能自主搜集短视频素材	素材符合短视频主题	30	
2	能添加素材、音乐、字幕、转场	短视频中有素材、音乐、字幕、转场	50	
3	能导出短视频	短视频完整，可以播放	20	

情景训练

小米公司为宣传新款手机，计划制作一则 H5，以介绍手机性能吸引消费者购买，请根据以下要求制作一则 H5。

1. 需要体现手机名称：Redmi Note 11 Pro；
2. 突出产品充电迅速的特点；
3. 介绍产品外观颜色，并展示 5—7 张产品图片；
4. 需要体现科技感，不少于 8 页；
5. 尾页需添加购买链接。

任务 7.4 新媒体数据分析技能

7.4.1 新媒体数据分析

1. 数据分析的作用

数据分析是新媒体营销中必备内容，随着大数据的发展，数据分析可以优化各个营销环节。

(1) 数据分析优化用户运营

在用户运营上，数据的作用主要有两个关键方面：一方面，企业需要了解用户生命周期价值，了解处在每一个生命周期的客户有多少，累计客户结构是否健康等，这就需要通过用户数据分析进行用户画像。

另一方面，在每一个阶段，进行客户的质量评估，这里可以借助一些关键指标去判断，比如新手期的“激活率”、成长期的“留存率”等。同时，每一个阶段都建设更细分的场景去做数据的深度分析。

(2) 数据分析优化产品运营

产品运营在运营工作中占有很大的比重，产品运营的工作主要是对产品和市场数据进行分析，并以此为依据推进产品改进，使一个产品越来越好、越来越有活力。产品运营初级阶段数据的作用就是帮助运营人员进行产品市场验证，给出产品运营的方向促进产品优化改进。产品中期阶段，需要持续根据用户反馈数据来做产品修正，找到用户的核心需求，寻找最优的路径来满足这些需求。产品运营中后期主要涉及精细化运营，利用数据分析为产品精细化运营提供更多的支持。

(3) 数据分析优化活动运营

在活动运营的闭环里面，会经历以下阶段，分别是：设定目标——方案策划——技术实现——效果评估——策略优化，每个阶段都可以应用数字化运营。

在设定目标时，结合客户的属性、行为偏好、价值标签进行人群筛选；方案策划上可以参考历史活动中不同方案的活动效果，进行活动方案的评估和调优；效果评估环节，希望能够实时性地洞察活动触达面积以及最终的转化与业务贡献；在触达的客户中，有多少用户因为不感兴趣而直接关掉了活动落地页，又有多少用户按照引导流程完成了最终转化，整个流程都可以通过数据访问量、转化率等指标去做衡量。

(4) 数据分析优化内容运营

内容运营的重点是找到对的人、用对的方式、送达对的信息，通过三者的不断调优，找到最合适的、高效的运营策略。

整体上，需要对每一类信息进行完整的管理，从对应的目标人群画像出发设置适用的信息。对业务整体的掌控也需要站在战略角度分析，以评估内容运营的优化空间。

2. 数据分析的工具

新媒体数据分析工具的使用可以快速地帮助运营者定位问题、制定营销策略，有效地提升新媒体运营效率。一名优秀的新媒体数据运营者必须掌握常用的数据分析工具。

目前，常用的数据分析工具可以分为两大类，一类是站内分析工具，即新媒体平台后台自带的分析工具，一类是站外分析工具，即第三方分析工具。

(1) 站内分析工具

站内分析工具是使用门槛最低的数据分析工具，无须掌握分析函数或代码，所有数据一键生成。

站内分析工具的优点是无需借助其他工具，新媒体运营者登录后台即可即时查看用户反馈，检测账号运营情况，并及时调整运营策略。同时，后台数据是一个账号最真实的数据，通过后台数据分析得出的结论也是最可靠的结论。简单、快捷、及时、真实是站内分析工具最大的优点。

站内分析工具的缺点是无法更加细化地对数据进行分析，同时数据样本有限，只能分析账号后台数据，无法洞察全平台趋势。

常见的站内分析工具及功能：

目前，包括微信、微博、今日头条在内的新媒体平台都具有完整的数据统计分析功能。利用平台后台自带的新媒体分析工具，新媒体运营者可以直观地看到用户增长、后台互动等数据。后文会详细介绍使用频率较高的自媒体平台分析工具。

表 7-4-1　常见自媒体平台自带分析工具功能表

平台	分析功能
微信	用户分析、内容分析、菜单分析、消息分析、接口分析、网页分析
微博	粉丝分析、博文分析、互动分析、相关账号分析
今日头条	文章分析、头条号指数、粉丝分析、热词分析

(2) 站外分析工具

站外分析工具是指非官方平台自带的、需要官方平台授权后才可以使用的数据分析工具。

站外分析工具与站内分析工具的主要区别在于前期的注册和授权，注册授权后的操作与站内分析工具类似，可以直接登录网站查看。

站外分析工具相较于站内分析工具，能够对数据进行更加精细化地分析，如微信公众号长期数据追踪、今日头条粉丝管理等，依然需要站外分析工具的辅助。

常见的站外分析工具：

① 新榜数据。

新榜是上海科技看榜信息科技有限公司旗下产品，是一个综合性内容产业服务平台。依托数据发掘分析能力，新榜以榜单为切口，向众多政府、企业和个人用户提供线上、线下数据产品服务，具体包括内容营销、数据服务、运营增长、版权分发、解决方案等服务，成为连接广告与自媒体的平台。

其中，“新榜有数”板块下提供的“号内搜”“新榜认证”“分钟级检测”等功能应用广泛。

图 7-4-1　新榜官网页面

当前主流的自媒体平台数据都可以在新榜中搜索到，如图文类的微信公众号、微博、百家号、头条号、网易号等，视频类的抖音号、快手号、哔哩哔哩等。并且可以根据数据产生的时间，分为日榜、周榜和月榜三种，此外，用户也可以定制个性化榜单。以微信公众号为例，关键数据指标包括发布数/作品数、总阅读数、头条阅读数、平均阅读数、最高阅读数、总在看数以及新榜指数，全方位对账号进行监测与评价。用户可以在新榜平台中清晰地洞察自媒体平台的整体发展现状，为账号决策提供参考。

2020年09月　统计数据截止：10月3日 12时　样本数量：2025243　关于"时事"榜单的说明 | 数据说明 | 异常举报

#	公众号	发布	总阅读数	头条	平均	最高	总在看数	新榜指数	加入我的收藏
1	杭州交通918 hzfm918	240/1560	5696万+	2231万+	36515	10万+	11万+	1025.8	
2	中国经济网 ourcecn	236/866	4476万+	2064万+	51697	10万+	17万+	1019.3	
3	央视财经 cctvyscj	267/511	3488万+	2292万+	68268	10万+	12万+	1009.9	
4	广东公共DV... GDGGDVXC	177/750	3686万+	1680万+	49159	10万+	10万+	1007.8	
5	丁香医生 DingXiangYiSh...	88/318	2730万+	880万+	85857	10万+	26万+	1000.5	

图 7-4-2　新榜微信榜单

② 清博大数据。

清博大数据是一款常用的数据分析工具，集成微信、今日头条、抖音、梨视频等图文和视频平台的数据样本，向用户提供各平台榜单。与新榜一样，清博大数据的榜单分为日榜、周榜和月榜，用户也可以自定义榜单。其缺点是包含平台数据少，只能满足一部分用户的需求；其优点是除了提供账号榜单外，还提供热文榜单和舆情分析，帮助新媒体从业者及时了解市场爆文情况，为账号内容创作提供参考。

图 7-4-3　清博大数据官网界面

③ 西瓜数据。

西瓜数据提供包括微信公众号、微博、小红书、淘宝等平台流量监测及精准营销服务。西瓜数据是连接广告主与流量主的平台。对于流量主来说，能够为其提供阅读、点赞量等分钟级监测报告。对广告主来说，能够为其快速甄别水号、避免投放踩坑，同时数据赋能品牌方精准营销，帮助品牌方掌握竞品投放动态、降低投放成本、跟踪投放后数据。

另外，西瓜数据平台中的“西瓜资源会”汇集了海量优质账号，能够优化广告资源对接，是行业深入交流的高级社区平台。

图 7-4-4　西瓜数据官网界面

④ GrowingIO。

GrowingIO 是基于用户行为的新一代数据分析产品，能够实时采集用户行为数据，并实时形成可视化图片。

其优势是企业无需在网站或 App 中埋点，即可根据业务需求定制个性化数据采集方案。

同时 GrowingIO 拥有国内颗粒度更细致的用户行为收集系统，平台可以在不涉及用户隐私的前提下，将所能够抓取的数据细节进行收集，将数据“原子化”，让企业可以最大限度实现精细化运营，实现高效实践数字化增长。

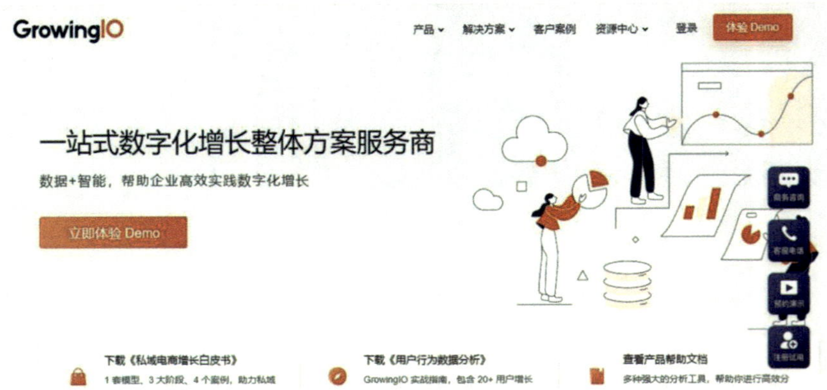

图 7-4-5　GrowingIO 官网界面

⑤ 本地 Excel 工具。

Excel 是新媒体数据分析最基础也是最有用的工具之一。有一定办公软件操作基础的运营者，可以使用 Excel 工具进行数据分析。其分析的数据主要来自人工统计和后台导出的数据。

Excel 的优点是可以进行站内分析工具和其他第三方工具无法满足的个性化分析。如时间分析、公式分析、对比分析、趋势分析等。

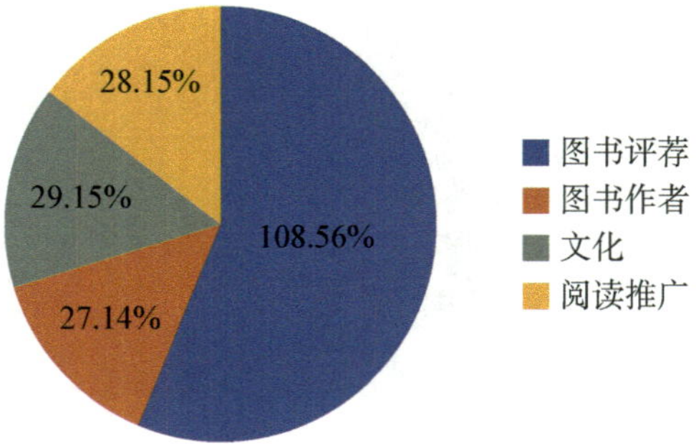

图 7-4-6　某公众号阅读推广类信息类型

知识拓展

西瓜助手

西瓜助手与西瓜数据不同，它是专业的微信公众号大数据服务商。西瓜助手平台上收集了300多万公众号数据，4亿多篇公众号发文记录，覆盖全国333个地级市、17个垂直行业，能够提供优质的公众号查询和检测服务。其分钟级阅读量监控、全网竞品搜索监控等功能，使其成为微信公众号运营及广告投放效果监控首选的大数据工具。

图7-4-7　西瓜助手功能导航

3. 运营报表的指标体系

营销数据分析先要了解新媒体数据的类型。新媒体数据类型主要包括数值型和图文型两种。数值型主要包括日常运营数据和分析数据。

(1) 日常运营数据

日常运营数据可以通过直观的数字对营销情况进行统计和分析，从而总结评估营销效果。

常见的数据包括阅读量、粉丝量、网店销量、网站浏览量以及活动中用户参与情况统计数据。下图中某微信公众号后台中的数据就是典型的数值型数据。

图7-4-8　微信公众号后台数值型数据

(2) 分析数据

分析数据主要是通过问卷调查、结构化比较、分析汇总等形式获得。它并非制定考核指标量化结果,而是帮助营销者找到正确的营销方向。网站栏目分类、账号粉丝分类、消费者反馈以及平台矩阵分布都是常见的分析数据。如下图为某手机用户分析。

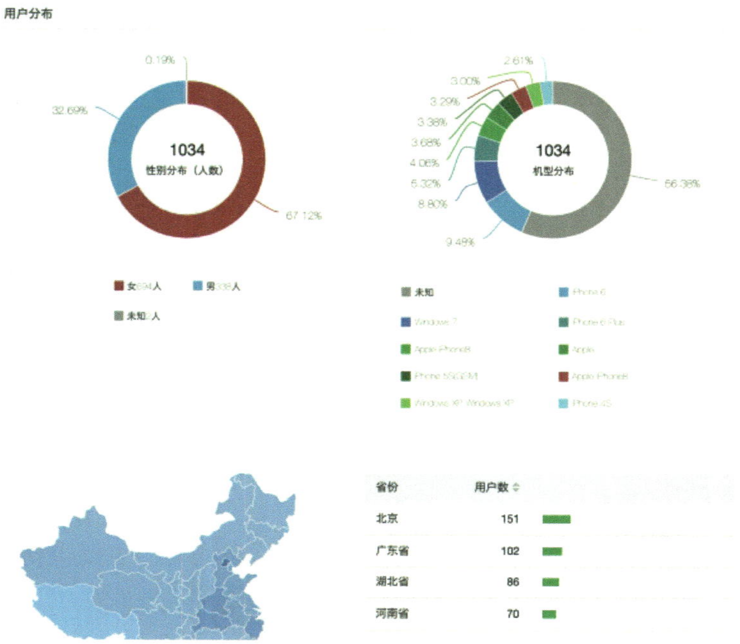

图 7-4-9　某手机用户图文型数据

新媒体数据分析的步骤通常分为五个:制定目标、挖掘数据、处理数据、分析数据、总结数据。下面一一进行介绍。

① 制定目标。

对于运营人员而言,在进行数据分析之前,需要明确目标,即数据分析的原因,这样才能够更科学地制定营销计划,更精准地评估营销效果。例如,某微信公众号运营人员想要了解公众号近期涨粉缓慢的原因,如果是因为近期公众号没有做好推广工作,那么,针对近期推广渠道及方法查找原因即可。

② 挖掘数据。

在明确数据分析的目标之后,运营人员要根据目标精准挖掘数据,在开始之前,需要先进行数据来源分析。例如,要想找到公众号营销失误的环节,其对应的数据就是粉丝来源数据、粉丝取消关注等数据。如果是网站产品售卖,则对应的数据则应该是浏览量、产品销量、产品评价数据等。

数据来源分析完成之后,就可以进行数据挖掘工作。挖掘数据主要从后台数据、第三方数据以及手动统计三方面入手。

知识拓展

后台数据：大部分的新媒体平台分析数据可直接在软件后台找到，如微信公众号数据、微博阅读数据。

第三方数据：当新媒体平台后台无法直接获取数值时，需要借助相关工具，在授权后利用第三方工具，如新榜数据、西瓜助手等进行挖掘。目前，通过第三方可获取的数据包括点击数量、访问来源数据、用户属性等。

手动统计：运营人员要分析的数据无法通过后台和第三方数据获取，则需要数据分析人员进行手动统计，如多平台的阅读总量数据等。

③ 处理数据。

新媒体营销的大部分数据分析是可以直接使用挖掘到的数据的，但是也有一部分数据则是需要运营人员对挖掘到的数据进行处理才可以使用。处理数据最常见的操作包括删除无效数据、合并重复数据、组合相关数据三个部分。

知识拓展

删除无效数据：在数据挖掘过程中，一些数据是与本次分析无关的或是某些无用字符，这些内容就需要在数据处理中删除，否则多余的数据会给后期的分析和处理带来一定的难度。例如，在分析网站流量时，了解其页面的浏览量、访客数据即可。

合并重复数据：合并重复数据是因为直接获取的数据当中有些是重复数据，需要合并统计之后的数据才更为直观。

组合相关数据：原始数据中有一些数据是混合在一起的，需要进行组合。

④ 分析数据。

数据在经过获取、挖掘、处理之后，可以进行分析。常见的数据分析类别有流量分析、销售分析、内容分析和执行分析。

流量分析：主要是针对各类平台的流量进行分析，移动端流量分析主要是对平台流量、H5 访问量等信息数据进行分析；网站流量分析主要是对跳出率、访问量、访问时间等数据进行分析。

销售分析：主要是针对网上销售数据进行分析，包括下单量、二次购买率以及支付比例、网上预订、线下支付订单等销售数据。

内容分析：主要是对各类新媒体平台的内容数据进行统计，如微博粉丝量、头条号推荐量、微信公众号阅读量等。通过对基础数据进行分析，营销人员可及时调整标题及内容。

执行分析：主要是对营销人员进行考核，包括文章撰写速度、文章质量以及软文发布频率等方面。

⑤ 总结数据。

在完成数据的分析之后，最后还需要总结数据。总结数据有利于沟通新媒体营销情况，同时，还便于分析新媒体营销结果、总结新媒体营销规律、制定新媒体整体营销规划。通过对新媒体营销数据情况进行适当科学地总结后制定下一环节的营销计划，对企业整体营销起到指导性的作用。

4. 数据评估

(1) 评估体系

数据评估也称为数据质量评估，评估体系主要参考以下指标：

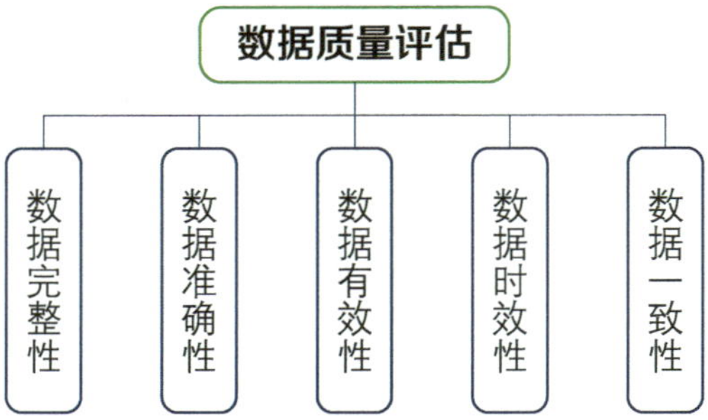

图 7-4-10　数据评估指标体系

依据以上指标，针对不同的信息系统做出定量的数据质量评估，也可根据实际情况，在评估执行中进行取舍。

① 数据完整性检测。

完整性，描述数据信息缺失的程度，是数据质量中最基础的一项评估标准。数据缺失的情况可以分为数据信息记录缺失和字段信息记录缺失。

对于数据信息记录缺失的检测，可以通过对比源库上的表数据量和目的库上对应表的数据量来判断数据是否存在缺失。

对于字段信息记录缺失的检测，选择需要进行完整性检查的字段，计算该字段中空值数据的占比，通常来说表的主键及非空字段空值率为 0%。空值率越小说明字段信息越完善，空值率越大说明字段信息缺失越多。

② 数据准确性检测。

准确性，用于描述一个值与它所描述的客观事物的真实值之间的接近程度，通俗来说就是指数据记录的信息是否存在异常或错误。例如业务员在上报系统上填写客户信息时，手误输错了某一信息，造成了数据库里存在的信息与客观事实不一样。数据准确性的检测较为困难，一般情况下很难解决。在某些特定的情况下，例如性别、年龄、出生日期、籍贯等信息可以通过校验身份证号来检测，前提是确保身份证号码是正确的。

③ 数据有效性检测。

有效性，用于描述数据遵循预定的语法规则的程度，是否符合其定义，比如数据的类型、格式、取值范围等。数据有效性检测的步骤是用户选择需要进行有效性检测的字段，针对每个字段设定有效性规则。有效性规则包括类型有效、格式有效和取值有效等。类型有效检测字段数据的类型是否符合其定义，例如可以通过求和来判断是否是数值型，通过时间操作来判断是否是时间类型。格式有效性检测可以通过正则表达式来判断数据是否与其定义相符。取值有效检测则通过计算最大最小值来判断数据是否在有效的取值范围之内。

④ 数据时效性检测。

时效性，是指信息仅在一定时间段内对决策具有价值的属性。数据从生成到录入数据库存在一定的时间间隔，若该间隔较久，就可能导致分析得出的结论失去了借鉴意义。例如当天的交易数据生成后没有及时地录入数据库或者源库与目的库之间的同步延迟，则会导致统计结果和真实结果存在一定误差。

⑤ 数据一致性检测。

把待检测的表作为主表，首先用户确定一致性检测的主表字段，然后选择需要给定检测的从表和从表字段，设置好主表和从表之间的关联项，关联项可以是多个字段，但是关联项必须是拥有匹配值的相似字段。匹配关联之后检查主表和从表是否相同或者类似字段值是否一致。

(2) 数据质量评估流程

数据质量的评估流程是首先确定要检测的数据质量指标和评估规则，然后编写相应的SQL 脚本来检测分析数据，最后计算满足各个规则的数据的百分比得分。系统的综合得分的计算可以通过把每条规则的得分计算出来，然后综合后取平均值，但更为合理的方法是把每条规则的得分按照给定的权重进行评价，制定一个合理的数据质量评价等级。由用户规定每个检测规则的权重，做出一个权重方案，然后按照各个检测规则的权重进行整体的计算统计，得到一个合理的数据质量评估得分。

7.4.2 撰写营销报告

营销报告是营销数据分析的终结和最终成果，是对影响产品营销的各种环境因素的调研结果进行客观陈述、提出分析结论的书面表现形式。它是把分析结果、重要建议、结论及其他重要信息传递给营销决策者，使分析结果被他人所知，便于他人利用的书面材料。营销报告是企业营销决策的依据材料，通过营销报告提供的市场信息，企业才能把握营销环境，进行科学的营销决策。

1. 明确撰写任务

明确撰写任务主要是要明确营销的主体、内容、方向等基本问题。这是撰写营销报告的基础，前期要明确落实。

2. 做好撰写准备

撰写准备工作主要包括：首先，要及时准备案头资料。把搜集到的资料、分析好的数据、个人意见及时汇总起来，整合为方案设计所需材料。其次，要拟好详细的提纲。最后，要合理安排撰写时间。从初稿完成到修改校对，需要花费一定的时间，这些应提前合理安排。

3. 掌握撰写方法

撰写营销报告的过程中，有一些方法和技巧需要掌握。

① 寻找符合实际的理论依据。

符合实际的理论依据可以提高报告的真实性、说服力，具有事半功倍的效果。当然，理论依据不能是纯粹的理论堆砌，要有相应的对应关系，否则会给人一种脱离实际的感觉。

② 有力举例，论证观点。

鲜明有力的观点来源于大量、真实的调研资料。在报告中，充分的材料举例使人感到报告的充实、真实，这样才能增强说服力。因此，撰写营销报告要注重调研材料、分析材料的运用，否则就不能称其为营销报告了。

③ 有效利用数字分析说明问题。

营销报告是对产品营销实践环境分析的文件，其可靠程度的高低是营销决策者要考虑的首要问题。报告中的任何结论、任何分析点都要有材料依据，而数字就是最好的事实证明。在报告中一定要利用各种绝对数量和相对数量进行比较、对照。值得注意的是，报告中的各种数字最好都是有明确出处以证明其可靠性。

④ 运用图表帮助理解。

图表的优势在于产生强烈的直观效果，帮助读者理解报告的内容，同时，图表还能提高页面的整洁性、美观性。所以，运用图表进行比较分析、概括总结、辅助说明都是非常有效的。另外，图表的另一个优势是调节读者的情绪，促进读者对营销报告进行深入理解。

⑤ 合理利用版面设计。

版面设计一般包括字体、字号、颜色、字间距、行间距以及插图的选择。优秀的版面设计不仅可以使报告内容中重点突出、层次分明，而且还可以使报告整体严谨而不失活泼。撰写者可以借助电脑进行文字处理，先设计几种版面，通过多次比较分析，确定一种最佳、最符合的设计，最后再正式采用。

⑥ 注意细节，消灭差错。

如果一份调研分析报告中存在多处细节错误，阅读者是不可能对报告的准确度留有良好印象的。因此，对于报告的细节处要反复仔细地检查，不允许出现任何细小的差错，尤其是企业的名称、专业术语、英文单词等问题，要格外注意。

4. 按照营销报告的格式要求，撰写营销报告

① 封面。

封面设计应整洁、醒目，字体、字号、颜色根据视觉效果进行调整，切忌花哨。

封面要点制作，首先要标出企业名称，如《＊＊公司＊＊营销报告》，其次，还有一个简明扼要的标题，使人一目了然，有时为了突出主题或表现目的，也可以添加副标题。再次，日期要完整，以提交报告的日期为准，且表述完整，如 2021 年 10 月 17 日。最后，报告人一定要标明，如果有公司隶属，还需要标注公司全称。一般是位于封面下方。

② 前言。

前言的作用在于吸引读者阅读兴趣，因此，前言文字不宜太长，可控制在 500 字以内，一般不超过 1 页，内容包括以下几个方面：

介绍营销分析情况，如＊＊就＊＊产品的营销效果进行分析调研。

叙述营销报告的目的。也就是表明为什么要进行这次分析调研，这样才能吸引阅读者阅读全文。

调研分析安排情况。前言部分可以就分析调研的概况做个简介，如，分析时间、分析过程、营销报告撰写分工等情况进行简要说明。

③ 目录。

明确目录所标页数与实际页数是否有出入，否则会增加读者的阅读障碍，同时，有损营销报告的专业形象。一般是营销报告撰写完成之后，再根据营销报告的内容与页数来编写目录。

④ 正文。

正文部分是营销报告的主题，是报告中篇幅最长、内容最多的部分，包括分析方法与步骤、样本分析的情况、对分析结果的描述、结论与建议等。在撰写这部分时，需要注意报告内容的真实性、顺序性。

a. 基本背景。

基本背景的意义在于让读者对报告有所了解。一般包括：报告目的的陈述、必要的背景信息，如当前市场总体情况、市场状况、经济状况等，给读者一个基本的背景印象。

b. 分析方法。

说明在分析过程中所使用的方法以及作出这种选择的理由，描述采用何种方法达到目的。此外，也包括使用某种分析方法存在的问题，如果使用二手信息，则需要注明信息来源。一般情况下，分析方法部分不宜太长，但是它应该提供必要的信息，要让读者明白数据是怎样搜集及分析的，资料的汇总和分析的方法、进度等。

c. 分析结果。

结果部分是营销报告的主要内容，集中了调研分析中所获得的几乎所有资料和数据及相应的分析，既是原始资料，也是分析资料。这部分应该围绕调研分析目的进行组织，最终以陈述形式进行表述，并配以图表，以进一步支持和加强对结果的解释。

d. 结论与建议。

结论是以调研和分析为基础得出的结果或决策，是对以上分析的进一步总结。建议是以结论为基础关于接下来如何进一步推进工作的提议。这部分不仅仅局限于调研项目中获取的信息，因此，报告撰写者应慎重地建议。

e. 分析工作总结。

这部分主要是分析调研的成功之处，哪些经验可以积累，哪些方面存在不足，是设计上还是操作上。如果下次工作当中，再遇到类似问题，该如何解决，以及本次分析结论的信度、效度如何，总结整个调研分析过程中的得与失。这一部分可以使读者充分了解此报告的价值（包括优势与劣势），从而更加合理利用该营销报告。

⑤ 附录。

附录的意义在于提供调研分析的客观性证明，凡是有助于读者对调研分析内容的理解、信任的资料都可以考虑列入附录。附录的另一种形式是提供所有与调研结果有关但不宜放在正文中的资料，如图表、附件、调查表、调查对象的名单、参考资料的索引和出处以及分析方法的介绍、备注说明等。当然，附录也需要标明顺序，便于读者查找。

范例

**** 产品 ** 市场营销状况调研分析报告**

** 学院 ** 同学

一、前言

二、调研概述

（一）调研目的与意义

（二）调研方法

本次调研的具体方法有几种：问卷调查法、观察法、访谈法、文献法。

（三）调研项目

1. 用户常用的新媒体软件
2. 产品信息来源
3. 用户选择产品的目的
4. 用户需求倾向

（四）调研范围和对象

调研范围一般为新媒体软件，对象则一般是某个或者某几个产品，也可能是企业。

（五）调研时间

三、调研结果数据分析

（一）制定目标

（二）挖掘数据

（三）处理数据

（四）分析数据

（五）总结数据

四、调研结论与建议

五、附录

实训专区

● 任务背景

下图所示是某微信公众号近一周的图文总阅读量数据来源和全部渠道的阅读数据趋势图，请对其进行分析。

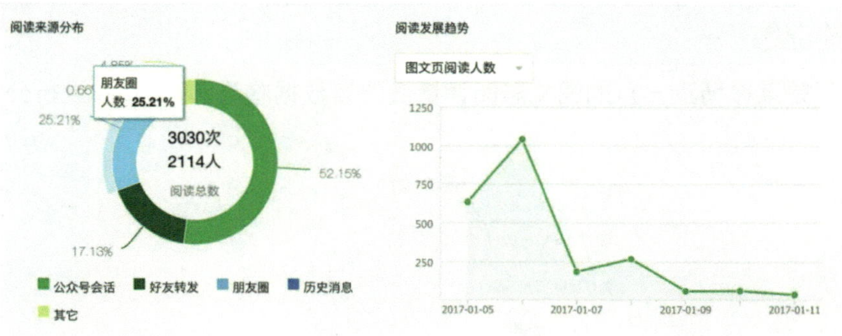

图 7-4-11　某微信公众号近 7 天的图文总阅读量数据来源和全部渠道的阅读数据趋势图

● 任务分析

1. 分析图文总阅读量数据来源。
2. 分析全部渠道的阅读数据趋势图。

● 任务实操

1. 分析图文总阅读量数据来源。从图中可以看出，该微信公众号近 7 天的图文总阅读量数据来源包括：

公众号会话数量：1 604 次，好友转发数量：513 次，朋友圈阅读数量：756 次，历史消息数量：19 次，其他阅读数量：138 次。

2. 分析全部渠道的阅读数据趋势图。从图中可以看出，1 月 5 日到 6 日的图文总阅读人数和图文总阅读次数呈现上升趋势，并在 6 日达到最高峰。1 月 7 日呈现断崖式下降，其后总阅读量都不高。通过了解该项数据，可以研究增加公众号图文阅读量的方法，如结合热点事件，或是针对好友转发的次数较少，下次在撰写图文内容时可以从这方面着手，如转发好友即有小礼品赠送等方案。

● 任务评价

序号	评价项目	评价标准	分值	评分
1	能分析并计算数据来源	公众号会话数量：1 604 次，好友转发数量：513 次，朋友圈阅读数量：756 次，历史消息数量：19 次，其他阅读数量：138 次	30	
2	能根据全部渠道的数据趋势图分析出解决的方案	提出增加阅读量的方法	70	

● 情景训练

下图所示是某微博近一月的图文总阅读量及阅读数据趋势图，请对其进行分析。

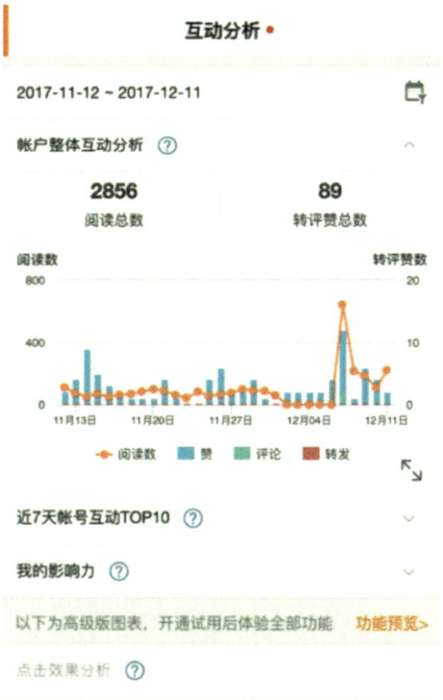

图 7－4－12　互动分析

单元练习

一、选择题

1. 剪映软件包含以下哪几种功能?(　　)(多选)
   A. 剪辑功能　　B. 特效功能
   C. 文本功能　　D. 滤镜功能
2. 添加关键帧的作用是(　　)。
   A. 更方便地设置滤镜效果　　B. 创建动画效果
   C. 调整影像　　D. 锁定素材
3. 构成视频的最小单位是(　　)。
   A. 帧　　B. 秒　　C. 画面　　D. 时基
4. H5 页面可以在哪些方面使用?(　　)(多选)
   A. 微信互动营销　　B. 商业展示
   C. 会议活动　　D. 数字出版与教育
   E. 电子贺卡
5. 百度、谷歌、搜狗属于(　　)营销效果监测工具。
   A. 新闻媒体工具　　B. 社交媒体工具
   C. 搜索引擎工具　　D. 专业监测工具
6. 新媒体数据类型主要包括(　　)(多选)。
   A. 描述型　　B. 交流型　　C. 数值型　　D. 图文型
7. 营销报告中不属于正文的是(　　)。
   A. 目录　　B. 基本背景　　C. 分析方法　　D. 分析背景
8. 常见的数据分析类别有(　　)(多选)。
   A. 流量分析　　B. 销售分析　　C. 内容分析　　D. 执行分析

二、案例题

1. 结合本任务所学,分别采用静态图文信息工具、动态图文信息工具为一款口香糖设计营销方案。

....

....

....

....

....

....

....

....

2. 下图是华为近七日在小红书上的获赞热度趋势，请根据本任务所学知识进行数据分析。

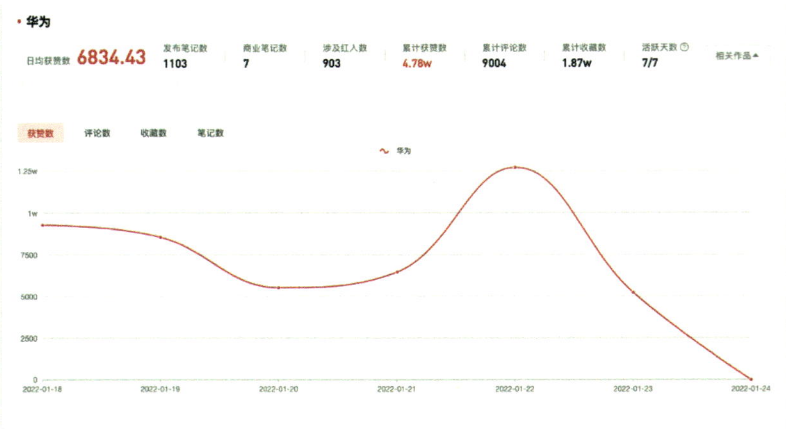

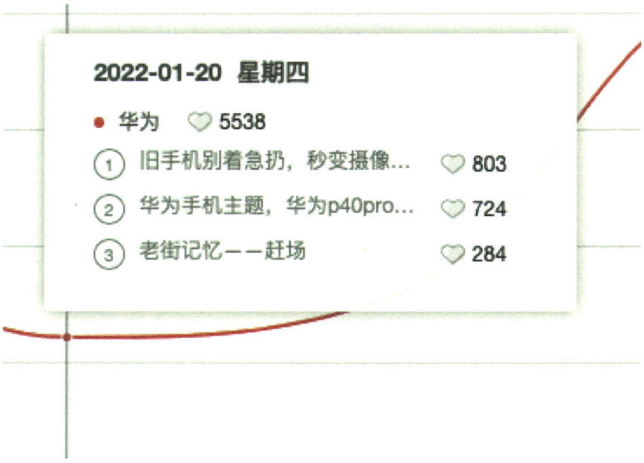

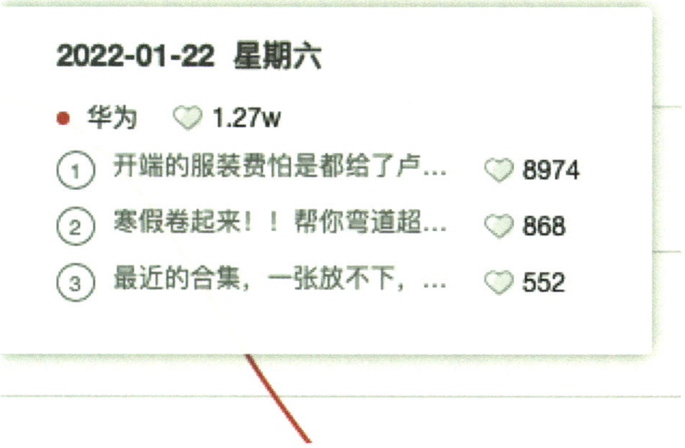

参考答案

项　目　一

答案：

1. A　2. B　3. D　4. ABCD

案例题：

首先确定如今有哪些新媒体营销平台，根据该纸媒的受众特性或者不同板块的受众特性寻找合适的新媒体营销平台和合适的内容呈现形式。如微信公众号属于半封闭平台社交类，受众最广，适合发布一些重大新闻，图文并茂以文字为主；新浪微博属于短信息平台新闻资讯类，可以发布一些即时新闻，文字简短，可以插入视频或者较多图片；抖音属于视频式平台视频娱乐类，可以发布一些轻松娱乐或者日常民生的视频新闻，以简短文字作为辅助解说。

其次可以根据分析新媒体营销思维进行纸媒的营销转型。纸媒也有“粉丝”，需要先分析其粉丝最爱看哪类新闻，着重增加对这类新闻的关注与报道，并注重流量思维，在一些粉丝聚集的地方重点投放新闻，以获得最大的流量。

最后必须了解新媒体营销趋势，广泛运用微信公众号、微博等热门平台进行营销，并以视频形式提高关注度，但无论是新媒体还是传统纸媒，新闻的内容始终是取胜关键。

项　目　二

答案：

1. C　2. A　3. ABCD

案例题：

https://mp.weixin.qq.com/s/69mf59A5o0q-FmPVQ_Jeyg

过年送什么化妆品？——冬季护肤有讲究

新时代国小将 2022-01-15 08:07

到了冬季，人们争先恐后地忙于给肌肤补水，但你的肌肤真的做到正确补水了吗？就让我们一起来讨论吧。

冬季护肤之频繁去角质

很多女孩认为，冬季皮脂堆积越来越厚，于是每周都要多次给肌肤去角质，从而让肌肤更好的吸收水分。其实，冬季空气干燥，肌肤不会像夏天那样油脂分泌旺盛，如果频繁去角质只会加速肌肤的粗糙和干燥，且过度清洁皮肤会洗去表皮保护膜，使肌肤变得敏感脆弱。

所以，频繁去角质不但让自己的皮肤变得更易干燥，还会让自己彻底变成“薄脸皮”。

冬季护肤之随时随地用喷雾

到了冬天，室内的暖气空调往往会让肌肤感到瘙痒、干燥，于是保湿喷雾派上用场，爱美的MM随时随地都会拿出来喷一喷。其实，喷雾型的化妆水只能解一时之需，且频繁的使用，实际上在等待面部干爽的同时水分正以极快的速度流失。

在冬季这样一个本就容易加速水分流失的季节，除了要避免以上的肌肤补水误区外，选择能够补水又能锁水的产品也尤为关键。**香兰阁润妍系列**产品在滋润肌肤补水通道的同时，又能强化肌肤的锁水屏障，给予肌肤源源不断的水润能量，真正做到补水、锁水。

在冬季这样一个本就容易加速水分流失的季节，除了要避免以上的肌肤补水误区外，选择能够补水又能锁水的产品也尤为关键。香兰阁润妍系列产品在滋润肌肤补水通道的同时，又能强化肌肤的锁水屏障，给予肌肤源源不断的水润能量，真正做到补水、锁水。

项目三

答案：

1. D　2. A　3. ABCD　4. ABC

案例题：

首先，美食达人应关注微博的营销特点和自身营销定位之间的匹配。微博具有便捷性高、速度快、覆盖范围广、渗透程度深等特点，而其传播依赖于关注、点赞、转发，因此达人应提炼特点，进行重点传播，如其美食的独特制作秘方，或达人本身引人注目之处，如穿汉服等。

其次，需要多方运用微博的营销技巧。达人应创建热门话题，或者结合时事热点进行博文创作，提高曝光、讨论以及转发频率，助于登上热搜榜；达人在营销时候应注意时间，美食博文最好和人们日常三餐时间相适配，并且晚上 8 点—24 点属于人们休息放松时间，适合进行博文、视频发布；达人应善用互动营销，可以创建投票微博、具有讨论度的话题等激发粉丝的互动，提高热度，保持关注度；达人可以不定期开展活动，如转发抽奖等；达人还可以巧用推广工具，将宣传内容融入目标用户的微博信息流之中，达到较好的宣传效果。

项　目　四

答案：

1. ABC　2. AC　3. ABCD　4. ABCD　5. ABCD　6. B　7. ABCD　8. C

案例题：

首先可以准备和电影相关的礼品，不定时在群中发放。例如在某电影上映期间准备相关周边，通过抽奖、分享群二维码、晒票根等方式进行发放。

其次可以通过红包直接刺激成员进入电影院买票观影。如在春节、国庆等节假日时期，通过拼手气红包等激活社群氛围，但红包方式不能太过频繁地使用。还可以准备随机定向红包，比如针对一些群内活跃成员或者电影院 VIP 进行定向发放，提高群成员黏性。

最后可以鼓励线上分享影评。在电影上映之初、中期可以鼓励群成员撰写优质影评，还可以不定期邀请嘉宾进行电影鉴赏技巧的交流会，既可以促进群内讨论也可以提高群的分享质量。

项　目　五

答案：

1. D　2. AB　3. C

案例题：

1. 了解短视频内容定位，美妆类主打热门妆容，属于“颜值类”和“化妆类”，因此可以使用一些特殊的拍摄技巧，如对比、特效等增加娱乐性。

2. 打造优质短视频内容。确定具有关注度的主题，抓住时下热点，如“万圣节南瓜妆”“圣诞季雪花妆”等；然后创作积极正面的内容，符合大众审美心理，这样可以收获更多受众；在视频中可以适当增加产品抽奖或者现金抽奖环节。

3. 在视频剪辑方面需要突出亮点，尤其是视频开头和结束，开头的视频文案要具有足够的吸引力，可以适当埋下疑点让观众继续观看，结束要预告下一期直播亮点，增加观众的持续关注度。

项 目 六

答案：

1. A 2. D 3. ABCD 4. AD

案例题：

首先为直播场景搭建策划。主播可以选择一个安静的小房间，根据美妆品牌的风格将直播间布置得偏暖色调。然后准备直播设备，比如支架、话筒、补光灯，两部手机，一部用于直播（建议配置较高的，画质清晰，画面稳定），另一部用来观看直播的效果以及留言互动。

其次为直播内容策划。主播简单梳理口红的用途和不同口红的不同功能，适合的不同场景等。

然后介绍今日售卖的口红的作用、卖点、品牌的介绍、品牌的折扣福利等。重点讲解卖点，以区分其他口红产品的特点，比如使用场景；再介绍品牌折扣福利，对比其他店铺、直播间的价格，突出本场直播的优惠力度。

再次在直播中加入一些抽奖活动，在较长的直播时间内增加观众的黏性，提高观众的关注度。

最后要善于运用互动技巧，在直播过程中运用一下互动话术，如"买它！买它！买它！"提高观众的购买欲，"这个价格简直惊天动地！"突出优惠力度等。在直播结束的时候要进行答谢并预告下一场直播亮点，增加用户的持续关注度。

项 目 七

答案：

1. ABCD 2. A 3. A 4. ABCDE 5. C 6. CD 7. A 8. ABCD

案例题：

新媒体数据分析的步骤通常分为五个：制定目标、挖掘数据、处理数据、分析数据、总结数据。

首先是制定目标，针对性地评估营销效果。本题的目标为提高华为在小红书上的获赞热度，做好华为在小红书中的推广工作。

其次是挖掘数据。挖掘数据主要从后台数据、第三方数据以及手动统计三方面入手，针对小红书的第三方数据平台有新红数据、千瓜数据、灰豚数据。

再次是处理数据，突出重点数据。从本图可知，点赞的曲线波动较大，因此可以重点关注最高值、最低值、平均值、累计获赞数。

再次是分析数据。根据图表可知最高值为 1.25 万，时间为 2021.1.22，星期六；最低值为 5538，时间为 2021.1.20，星期四；平均值为 6834；累计获赞数为 4.78 万。从小图可知，最高值和最低值的前三笔点赞数目中，第二、三名的点赞数相近，第一名差距较大，相差近十倍。

最后是总结，从数据分析中可知，周六是点赞高峰，那时候大部分人处于休息状态，有较多时间和精力可以购物和浏览笔记，因此可以增加对周六的运营投入，比如增加红人笔记带货数目，增加广告投放等；而通过比较第一名笔记的数额差异可知，热门笔记仍旧是带动热度的重点抓手，需要对头部 KOL 提高投入。

参考文献

[1] 勾俊伟，哈默，谢雄. 新媒体数据分析：概念、工具、方法[M]. 北京：人民邮电出版社，2017.

[2] 谭贤. 新媒体营销与运营实战：从入门到精通[M]. 北京：人民邮电出版社，2017.

[3] 张向南，勾俊伟. 新媒体运营实战技能[M]. 北京：人民邮电出版社，2017.

[4] 秋叶，邻三月，秦阳. 社群营销实战手册：从社群运营到社群经济[M]. 北京：人民邮电出版社，2018.

[5] 郑文博. 运营其实很简单：互联网运营进阶之道[M]. 北京：人民邮电出版社，2018.

[6] 勾俊伟，刘勇. 新媒体营销概论(第 2 版)[M]. 北京：人民邮电出版社，2019.

[7] 刘琛，黎夏克. 新媒体运营[M]. 北京：电子工业出版社，2020.

[8] 李玥，杨仲基，胡艳玲. 新媒体营销[M]. 北京：清华大学出版社，2022.